华为访谈录

田涛 / 编

中信出版集团 | 北京

图书在版编目（CIP）数据

华为访谈录 / 田涛编. -- 北京 : 中信出版社,
2021.1（2025.9重印）
ISBN 978-7-5217-2303-8

Ⅰ. ①华… Ⅱ. ①田… Ⅲ. ①通信企业—企业管理—经验—深圳 Ⅳ. ①F632.765.3

中国版本图书馆CIP数据核字（2020）第187776号

华为访谈录

编　　者：田　涛
出版发行：中信出版集团股份有限公司
（北京市朝阳区东三环北路27号嘉铭中心　邮编　100020）
承 印 者：北京通州皇家印刷厂

开　　本：787mm × 1092mm　1/16　　印　　张：26　　字　　数：260千字
版　　次：2021年1月第1版　　印　　次：2025年9月第17次印刷
书　　号：ISBN 978-7-5217-2303-8
定　　价：69.00元

目录

《华为访谈录》
出版说明

《华为访谈录》是我断断续续、长达6年时间（2013—2019）对华为员工的访谈实录，访谈对象覆盖了包括常务董事在内的绝大多数公司各业务体系和后勤支撑体系的主管、专家、市场与研发部门的普通员工，他们中间既有华为创业最早期的老员工，也有“90后”、“95后”的新生代员工。高中层管理者访谈文字整理稿总字数在300万字以上，普通员工的访谈文字整理稿字数在400万字以上，涉及人数500人左右。这是一个完全口水话的访谈，此次出版，完全保留了口水话的风格，未做雕饰。唯其如此，才显得真实和生动。

华为访谈最初的目的主要是满足我自身的研究需求，但随着访谈愈来愈深入，我意识到，这700多万字是一座巨大的“富矿”，私藏于我显然是一种浪费，再加之我几年来身体欠佳，所以更萌生了将其陆续出版的念头。我了解，国内外有不少经济与管理学者对研究华为有浓厚兴趣，但存在各种原因，无法走近华为进行持续和系统的访问和调研，《华为访谈录》无疑可以弥补这样的缺憾。

《华为访谈录》将分册出版，每本访谈8至10位人物。通过访谈对象毫不设防、毫无保留的娓娓而谈，相信读者能够从中看到一个无比真实的华为，包括它是怎么起家的，它的第一桶金，它的独特的组织文化，它的永续折腾的变革史，它的自我批判精神，它的激进的研发战略和充满英雄气质的市场开拓、冒险与征服、血与泪及歌与酒的奋斗，它的高级干部屡经摔打的成长经历和他们的生动个性，它的“90后”、“95后”新生代员工的心路历程，尤其它是怎么一步步从一无所有、“四大皆空”（无背景、无资本、无技术、无人才）走到全球领先地位的曲折历程，还有它的创始人任正非有着什么样的人格特质、领导风格、独特个性和优缺点……这些在《华为访谈录》中都有全方位、多角度的呈现，而且大多以一个个鲜活的小故事和被访谈者的无遮拦的评论呈现了出来。

我自认为，《华为访谈录》可以被称为一部华为的“历史故事辞典”，从中你应该能够找到关于华为的几乎所有疑惑的解答。不是我在解答，是华为的数百位管理者和普通员工用自己亲历的故事、观察和思考在解答。

华为没有秘密，秘密就在19万员工的奋斗传奇中，在他们的人生故事中。

《华为访谈录》出版之际，特别感谢华为公司殷志峰、曹轶、申胜利、叶晓闻、龚宏斌、左飞、张俊娟、陈丹华、惠彩红等人，没有他们的支持和帮助，以我个人的微薄之力，恐怕很难完成这样一项历史性工程。

2020.4.20 于海南

访谈 1

江西生[1]

访谈时间｜2013年4月11日
访谈地点｜深圳
被访谈人｜江西生
访 谈 人｜田 涛

田 涛：江总，你是公司老人了，熟悉公司早期情况，所以找你聊聊。

江西生：也谈不上特别熟悉，华为公司 1987 年创立，我是 1989 年到公司的。1995 年以前我一直都在市场部，1996 年以后到财经部，2004 年左右到董秘处。

田 涛：不局限于治理这块儿，你当时进公司的感受、心态，包括当时市场、研发的大致情况，队伍状况、领导风格等，都可以谈谈。

江西生：1989 年，我进公司，纪平、郭平、惠椿等好几个人也都是那一年进来的。当时公司有二三十人（我的工号是 8，但工号不代表入职时间，工号是 1993 年排的），我是 1989 年 6 月 15 日到公司报到的。当时整个社会、人们的思想还是很活跃的，我发现深圳有这样一家企业，就比较有兴

① 江西生，1989 年加入华为，现任董事会首席秘书。

趣，其实并不了解公司。那年3月经朋友介绍到华为看了一下，当时华为并不起眼，也没什么行业地位，主要是公司在深圳这一点比较吸引我，因为当时大家都比较向往特区。还有我是学通信的，专业也比较对口。当然最吸引我的是工资，每月300元，当时在内地每月只能拿到100元左右，而内地的一些体制也不太让人满意。当时华为是做代理的，代理同一产品的企业也有五六家，比如长虹（深圳）、华科（北京），它们业务做得比华为还要大一些。大家代理的是同样的产品——香港鸿年公司的产品，但它们比华为做得早一些，市场大一些，拿货也容易一些。我到公司半年左右就做广办（广州办事处）主任。当时公司有五六十人，有广州、沈阳、西安、北京、山东5个办事处，每个办事处最多有两三个人。刚开始只有我一个人，白天跑客户做销售、晚上修机器（那时还带孟平修过机器，他在公司实习），后来发展到有两三个人（包括秘书），1至2个维修工程师，当时广办的管辖范围包括广东、湖南、广西。我是正式常驻的第一任广办主任，当时胡厚崑（大约1990、1991年入职）在长沙。1992年我调回公司管全国市场，当年公司收入从几千万一下增长到1.5个亿，发展还是很快的。那个时候我们的产品只有用户机，做起来很难，用户机当时最大的是1024门，大部分都是47门、100门、200门，要一个个用户跑。到1993年开始有局用机，空分的，可达到1000门、2000门。1994年、1995年有了数字局用机，万门机就出来了。

田涛：华为第一款产品出来是在1994年？

江西生：是1992年。鸿年是航天航空部在香港做的一个企业，生产、研发都是自己做，1993、1994年前后在惠州办了一个合资厂，算得上是中国最早一批生产用户机的企业。最早的数字局用交换机是巨龙生产的，巨龙成立的时间比较早，开始可能不叫巨龙，但一直做局用机，大约在1994

年推出了自己的大容量数字局用机产品。后来为什么它们不愿意我们代理它们的产品呢？是因为我们后来销售最好，又有了自己的研发能力，它们怕，所以卡我们。第一次卡我们，就是我刚开始管国内市场的时候，当时我的压力很大，我们的产品还没出来，它们又不给我们东西。到 1993 年，我们的产品已经可以给乡镇邮电局的下层单位使用，1994 年已经有可以给县级使用的产品，1995 年数字局用交换机 C&C08（以下简称 08 机）可以给市里面用了。

田 涛：你没在研发部门待过？

江西生：我主要是在市场部，刚到公司的半年也算在研发部，主要是跟着郑宝用，做设备的测试和维护。

田 涛：你如何给当时的公司定位？

江西生：我刚到公司比较懵懂，刚大学毕业不久，对行业并不了解。进公司后，觉得很有意思，不论做什么都热火朝天。不像现在的年轻人，有那么多顾虑，也不考虑房子的问题（当时公司有宿舍楼，后来才分给员工），甚至不清楚自己有多少钱，有多少股票，也不觉得自己穷。任总很能“吹”，刚开始我觉得很悬，但不久后就实现了，就慢慢觉得老板讲得有道理。

田 涛：能不能举个具体的例子？

江西生：太多了。比如公司的发展，“国内第一”，“全球三分天下有其一”。刚开始我们作为代理商都不是最大的，大家不会有那么大决心，也看不到公司会有这么大的发展。结果我们很快就起来了（从技术角度），任总并不懂技术，却有这么准确的预见性，很神奇。

田 涛： 你觉得任总的预见性来自哪里？

江西生： 对市场的了解。通过对客户的了解，对产品的方向有个把握。把握了这个方向，就通过压强原则贯彻到日常的经营管理中。另一个案例是国际市场的开拓（1994、1995 年就开始说要跨出国门）。还有一个案例是说钱，老板说："你们不要发愁没有钱，到时候你们钱多得要拿出去晒。"当时大家都笑（1993—1995 年之间说的）。没想到公司会发展得这么好，员工收入稳步提高得这么快。任总很早、很超前地看到了方向，他讲的话当时会被当成笑话或鼓劲的话，但后来都实现了，大家慢慢也都信了。

田 涛： 当时的毛利率多少？

江西生： 不清楚具体数字，但应该很高。我们是做代理起家的，但公司没有代理文化，对我们的代理商做得不够好。做代理的时候，我们其实就在做技术了。我们做的和别人不一样，除了做销售，还以维护和售后服务为主，我们应该说是以售后服务起家的。

田 涛： 鸿年为什么不自己销售？

江西生： 我猜是企业的特点决定的。作为香港的企业，它在内地建立销售渠道不那么容易，本身的特长也不在销售。当时代理的模式在国内很普遍，很多外企都在中国有代理商。鸿年现在可能已经不存在了，就像华科一样。以前华科的影响力很大，当时在北京拿着华科的名片坐出租车去华科不花钱，出租车司机拿名片直接找华科报销。

田 涛： 公司那时的资金来源有哪些？

江西生： 最早任总拉着其他 5 个人共筹集 2.1 万元，设立了公司。除了任总，其他人都不在公司工作。1987 年的时候，公司以科技企业名义在深圳注册，内地注册不了。深圳这点比较好，在注册、工商管理方面对科技企业比较扶持。任总讲最早的 5 个人，有些人他认识，有些人也是别人介绍的。后来就是员工持股，公司从一开始就是员工持股。

田 涛： 任总讲其中一个人是他的朋友，其他人和他熟不熟？

江西生： 刚开始的时候不熟，但后面可能就慢慢熟了。办理退股的时候，有人骑自行车带着任总到处跑（办事），当时交通不便，从南山进市里坐公交要 2 个多小时。

田 涛： 这些人都是什么身份？

江西生： 其中有一个是旅行社的小经理，一个是石油燃气公司的会计，一个小年轻（二十五六岁），一个是珠通（珠海通讯有限公司）的老板（珠通和华为同样做 40 门交换机，华为也卖它的东西），当时每人出资 3500 元。公司刚成立的时候任总甚至都不是董事长，梅中兴是董事长。有一次开股东会，老板让我们几个参加，会开得很不好，氛围很不好，因为其他 5 个股东完全不参与公司管理，对公司的发展思路不理解，会上吵了起来，后来办理退股的时候，他们也提到对公司的发展思路不理解。站在任总的角度肯定是想研发更好的产品，招募更多的员工，占领更多的市场，给员工持股、扩大股份。站在那 5 个人的角度，他们觉得公司为啥要招那么多人，公司为啥投入这么多钱开发产品，风险太大，矛盾肯定就产生了。那次会议之后，股东会议（6 个人的）就很少开了。

我猜任总当时找这些人集资，主要是因为钱，个别人如珠通的老板了解通信行业。5 个人退股，我谈了三四个，谈了一年多，很艰难。但真正闹得很凶、起诉的只有两个人，起诉要求的最高回报达 600 倍左右，这两个人最后在法院调解和协商下退出了。

田 涛： 5 个人中没有政府官员？

江西生： 没有。只有一个一般职员，后来他很快就离开政府部门了，1994、1995 年左右就离开了。

田 涛： 后来见过这些人吗？

江西生： 见过。但联系很少，现在基本没有联系。

田 涛： 刚开始配股的时候，你们觉得股票重要吗？

江西生： 也没觉得多重要。那时候公司没钱，股份不多，分红只有几千块、几万块，而且没看到就又滚进去了，甚至连数据都不知道。

田 涛： 大概什么时候，你觉得股票分红的钱可以自己用了？

江西生： 2000 年左右。

田 涛： 之前股票给你分的就是一张纸、一个数字，分的钱又拿去扩股了。

江西生： 是的。

田 涛： 前面没分，再扩股就相当于股权在稀释。大家没有意见？

江西生： 那时候大家都没想这些事情，都忙着干活，干活多有意思，很累但很有意思。像我们买房，除了宿舍楼有一套房，没想过有多少钱、要干什么事情，大家没这个心思，就是觉得这个工作很有意思，那时候部门的氛围，包括和老板的关系，都很融洽，老板还住在公司。

田 涛： 我 1999 年认识任总。

江西生： 那时任总已经不住在公司了。早期的时候，任总租了消防队 20

多平方米的一个平房，后来他接父母过来，我猜可能没地方住，就住到公司了。后来，任总住进了宿舍楼（公司建的，我们大约 1994 年住进去）。

田 涛： 资金问题到底是怎么解决的?

江西生： 代理利润，主要投到研发。任总重视两点：第一，员工持股（员工凝聚力、氛围、激励等）；第二，一开始就搞技术，华为做代理的时候就重视技术。这两点很难得，当时很多企业都去赚钱了，很张扬，比如华科，赚了很多钱。当时我们虽然也重视销售，但一开始就重视技术。

田 涛： 做生意重要的一是客户，二是产品，客户左右不了，所以特别重视产品。

江西生： 我们当时强调压强原则，所有资源全部投向产品。当时如果失败了，华为也就完了。

田 涛： 你们当时有没有可能会失败的感觉?

江西生： 没有，我们做产品是循序渐进的，很难完全失败。有些企业没起来，是没跟上领先的步伐。当时我们的产品也不是完全领先，是在某些领域领先。比如当时我们推广某产品，就是拿一个调压器接到插座上，然后直接把电压调到 110 伏，说你看在 110 伏我们的产品也运作得很好，其实就是一个很简单的稳压器。当时农村的电网普遍不稳，很容易烧机器，我们增加稳压器后，产品就很有市场。另外当时防雷击方面，我们也做得很好。我们就是抓住产品的特殊性去宣传，但也不夸大。刚开始是小方面的突破，后面是全面突破。这就是所谓的视野，有个牵引。1997 年我们第一次提出商业网，非常领先。

田 涛：1996 年左右的市场策略、做法，你肯定很熟悉。

江西生：我们当时虽然没提，但真的是以客户为中心。当时乡镇邮电局是我们的主要客户，我们天天往下跑。当时我也犯了错误，为了往下跑，我们给全国各个办事处配了吉普车，结果车老坏，后来全换了。当时我们还配大哥大，因为大家都不会待在办事处，都在下面跑。然后，我们对客户响应很快，那时产品不稳定，研发经常几个月盯在那里。包括客户接待，公司就那么几辆车，全部用在客户接待上。

田 涛：有没有印象比较深的案例，攻下哪个乡哪个镇？

江西生：很多。我第一次见客户的时候，毕业才一年，不到 23 岁，非常没有经验，敲开门脸都红了，不知道该说什么，就说："局长，这是我们公司的产品资料。"然后把产品宣传材料放下就跑掉了。后来见河南邮电管理局局长，当时我们要见省局领导很难，大家都不敢去见。我说怕什么，见见嘛。我就去敲门见局长，说："×× 局长，我是华为公司的，想给您介绍 ×× 产品。"局长说："你不用给我介绍，你去找 ×× 处长。"我说："那把资料留给您。"局长说资料也带走。我当时就稳定了下情绪，说："局长，我倒不是想介绍资料，是想和您谈一个合作机会，您要是这个想法就算了。"局长一看我这个年轻人不卑不亢的，很有兴趣，后来主动找来了几个处长跟我谈合作项目。做市场，华为是从底下一点点做起来的，靠的是为客户服务。当时的产品质量不稳定，但西方企业的产品相对来说要更稳定，它们的几个月坏一次，要一两个月才能修好，我们的一两个月坏一次，但我们的工程师随叫随到，客户的体验不一样。

田 涛：有没有总被客户拒绝的故事？我听过一个故事，孙总（孙亚芳）见一个县的邮电局局长，在别人的家门口等，人家半夜回来的时候，看到一个小姑娘，说“你明天到办公室来”。

江西生： 有，很多。那时候，有的客户几年都不理你。我们很恭敬、有诚心，坚持推广产品，但客户就是不理你。当时一些客户看不上华为，他们只相信进口的国外设备。后来我们自己办展览会，找一个酒店，展出自己的产品，邀请客户来，效果很好。

田 涛： 华为突破性的节点，被国内大的运营商认可，是什么时候？

江西生： 1996、1997 年，万门机突破之后，我们 1995 年推出万门机。是产品和服务形成的影响。

国家对通信市场开放得比较早，也比较彻底。国外企业刚进来的时候，对中国通信企业其实是不公平的，国外企业进来是免税的，而国内通信企业进口元器件是需要交税的。竞争是不公平的，但至少私营企业可以参与买卖。国家虽然扶持国有企业，但也没制定特别的政策，就行业环境来讲是公平的。中国的通信发展其实与国外有些国家相比是好的，得益于中国开放的政策。华为不擅长做政府工作，在一些政府限制性强的行业，比如房地产，华为可能就做不下来。

田 涛： 1997 年的华为你怎么看？

江西生： 我理解华为的文化基础就是那时打下的。那时，奋斗精神、以客户为中心的精神虽然没说，但做得比今天好得多，尤其是高层领导，没啥私心杂念。那时的自我批判是很好的，我以前写过很多次检讨。那时写检讨是真心的，犯了错误，自己觉得错了就写检讨，登在两报[①]。当时写检讨，一是真心的，二是觉得我犯了错误，要让大家知道，提醒别人注

---

① 两报指《华为人》报和《管理优化》报，华为内部刊物。——编者注

意避免，一点儿不觉得难为情。我记得自我批判在大会上也做，平时写检讨也会有。

田 涛：那时民主生活会是全员的吗？

江西生：不是，也是分层的。

田 涛：你觉得华为现在的自我批判还有效吗？

江西生：我理解自我批判肯定是有效的，但有效程度有区分。我觉得是否一定要开民主生活会不重要。1993 年我去日本参观松下，写了篇文章，如果华为建立自己的文化，华为将战无不胜。华为文化是领导者身体力行践行下来的，在新的时期，高层领导也要身体力行，不是说靠开个会、表个态就足够了。当然仪式是很重要的，一是证明你是诚心的，二是会增加严肃感，文化通过制度的方式加以强化，但最终还要落实到行为中。日常的践行是现在的华为需要加强的。

田 涛：任总在《一江春水向东流》这篇文章中提到华为发展到一定阶段遇到很多问题，比如山头，这个问题你觉得是这样的吗？

江西生：我当时没觉得那么严重，总体可能有一些。市场体系还是挺好的。

田 涛：个人英雄主义是否很突出？

江西生：我觉得这是个阶段性问题，华为太年轻了，发展太快了，有些人可能就膨胀了，这些是存在的。30 岁不到就承担那么重要的职责，可能觉得自己很了不起，但过了那个阶段，人慢慢沉淀下来就好了。

田 涛：我 1999 年认识任总，觉得他当时心理有一些问题，人比较躁，还经常哭。

江西生：那时任总应该是受了一些打击。外部有些事情，如被恶意举报、2000 年母亲去世等。内部的挑战也有一些，但应该是可控的。

田 涛：如果没有《华为公司基本法》（以下简称《基本法》）的话，你觉得还是可控的吗？

江西生：我理解《基本法》主要不是解决这些问题的。以前华为不太提文化、核心价值观，大家只是这么做，没有提炼和总结，加上个人英雄主义出现，如果不总结，有些东西可能会前功尽弃，文化可能会散掉、烂掉，不会得到那么好的传承。文化、价值观通过《基本法》的形式得以显化、固化，长期来看有助于大家达成共识，对公司的长期发展很有好处。但现在不提《基本法》了，它已经贯彻在当时的 1~2 万名员工中了。

田 涛：你们觉得当时有没有很混乱，面临失控的局面，什么山头林立之类的？任总在《一江春水向东流》一文中很明显地流露出了这种情绪。

江西生：当时研发部可能有一点，年轻人上得太快了，就会自我膨胀，听不进别人说的话。后来港湾（港湾网络有限公司）问题影响会大些，但整个公司我感觉还好。

田 涛：再聊一个问题。20 年来，很多有才华的人加入华为，任总是怎么给大家“洗脑”的？

江西生：我觉得是任总的无私，这一点是最重要的。他的无私体现在很多方面，让大家很佩服。他牺牲了很多东西，不仅仅是金钱，才做到今天的局面，大家都很佩服他。老板说不要交朋友，交朋友心思就分散了，就不聚焦在工作上，很多领导真的没有朋友，包括我，有时觉得很孤独，离开华为都不知道该干啥。

田 涛： 类似“不要交朋友”还有什么话?

江西生：“不要脸才能进步”，我们就是听着老板的话成长的。对老板很佩服，老板说什么都觉得对，就去身体力行。很多员工都是受老板的影响。

田 涛： 我发现你们虽然都有个性，但思维方式很像。我还是不明白，你们为什么那么听老板的话?

江西生： 任总很无私，当时的人也单纯。大家很信赖任总，他说过的话，他会记得很清楚，并在一定的时机兑现。老板细致的时候很让人惊讶，有时候大大咧咧，这就是人格的魅力。他身上有很多对立的东西，一个人有很多矛盾统一的东西才有魅力。有时候我们工作压力很大，比如几个月前他说的很小的一个事情，几个月后突然问你办得怎么样了，记忆力好得惊人。也有些很大的事情，但他不理，他有他的道理。他这个人细、粗掌握得很好。

田 涛： 你怎么评价任总?

江西生： 无私、有人格魅力，让人又爱又恨。有时不太能理解他的做法，但过一段时间又理解了。

田 涛： 他在承认错误方面做得怎么样?

江西生： 这方面他做得挺好。他的表达方式很多，不一定直接道歉，可能会给你打个电话。有时候他骂错了或骂过头了，就会给你打个电话，虽然不说道歉，但那其实就是道歉的方式。人与人不可能没有矛盾，不可能没有误解，但要有调解，领导者要有这个姿态，老板能给大家做出好的榜样。

田 涛： 任总“洗脑”洗得很成功。

江西生： 老板的“洗脑”不是靠空话“洗脑”，靠空话只能暂时骗骗人，但是靠价值观的灌输完全可以做到，加上身体力行配合起来，完全可以做到。人需要精神的东西，没有任正非的，可能是其他的东西，比如信佛教。但和老板一起，我们觉得他的东西挺好，慢慢就接受了，也没什么不好。任总做思想工作很成功。

田 涛： 他这个人复杂的时候也复杂，单纯也单纯。

江西生： 我理解的任总的复杂表现在策略上，他的单纯表现在目标上。他对个人的公平可能考虑得不那么好，但大的方面是无私的，过程中采用的方法可能是复杂的。

田 涛： 谢谢。找时间再找你聊。

（结束）

访谈 2
吕克[①]

访谈时间｜2013年6月20日
访谈地点｜深圳
被访谈人｜吕　克
访 谈 人｜田　涛

田 涛： 今天想和你聊聊人力资源方面的东西，我们可以不局限于提纲，只要与人力资源相关的故事、观点都可以讲。

吕 克： 从我自己在华为的经历来看，我一直处于实操状态，从原来搞研发开始做起，逐渐从管一个部门到管一个研究所，管一个体系的 HR（人力资源），再到管公司的 HR，担任 HRC（人力资源委员会）办公室主任，协助公司看 HR 的战略及布局框架，总的来看还是一个实时执行、策划、落实的角色。所以在实操方面，具体是怎么来的我比较清楚。

田 涛： 建议就先讲你的经历，这样可能更有意思。

吕 克： 我就讲讲如何理解"以奋斗者为本"是华为取得成功的一个关键。先讲讲我为什么来到华为，我是研究生没毕业就到华为的，当时是个实习

① 吕克，1993 年加入华为，现任华为公司总干部部部长、华为大学校长、公司咨询委员会主任。

生，那时候硕士生有个社会实践的要求，我就来到深圳。到深圳来有两个原因：一个是我哥在深圳，在安科[①]，属于中科院（中国科学院）那边。我们经常电话联络，他就跟我讲深圳有多么多么好；另外一个，20 世纪 80 年代末 90 年代初的时候，深圳是一个改革的窗口，还是很有吸引力的。我是保送的研究生，在浙江大学读，当时我其实可以不选择到华为的，因为我成绩不错，已经差不多定了直接读博士，在学校里也已经在帮老师做课题，手上经常有两到三个项目，一个月能拿一千多元，而其他学生算上导师给的补助、国家给的补助最多能拿三四百元，我的收入相对算比较多的。另外我也想去国外，当时我们本科班里成绩最好的 4 个人，除了我全都出了国。

田 涛：他们现在怎么样？

吕 克：我了解他们到现在 40 多岁也还是个高级工程师，年薪 12~15 万美元，工作比较稳定。我有时候会问他们，为什么还在做研发。国外大量的人在 30~45 岁时还在做研发，虽然他们的精力可能会跟不上，但丰富的编程经验可以让他们少走很多弯路。在国外，工程师的技术生命能延续很久，一个重要的因素是他们的平台很好，譬如在硅谷，有非常多的工程师协会，每周都有聚会，聚会有很多专题，使得技术人员对未来的技术演变非常敏感，将来他们的技术不会老化；而在中国，无论是全国性的还是区域性的，持续地研究专业、技术的平台是没有的，原因是中国的社会太复杂，大家都想着去赚钱没有想着去创新，有些行业协会是有的，但没有工程类、技术类的，其实已有的这些协会也主要是为了搞关系、找机会，而不是为了真正去探索，没有真正对学术理论的

① 安科指深圳安科高技术股份有限公司，由中国科学院与一家国外公司于 1986 年合资成立的中国最早的高科技医疗器械公司。——编者注

追求。所以现在公司的技术人员，都是去国外参加论坛学习，很少在中国的论坛上学到什么东西。在国外，工程师的技术生命能够很好地延续，而这种延续反过来让他们从事技术行业的时间越来越长，经验也越来越足，因为他们的经验是用失败换来的，将来再做，哪些是可行的或不可行的，他们心中有数。而华为现在最大的问题是人的技术生命周期太短。

田 涛：这是什么原因呢?

吕 克：两个原因吧。第一个是技术淘汰率很高，除了真正能够钻研的人，或者组织给他提供钻研平台的人可以不断成长，很多人的技术缺乏更新就会慢慢老化，不适合继续从事开发工作。第二个是华为快速成长的文化在公司小的时候支撑了我们的发展，但公司发展平稳、没有很多机会的时候，如果我们的这种文化不改变，人会很浮躁，30 多岁如果还在做开发工作，别人会看不起你，自己也会看不起自己。自己会觉得，如果不当个官什么的，就是快被边缘化或被淘汰的人，这种心理非常不利于人沉下来做技术。我们技术通道为什么打不通，一方面有技术的原因，还有一方面是管理机制不完善。管理机制为什么不完善?因为大家没有意愿去搞清楚它，即使技术通道搞清楚了，技术进步上来了，你也决策不了，待遇也跟不上来，价值体现也没有当官的明显。

田 涛：华为的两个通道——技术通道、管理通道，技术通道相对管理通道建设得如何?

吕 克：（技术通道）没有真正建立起来。我认为华为在过去的快速成长积累期所形成的思维惯性和我们目前的机制事实上还是不支撑这条发展的线路的，包括一些公司高层自身怎么考虑、怎么想技术通道，大家其实不看你在说什么，而看你在做什么，公司一些领导经常会说你当干部不行你去当专家，人家会觉得专家是仕途上没有前途的人去干的事情。

田涛：那待遇呢？专家的通道与做官的通道，待遇上是不是一样的？

吕克：如果你真正拿出来人与人比，我觉得差不多，还没有差太远。但有一个问题是，我们的管理通道要比技术通道高一点，技术通道目前只有7级专家，也就是19~20级，21级已经很牛了，而我们的行政主管，比如一层组织以上主管，职级达到22级以上，工资和奖金差异很大，股票差异更大，加起来待遇差别很大。另一个问题是你的价值发挥，现在总的来看还是行政长官说了算，无论是技术决策或是业务决策方面。

田涛：那西方公司呢，比如爱立信？

吕克：举个例子，IBM（国际商业机器公司）的总裁原来是卖薯片的，在公司里他是有清晰的分工的，公司的领导就是管战略方向的，操作是下面去做，业务主管管理策略、关系等，很多的细节都是由专家去做。而华为由于历史的原因，第一，我们的技术和管理两者之间在历史上就没有分得那么开；第二，往往是技术做得好的才升官；第三，华为的很多业务主管都是业务背景出身，本身就是业务尖子，甚至是业务大拿，他们在业务管理过程中自然有非常大的技术影响力，能够做决策，而随着他们被授予行政权力以后，技术决策的能力被放大了。但反过来，一个业务主管干了几年以后，他没有精力去研究技术，就会造成两种情况。第一种情况是，他承担了部门管理之后，还是花了90%的精力在业务管理上，其实是戴着管理者的帽子在干一个技术专家的活。这个管理者并不合格，不关注人员管理，对员工的管理也非常粗暴简单，对于管理没有兴趣，真正干的还是技术，这种情况在华为大量存在。这就是我经常会说的我们HR管理体系还完全没有夯实，大量的干部在人员管理方面能力极其欠缺。如果用两条腿走路来形容，我们的主管有一条是很粗的，一条腿是细的，这样一个瘸子在带着团队往前走，当然最终还是可以往前走的，但这就是大家很累的一个原因，他没有把一个团队的作用发挥出来，而且靠的是少数玩命的人在努力。第二种情况就是组织效率很低，他没有把整个团队的力量发挥出来。我们有 15 万人（2013 年数据），真正发挥作用的人有多少？悲观估计可能就百分之三四十的人，乐观点可能有百分之七八十的人。但还有百分之二三十的人就在混日子。举个例子，我九几年进华为的时候，当时一个人要做几块单板，现在是十几、二十个人做一块单板。以前一个主机程序我一个人搞定，现在几百人在搞一个程序。

田涛：什么原因造成这样的问题？

吕克：我认为有几个原因。第一个是分工太细，客观上讲我们的技术比原来难了一些，系统更庞大，复杂程度比原来高，管理过程中模块分得很细。第二个原因也是一个管理机制的问题，现在大家没有用最少的人做最多的事情的意识，反而倾向于用更多的人做更多的事情。为什么？因为你这个部门的级别取决于你的人员规模，如果你管了 1000 人，就觉得自己好高级的一个干部，没有个 20 级说不过去。我原来管过研发 HR 工作，我感觉到很多主管还是没有成本概念，一个人可以干的事情用了几十个人在搞，经常是能干的人干了很多事情，其他人却被闲置，然后这个能干的人说累死了，我一个人这么多事，你再给我派点人。我们在九几年的时候，一个人可以干很多事情，喝茶的时间都没有。现在我们公司门口取快递的人，每时每刻都有，慢悠悠的川流不息，而我们当时做什么事都恨不得一路小跑。

田 涛：从当年一个人忙几件事忙得不可开交，怎么样慢慢演变成这样的？

吕 克：这里面原因挺复杂的。我认为有几个原因，其中一个原因是其实华为在管理机制上一开始就是粗放型的，拼命抓机会，抢资源往上冲。因为我们当时的机会太多，而资源供给有限。举个例子，当年我到公司的时候，一年能招几十个、上百个人已经很好了，后来1996、1997、1998年的时候，公司大规模招人，一年招一千个人，当时公司上下很紧张，组织了很多面试团队到各个学校去，新员工来了以后还送到石岩封闭培训，大家对进人是很兴奋又非常恐惧的。现在一年就差不多招三万人，应届生就招一万人，来了以后也就这样。我想说明的是，当时的资源，因为公司的品牌等原因，是很紧张的，大家都是在一个资源极其短缺的情况下去抓机会。现在资源获取要容易得多，只要编个故事就可以得到资源支撑。大家观点就是这样，每年10%的研发费用，买设备要花多少钱，更多要用人来"吃"、要招人。领导和下面的主管都这样说，那么业务线有钱就去招人，把业务做起来就行了，成本是公司的，做出来事情是自己的成绩。如果自己抠成本，把弟兄们弄得很累，最后项目还没完成，罪过在我这儿，如果我搞了一堆人把事情做完了，虽然可能最后浪费了20%，事情却搞完了，可能最后还升官发财了，那么我为什么要去搞精细经营呢？

田 涛：但这后果是什么呢？

吕 克：后果现在已经体现出来了，公司人员基数这么大，我们的增长平缓了，现在的激励资源还有多少，明摆着就是这样。整个来看，我们薪酬的竞争力一下就被比下去了，我们薪酬包占收入的比重在传统产业上和西方友商相比就一两个点的差别，我们的成本结构与西方友商是慢慢靠齐的，但问题反过来是，我们有没有西方友商的职业管理水平？它们只有7万人，我们有15万人；它们是精兵战略，我们还是人海战略。现在中国的人员成本一直在上升，在过去的七八年里，每年社会中工资的涨幅是 7%~8%，国家也提出了收入倍增计划，这些都表明中国的劳动力成本上升是一定的，是改变不了的，涨薪也是人心所向，你不给我涨薪我就用腿选择、跳槽了，所以人力成本一定会上去。将来公司就面临一个问题：工资要涨，人员比西方友商多，管理又没有它们好，凭什么活得下去？

田涛：有没有这样的统计，比如历史上的人均效益，现在跟过去相比，是下降的还是上升的？

吕克：有。以前看，我们是逐年在上升，但这 5 年没有了，因为公司不再看人均收入这个指标了，公司现在通过薪酬包 E/R（工资性薪酬包收入占比）来管控，我们的 E/R 现在在持续上升。

田涛：插一句，任总给过我一个未来的人力资源规划的东西。

吕克：对，是 809 人力资源战略规划。那上面就看得很清楚，未来是个上升的趋势。现在的问题是，我们是基于人海战术的，人员成本在上升。我们真正要去思考未来的竞争优势到底在哪里，如果未来还需要有成本优势，我们如何去保持？竞争的本质就是差异性，苹果公司没有成本优势它就去创新，西方友商产品竞争搞不过我们，它们就搞管理服务。所以，我们真正的竞争优势、我们策略到底是什么要搞清楚。

田涛：我参加过公司一些变革研讨会，比如终端务虚会等，像这个问题，大家有没有坐下来好好讨论？

吕克：以前人力资源战略会议，曾经讨论过我们将来是搞精兵战略还是人海战略，问题已经提出来了，但关于这个问题的酝酿和讨论还没有完全展开。这里面关键的问题是公司怎么想，如果公司高层对这个问题没有思考，下面的人讨论也没什么意义。

田涛：我相信公司领导应该是在听取各种意见的过程中才能形成自己的想法。

吕克：现在的问题是谁能够组织大家来思考这个问题。反过来我们应该探讨这个命题，我骨子里也认同华为是奋斗者文化。我是怎么看奋斗者文化，这跟华为的发展历史有关，华为的成功就是从零成长为现在这样一个巨型公司。成功不能形而上学地说只是自己努力搞成的，努力的公司多得很，但为什么没有都成功？公司的成功其实还有天时、地利、人和因素的。第一是在深圳；第二是在通信这个行业，这个行业在过去20年处于飞速发展的时期；第三是在中国。还有公司要是再晚一些起步也不行，现在如果有一个公司想再去搞通信也不可能成长了，历史给了公司这个机会，当时刚好是中国发展的快速时期，外部环境也很好。

我记得早期公司打的还是“民族牌”，1999年华为的资料还写的是“做民族通信制造业的脊梁”。最早公司参加北展①的时候，柜台上打出的口号还是“世界上没有神仙皇帝，一切只能靠自己”，这就是“民族牌”。公司抓住了这样的机会，应该说公司的运气不错，比如说2011年国际经济危机，全球市场不好，但中国市场很好，我们正好处于一个反周期发展的状态。

另外，我们的商业战略也很好，我们真正以客户为中心，每次都能抓住机会。

其实华为真正成功的原因有两点。一点是，从业务方面来说真正做到了把客户需求作为驱动力，过去真正做到了以客户为中心；另一点是，从

① 北展指一年一度在北京举办的“中国国际信息通信展览会”，于1990年首次举办。——编者注

组织上来看，我们的组织是贴近客户的，为什么我们的组织遍天下，其实它的演进过程就是不断贴近客户的过程。我们为什么一下子在国内就建了三十几个办事处、二十几个客户服务中心，在海外为什么有那么多组织，原因就是有客户的地方我们就派人安营扎寨住在客户旁边，客户的声音就是我们行动的命令。当时跟客户交流，感觉到华为受尊敬与信任的原因不是技术多好，而是自愈能力，不管哪个地方出了问题，不管谁，华为都会扑上去把问题解决了，我们内部也是一样，出了问题大家都不会相互推卸责任，市场不会抱怨研发的产品不行，研发不会抱怨市场签的单烂。

田 涛：我对这个问题也很感兴趣。其实这个事情任总也谈过，现在和过去不一样，说公司如果垮掉了，主要是因为机关越来越大，一线的响应越来越慢。

吕 克：机关越来越大，这是个事实，但首先是我们的权力没有下放，其次是我们的领导太爱抓权，管了不该管的事。其实我们应该想一想，机关太大的原因是什么，是管理重心太高，领导要决策、管事情，就需要助手，帮他提供信息，帮他分析问题，帮他出解决方案，帮他落实，一个主管管事情就需要四根拐杖，这样机关能不大吗？我记得公司领导讲过一个观点：现在压缩机关，并不会太有用，只要机关权力还在，机关就压缩不了。把机关的权力拿走，没有需求要机关去干这个干那个，机关就失去了存在的理由。

削权为什么做不下去？这是一个本质问题。举个例子，广办试点（这个项目是胡总[①]和我带的，具体是我和一些同事在操作）。开始在广办也走不下去，最大的问题是授权问题。在授权前，一个月 600 单的合同中，

① 指胡厚崑。——编者注

广办能自己决策的不到5%，处理完需要一个半月。授权下去以后百分之七八十都他们自己处理掉了，百分之一二十在地区部处理，整个处理时间缩短到3~5天，他们自己都有总结的数据。但这个权力授下去的过程是非常困难的。因为一个部门去放权，本质上是在革自己的命，意味着自己没有饭碗，这放在谁那里谁都不愿意干，尤其在华为。华为公司员工和绩效挂钩，而绩效又和利益紧密相连，没有人愿意放权。公司说权力下放，就是自己的孩子自己抱回去，自己去革命，这是我们公司的一个改革方法，要下放权力就你自己下放。但是我们可以看到结果是另外的样子，因为放权等于收权，能放下去吗？

田涛：年前搞的辩论研讨会，当时让潘少钦去广办，是基于这个原因吗？

吕克：我觉得还不完全是这个原因。潘少钦原来是某一次组织变革的主要设计者，但组织设计过于理想化，反映出他对一线情况有些不太清楚，设计的东西并不符合一线的需求，所以公司让他到一线去了解具体情况。

田涛：不是用这个作为范例，来削机关的权？

吕克：我想不是的，当时他在战略与发展委员会办公室工作，其实这个部门没什么行政权力，我认为这个不是关键的问题。我认为权力的梳理，一定要有一个公司级的重量级干部带着做，授权一定要有一个“督战队”。广办的权力为什么最终给授下去了？我们采用了反过来，即自下而上的方法。我们对广办的人说，公司把这个业务给你们了，你们告诉我要什么权力。他们就输出几百项的权力清单，我们拿回来跟机关部门讲，你告诉我哪些权力可以授，哪些不能授，不能授的原因是什么，然后再拿到变革总体技术组去讨论为什么不能授。因为公司的导向就是要授权，所有人都知道如果不授权，就要到这么多大领导面前去讲为什么不授权，所以被逼无奈也就只好授权，这样做权力就授下去了。我当时在变革总结报告中提到，公司的各级授权不可能自发、自觉发生，因为授权等于革自己的命，一定要有旁边的“督战队”，权力才能授下去。当然，权力授下去，责任也要授下去，相应的责权是对等的。我们看到授了权以后部门就更紧张了，因为如果再做不好，就没话说了，另外授权以后，他们除了管业务还管组织，不要出事情，如企业业务的代理费用管理过程中很容易滋生腐败，他们就很紧张，这就是责权对等，所以我觉得只要责权对位，问责有效，就不用怕授权。

田涛：两个问题，一个是广办这种试点能不能坚持下去，二是试点会不会全面推广？

吕克：现在我们就在全面推广。人的权力已经全面授下去了，授了大概几十种权力，现在在推动事权，这个月会签发。权力的授予跟组织的变革不太相关，是在我们现有的组织模式下，把我们现在的权力往下授下去，我认为效率提高了一倍不止。在这个基础上，组织如果再调整下就可能会更好。但如果上面权力不下放，下面组织变来变去，各种交叉越来越大，部门越来越多，利益协调越来越复杂，下面运作反倒更糟糕，效率更低。

我们原来一线进行合同管理为什么很难受，问题的本质在于上面组织的分立。我们在上面的一个产品线，譬如无线产品线，它是一个责任单元，它下面又分 3G（第三代移动通信技术）、GSM（全球移动通信系统）等多个子产品线。每个子产品线在考核下都是以利益为中心，都要看自己的收入。产品线下面又有产品组织，又是一层以利益为中心的组织，我们的考核又很严格。但在一线卖东西，怎么可能分那么细，客户给的是一揽子需求，而且在卖的时候可能会牺牲一些产品的利益，因为一线是以客户需求为导向，而产品线机关是以产品为导向，以自己的一亩三分地的利益为导向。如果产品线机关一算这个产品是要亏的，会对自己的业绩有影响，那肯定是坚决不同意的。坚决不同意就会开始在机关“分赃”，你要给我一些补贴，一百万不行要二百万，进行很多扯皮。这样一两个月都决策不了。这就是为什么一线会痛苦，合同签署真正的权力是在上面，而上面机关因为考核，要“自扫门前雪”。

田涛：我理解的是不是这样：一线的人是代表一个公司，在合同处理的时候是面对机关的几条线，给客户的承诺在这里实现不了？

吕克：对一线来说，跟客户交流的是一揽子需求，算总账，而机关是算分账，分账又是跟考核结合起来的，这就造成了大量的扯皮。问题背后的原因是我们考核的颗粒度太细，有必要考核到每一个产品吗？我认为这是我们管理幼稚的表现。我们的主管在管理过程中觉得要完成任务，就把压力传递下去，下面就开始分任务背责任，层层这样下去。刚开始我们觉得这样做有好处，因为可以让每一个产品线都有经营意识，但反过来没想到，这样大家的精力不是去满足客户要求，而是去“内斗”了，而且发明了非常多的技巧和“歪门邪道”“内战内行”。这背后其实是考核管理的问题，考核颗粒度的问题。我们到底该怎么考核？这不光是考核指标的问题，更多应该是颗粒度划分的问题。其实考核无线产品线就够了，为什么要考核得那么细呢？无线产品线本身也可以有亏有盈，所以我认为我们现在的很多考核没有抓到重点。

田涛：现在广办是不是就可以自己决策，不需要和各个产品线打交道？

吕克：按变革方案，BU（业务单元）内广办可以自己决策。BG（业务群）之间只到地区部就可以协调了，不管产品线了，赢利也很好。从公司角度来看，代表处赚了钱才是真正赚了钱，产品线的所有核算都是虚拟核算。

田 涛：去年的年度会上，大家在争论这个问题，有两到三种意见，基本倾向于广办这个观点。

吕 克：这是因为广办试点取得了成效，大家很明显感到运作效率提升了。如果广办没成功，就另当别论。不过这个共识是公司领导们达成了，下面的执行落地还有一些问题。授权就是一个问题，慢慢授下去之后机关没什么事情。

田 涛：那就涉及架构变革了，要不要砍掉这些架构呢，或者说把颗粒度加大？

吕 克：我认为应该这么干。这与华为公司的变革方法有关，你看西方公司的变革，不管是爱立信还是 IBM，都不是华为这种变革方法。别人的方法是公司有一位高管带领的一支变革团队，想清楚问题，方案决策定下来，然后实验一下，就开始推行。这个过程中不是要听所有人的意见，他只听股东或 CEO（首席执行官）的意见，因为对他来说，他只对股东和 CEO、对公司负责。我们现在变革要听所有人的意见。

田 涛：这是民主决策造成的，还是架构本身造成的？

吕 克：公司一直奉行民主讨论、权威决策。但我们现在民主讨论有过之，权威决策犹不及。从华为的文化角度来看，走其他任何一条变革之路，只要坚持下去都可以，只要内心真正坚持，就一定走得通，变革要有耐心和决心，最怕的是犹豫摇摆。我到一线访谈，发现其实所有的一线主管都有各自的立场，但都表达了一个观点：公司决定怎么走就怎么走，不要再摇摆，摇摆以后就不知道怎么做了。所以我觉得组织变革这方面，公司是要听大家意见，但听完大家意见后一定要有权威决策的机制。不可能有一个方案可以满足所有人的要求和兼顾所有人的利益，只能百害之中取其轻，这才是最关键的问题。

田 涛：我跟西方公司如摩托罗拉、三星的人聊天，他们从外部看华为，觉得华为的决策效率很高，不像他们那样来回扯皮。反正各有各的问题，是不是这里面有个大企业病的问题？

吕 克：我个人觉得，决策慢的公司最终都会死掉，要看是谁在看华为，如果是西门子、北电这些公司看华为可能会这样，但如果是爱立信、思科的人看华为，未必会这样。

田 涛：三星的中国高管跟我讲，他们现在在向华为学习，他们的决策链过长，很多事情议而不决，华为决策效率很高。

吕 克：决策效率是这样的，一个是与业界同比，还有一个是跟自己比。我们过去的决策效率更高。还有跟公司的 DNA（基因）有关系，公司的 DNA 已经适应快速决策了，你让它慢下来，这个组织会很不适应的。

田 涛：现在是不是华为体格庞大了，的的确确是效率低了？这是大企业病的原因吗？

吕 克：这是必然的。原来决策快，是因为我们的业务量小，人员少，业务单一。现在业务量大，层级又多，我们有了代表处、地区部等多层级，每一层都有自己的决策，决策链长了，原来没有这么多环节的。我们现在决策慢的原因是什么，不光是从一层到二层再到三层，而是到一层以后相关的左右部门都要看一遍，效率自然就低多了。

田 涛： 现在广办这种变革如果要摊开，阻力会很大吗？

吕 克： 我觉得授权这个阻力比原来想的要小很多，一是公司达成共识了，二是我们前面工作做得比较有效，产品线也梳理出来了，大家也明白要授权，EMT（经营管理团队）有决议。所以目前来看，从公司往地区部授权，我认为没有太大的障碍，但是权力授到了区域，区域如何进一步往代表处授，这个还需要努力推动，还要往下去授去监督，不然最后权力可能会堆积在地区部层面。这是第一个问题。第二个问题是赋能要跟上，如果赋能跟不上，可能会出现权力被滥用的情况，这个也是要警惕的。从总体上来看，往下授权这个大的障碍没有了。还有就是组织调整，公司的组织形态与别的公司不一样，公司层面有三个 BG，所以组织的调整还很难说。现在广办能够运作起来，它就像一个特区一样，所有政策都是特殊的，公司也给了它很多空间，很多的决策权都在它那儿，但它是个“怪胎”，这个“怪胎”还没办法在所有地区复制。真正的大公司管理，机制是要相对统一的，公司的模式要定下来，现在公司的运作大模式还要讨论。这是广办模式推广的最大障碍吧。

田 涛： 这样推广的结果，会不会机关很多人没事干了？

吕 克： 我认为会。

田 涛： 没事干了会不会遇到抵制呢？

吕 克： 一定会，这个就是组织要经历的“阵痛”。

田 涛： 我估计是规模性的。

吕 克： 那是，如果权力都授下去，机关的工作量就会大大减少。问题是，整个变革需要一个领导组去监督。第一，权力授下去的过程不可能是自发、自觉的；第二，权力授下去以后会不会被找借口收编，也是要外力去监督的。权力授下去以后机关却继续养着一帮人，因此要找出理由收回权力还是容易的，时时刻刻都能找出一堆理由来，不做 A 事情可以做 B 事情，不搞决策了也可以搞一堆方案来研究，你不能说它没价值。我一直觉得组织管理方式管得很累的原因是，我们现在拿着一种华为特有的方法在做组织管理。指望大家自觉、自愿地去承担责任做事，我觉得不现实，效果会差很多。变革本质的问题是，革命是不会自觉、自愿地发生的，这是变革最基本的道理。如果我自己是一个主管，让我去做（变革），我觉悟高些可能会去做，觉悟低的话一定会抵制，我还要想想我的位置在哪里，这个才是变革的难点。

我刚刚讲到另一个问题，华为为什么成功。我认为华为从小到大，没有任何竞争优势。一开始没有资金优势，没有技术优势，没有客户关系优势，人才优势其实也没有。其实华为在生存和发展的最初，从竞争角度来看，当时没有任何客观的资源。华为只有两个优势并发挥到极致，一个是从业务角度以客户为中心，以客户来牵引我们的发展，另一个我认为华为成功的要素是将生产资料中的一项——劳动（人才）发挥到了极致，只有这一个资源是我们不依赖别人的。公司做得越来越大，价值创造得越来越多，公司的价值就是劳动创造出来的。从华为的机制角度来看华为为什么成功，就是让劳动不断产生更快、更大的剩余价值，而且让劳动自愿去持续、去创造剩余价值，我认为这才是成功的要点，而劳动的本质就是人，所以我们说的以奋斗者为本，就是对剩余价值快速形成和快速放大的思考。这就是对人的管理，为什么是奋斗者，因为奋斗者在劳动，奋斗者在创造超额的剩余价值，所以从华为的角度来看，为什么选择以奋斗者为本，我觉得非常自然。剥开一切，华为的成功就是因为这些劳动者在不断发挥自己的潜力，逼出自己的这种潜力。以我为例，我 30 岁左右被派到印度，当时在印度建组织，什么全球化制度都没有，因为1998年公司根本就没有什么全球化机制。到那儿以后，印度是个什么地方？印度跟中国打过仗，觉得中国人都很可怕，而且当地很崇拜欧美，当地的饮食、自然条件都令人非常不适应，但我们一帮人去创建印度研究所，用两年时间走完了一个印度公司12年要走的历史，就是从零发展到几百上千人，软件研发通过CMM（Capability Maturity Model，能力成熟度模型）认证，我们用两年时间做到这个程度。这个过程中，我们碰到过水灾，碰到过暴乱，碰到过谣言。2001年，我甚至是上过新闻头版头条的人，那天50%的印度员工提出离职。在这样的情况下我们仍然能够生存下来，很快地稳定局面。通过跟媒体打交道，跟政府打交道，我到处跑，跑总理办公室，跑外交部，跑联邦储备银行，找他们最大的头儿，找工业协会让他们帮我们说话。公司从来没有说过能干这些事情，没有授这个权，但我当时很清楚，面对这样的形势如果不做，我们在那儿就垮掉了。我去找社会资源、找高端资源，但这些公众人物根本不见我，后来我找到一位从陆军退休的中将，他在印度军队还是很有影响力的，他带着我去找外交部的部长，相互介绍后，我就跟他谈，把所有的资料都给他看，有这样的见面他就不好拒绝。就这样一个一个部门去沟通，让印度政府知道我们是在做什么。反过来我们再去跟媒体沟通，我当时去找《印度时报》（相当于中国的《人民日报》）主编，是通过奥美公司联系的。我带着一位律师去，拿着一份律师函，就告诉他华为是在干什么，我提供完整的资料给他，包括做什么项目，跟谁合作。我们还请了这些合作项目的公司给我们写了推介函，比如我们与他们合作做了多少项目，雇了多少员工，正在给印度做什么贡献。我对《印度时报》的人讲："这是事实，我也欢迎你们去考察，也会对你们完全开放，但是你们现在写的是不实报道，如果你们继续坚持，我的律师在这里，你们准备接受法院的传票，我要求赔偿一个亿，你们自己看着办，如果你们损害了我的利益，我一样要告你们。”因为印度也是一个追求法治化的社会，在证据面前，他一下子就软了，说：“吕先生你不要激动，我们找一个主编跟你好好谈。”我就把奥美公司准备好的一个新闻稿给他们，第二天新闻稿就登报了，做了深度澄清。

田 涛：你做的这一切其实公司都没有授权。

吕 克：对，平时我们跟邦政府部门的关系比较好。印度最重要的邦是班加罗尔，班加罗尔最著名的就是软件行业，软件行业的主管部门叫科技部，在政府中非常有发言权，我跟这个部门的主管关系处得比较好，平时跟他一起去交流，他的很多报告都是我们帮他起草或给予建议的。因为印度的软件行业发展了那么长时间，一直是一个比较低端的产业，所以他们想摆脱这种低端产业去做高端。华为去是做研发，是做通信系统的，就给了他们这样一个机会，我就去跟部长秘书讲我们的价值。我跟他把工作关系搞好，给了他一个政治亮点。我请他帮忙。他作为一个政府官员，知道政府了解我们，但他不会澄清，然后媒体还在报道，有些报道还在传播谣言，所以最关键的问题是一定要有一个政府官员出来说，华为是清白的。后来我们想到一个办法，有一天我们要去跟邦政府科技部汇报我们的情况，喝完茶出来，这位官员就被记者围住，他没办法就说了两句。后来报上就说这个官员帮政府给华为做了一个澄清，这件事情平息下来了。过段时间我们马上宣布了一个在班加罗尔的投资计划，一个礼拜之后，华为变成了班加罗尔最受欢迎的公司，从一个“魔鬼”公司（很多印度员工迫于各种言论压力而离职）变成一个当时最受欢迎、最热的公司。

田 涛：这种经历持续多长时间？当时研究所有多少人？

吕 克：一个多月。当时所里有 700 多人，从刚去时的 3 个人，两年后发展到 700 多人。我个人觉得这种经历给我的感触是：第一，你真正意识到自己的潜力在哪儿；第二，给你机会，给你空间，你要真正把潜力释放出来。

田 涛：像这种给你这样一个平台，让你利用自己的潜能去解决问题，在西方公司是不可想象的。

吕 克：是的。华为在过去 10 年能飞速发展，我相信我是很多华为员工中的一个例子，还有太多的人是这样发挥自己潜力的，当时真是一个人顶三四个人在用，现在感觉是四五个人在顶一个人用。

田 涛：班加罗尔研究所现在还是华为在海外最大的研究所。

吕 克：还是最大的，有 2000 多人。另外，班加罗尔研究所全部本地化。我走的时候除了我和财务是中国员工，其他的研发基本都是本地员工，是本地化做得最好的一个组织。当时我去的时候，我就和我的兄弟说将来我们依靠的不可能是中国人，一是中国人不愿意去，觉得很艰苦，二是去了以后待不长，所以我们要知道最后要依靠的是本地员工。中国员工是"铁打的营盘中流水的兵"，去了以后还是要走，跟印度研究所有长期承诺的是本地员工。

田 涛：本地化是不是你在的时候做起来的？

吕 克：我认为是，公司很多的组织都在做，但大规模的本地化，而且本地化成功的只有印度研究所。我走的时候，研发的很多主管都是本地员工。我在那儿的管理是"压制中国人"，中国人和印度人发生冲突，板子一般是先打在中国人身上。我经常这样说，你是来学习的，学生怎么老去挑老师的不对。然后我也会放权给本地员工很多机会。我走的时候印度人给我起了一个绰号叫"why not"，就是任何一个本地员工提出好的建议，我给他的答复就是“why not”，只要你想好了你就去干，责任我来承担，所以本地员工成长也很快。我们当时招的那批印度主管到现在还在，这种本地人才流失率极低，我相信华为没有一个驻外的企业能做到这种程度。

田 涛：本地化是不是公司当时所倡导的方向？

吕 克：当时是2001年，华为在印度的策略是很短期的，能把CMM学回来，把一批人带起来就行了，在印度能不能长久不知道。

田 涛：大概是2006年任总跟我讲，班加罗尔是一个成功的案例。讲到本地化，同时讲到印度人因为有宗教信仰，所以有知识产权的保护。

他还说到一个故事，说是下班了，你的秘书是印度人，你让秘书帮忙收拾一下电脑，他不愿意。

吕 克：在印度服务员是分等级的，开门的就是管开门的，他绝对不会去清扫厕所，给领导服务的租赁人员不愿意给员工服务，是有层级的，等级观念深一些。我觉得（本地化）关键问题在哪儿？我们现在很多主管引进的老外工作不太成功，一是被逼无奈要引进，二是没耐心，三是没有把帮助这些人成功融进来作为自己的责任。我有次看到一个领导责任履行得不好，我就说：“你是不是花点时间跟他（外籍员工）交流一下，我明显感到他（外籍员工）很痛苦。”这个领导却说：“我为什么要帮助他？我这么高薪请他来就是要他发挥作用的，他如果不能融入这个团队就说明他没本事，我为什么要花这个时间和精力？”这还是一个非常高级的干部。我听了以后想，他去领导全球化肯定完蛋。很简单，就像我们中国人到一家外企，我在印度经常跟中国员工说，你设身处地想想，假如你在中国加入一家外企，你什么心态？你在追求什么？你不是追求成长空间、认可和收益吗？那印度人加入华为跟你加入一家在中国的外企是一样的。每个人在本质上都在追求被认可、被尊重，如果我们做好这三点，这些人一定会发挥作用。我自己也这样做，我每周都会跟他们去吃饭，每一个本地业务主管我都安排他们回国来，去帮他们建立人脉，去跟主管们交流，帮他们去组织项目，他们的行程都是我自己定的，我都会跟这边的主管提前打电话，甚至让我的秘书帮他们预约时间，全部铺好路了让他们走一趟。回来以后我问他们感觉怎么样，有没有建立人脉，需要我帮他们做什么。我对每一个印度主管都这样，让他们一个一个成长起来，让他们建立对公司的理解、人脉关系等。知道了怎么去适应华为的一些“潜规则”，这样他们才能生存下来，否则他们怎么能生存下来？华为这么复杂，这么一个有历史的公司，文化又那么冲突。主管如果不帮外籍员工理解公司，不去告诉他们哪些事情可以做，哪些要规避，不去帮他们建立工作的关系，甚至是建立日常工作的权威感，他们怎么能活下来？如果活不下来，我们花那么多钱请来的全是成本。还有一个问题是组织气氛，有几个关系较好的老外跟我说，现在公司招的老外形成了“三三制”，三分之一的老外是在抱怨，三分之一的老外很无奈，钱挣得也不错，就混着呗，三分之一的老外是想干事情又干不了，还算很正向，但作用发挥没那么明显，也很苦恼，这些都是指中国总部的老外。我们现在请了很多老外在中国。他们有个小圈子，每个周末都有聚会，他们谈的内容我大概也清楚。

田 涛：我觉得这是个很有意思的问题，在跨文化的背景下做人力资源，这是很有挑战的问题。

吕 克：大家一谈全球化，说的都是英语和公司政策问题，我认为什么都不是，我的经历告诉我，全球化只有一点，就是主管的意识，还有愿不愿意花时间的问题，如果你愿意花时间就一定能做好。我有次出国到荷兰代表处，有个主管问我一个问题：“我有几个本地的主管很优秀，怎样把他们留住？”问公司有没有什么政策。我就反问：“公司有很多高层领导到欧洲都要从荷兰走，接待这些领导是你还是他们，你为什么不让他们去接待这些领导？你要提拔一个干部，领导们都不认识，他们会放心吗？如果很多领导都认识这个人，提升与授权有障碍吗？你连个机会都不给人家，所有领导来了都是你在安排，你不给他们机会，又凭什么让公司给他们机会？还有就是领导们到了欧洲，节假日都会稍微休息一下，你有没有让本地主管陪他们，老外对当地历史比你清楚吧，利用这个机会还可以建立工作的关系。你这些都没有做到，凭什么跟公司要政策？你先做到这些再说。”所以全球化的问题根本不在公司的政策，所有要政策的人其实就是自己不愿花时间，不想办法，在找借口。还有就是语言问题，华为有几个语言能力好的主管，就是经常沟通练出来的，老外真正在乎你语言是否标准吗？讲明白就可以了，人家也在理解你在说什么。大胆讲就可以了，慢慢就练出来了。

田 涛：这个问题是不是也是一个尖锐的问题，针对咱们的人出去？

吕 克：坦率地说，我认为全球化或者本地化管理是一个伪命题，大家总喜欢围绕政策兜圈子，我觉得本地化的问题10年前在印度研究所就解决了，为什么现在公司很多区域组织都解决不了，我认为就是现在在讲本地化的领导本身是没有成功的本地化实践经验的。成功的经验就是自己花心思就行了。真正的本地化就是你根据当地情况，实事求是、调动主观积极性地去做。一个欧洲的本地化问题让中国机关出一个政策去指导，那就是一个笑话。所以我觉得华为本地化做不好不是因为没有能力和政策，更不是没有时间，而是意识和观念的变化。道路是清楚的，就看大家愿不愿意改变自己。

田 涛：确实不是政策的问题，而是你愿不愿意去理解别人，愿不愿意给别人机会。

吕 克：你愿意及时承认人家做得好，这个让他产生归属感、荣誉感以及对组织贡献的责任。

田 涛：你在班加罗尔待了多久？

吕 克：一共三年多吧，其中第一年主要在搞合作，真正建研究所就两年多吧。

我们当时在印度有几个铁律，进办公室必须说英文，只要说一句中文罚几百卢比（印度货币单位）。为什么这样做呢？很简单，一方面我感觉是两张皮问题，首先要解决语言问题。中国员工经常一堆人挤在一起，老外看中国人经常一堆人嘀嘀咕咕也不好，组织肯定会有问题。所以必须把语言问题解决了，我不逼你学英语，但你进办公室必须说英语，必须适应这样的环境。罚完以后有人开始相互遮掩，怎么办？我发现一个人说中文就给这个人戴上一个红袖章，除非找到第二个人才摘下，这样相互监督，实施起来很多人特别认同。其实很多语言过关的人认为这样是对的。当时有个外派员工语言很烂，晚上开会，发言怎么都说不出来，我们就所有人等着他，这样他也觉得压力很大，回去就拼命练口语，三个月后就过关了。后来他离职了，现在搞了一个贸易公司，天天跟老外打交道，有次吃饭他跟我说，他在印度研究所专业的技术没学到，学得最好的就是英语，如果没有那次逼迫，他完成不了他的转变；如果没有那次的转变，他没有现在的机会。

田 涛：其实不仅是语言变好了，心胸也打开了。

吕 克：为什么我们当时逼大家学语言，因为我在研究所倡导这件事，给本地员工传递一个信息，我们一视同仁。我认为本地员工对组织建立信任，不在于你拍拍肩膀给他们涨薪，关键在于组织的整体行为，尤其是领导者的行为。领导者的行为要让他们感觉到你是要真正扎实在这儿长驻下来的，因为当时我们在印度所有的东西都是租的，很多印度人就觉得我们是不是搞一下就走了，但我们没有权力去买房子、车、其他固定资产等。我要留住这些人，怎么办？说是没有用的，我只能用点滴的管理行为来告诉他们，我们是扎扎实实沉下心来跟印度人做朋友、跟印度人一起来建立团队的，让印度人来当家做主，我们通过各种小事来传递这种信息，这样印度人才对这个团队很信任，所以都留下来了。

田 涛：是不是不关心本地员工的主管在华为也比较多？

吕 克：我认为是多了点，整体上做事还是比较功利的，也可能跟人群特点有关系，工程师背景偏多，对人的敏感度、对人的关心等会差很多。刚才讲到了奋斗者，所有的奋斗背后就是要让人的潜力发挥出来。其实华为最早的人是“亡命之徒”，有这么几种人：一种是在内地混不下去了，在单位是“刺儿头”；再一种就是不甘自己平庸的生活，想做点事情；还有就是对深圳的创业生活很向往。这几种人构成了华为早期的人员结构。这些人有两个驱动力，一个是想做事情、做成事，另一个是他们想通过做事情改变自己的经济条件。华为正好满足了这两个条件，飞速的发展给予员工更多发展的机会，满足了他们对事业的成就感，另外，华为当时的工资是很有竞争力的，我 1993 年到公司，1994 年的时候工资就有 3000 多元，1995、1996 年的时候就有 8000 多元，那时候深圳平均的工资也就 1000 多元。在朋友圈里，我是最晚到深圳的，但好像钱最多，也有了心理优势，有成就感和自豪感。这种成就感和自豪感放在工作中就更带劲儿了，虽然那时只有死工资，几乎所有的资金都买股票了，但工资也是很有竞争力的。现在员工薪酬竞争力存在一些问题。

田 涛：现在薪酬上是没有竞争力了？

吕 克：我们现在基层员工的市场竞争力，用分位值来看只有 25%~50% 了，加上奖金才到 50%，很多员工出去以后，到了其实像腾讯这种公司，工资更高。再一个，现在很多员工是研究生毕业，工作一两年就面临着结婚生孩子，就要买车买房，现在房价又那么高，所以他们的心态跟原来的心态不一样，压力更大，如果我们的薪酬待遇不能给他们一个很宽松的环境，他们对组织的归属感和激励感是不够的。反过来我们现在可能很难有充足的资源给他们。如果换在十几、二十年前，当时我们利润和成长空间很好，可以给更多。但我们现在的成长空间是有限可期的（在新业务成长起来前），人员基数又这么大，资源分配是有限的。这是公司以奋斗者为本继续往下走的一个挑战。另一个挑战是，现在很多年轻人，他们的家庭结构是“421”，家族所有的财产最后都给他们了，所以并不像老板说的“一贫如洗”，他们从小追求的是个人成长、个人的成就感。若公司还是只用钱来激励，跟过去比，激励效果会差一些。他们现在除了对钱有一定需求，对被承认更有需求。如果不去关注这个方面，最后还是单条腿走路，就像人的需求一样，如果 A 需求得不到满足，一定会对 B 需求过分索取。如果一个人在非物质激励方面的需求不能得到满足，他会索取更多的物质激励，其实他未必需要，比如现在员工工资拿得多，奖金拿得多，对员工个人的生活可以带来多大变化？拿一万元和一万五千元都一样买不起房，但我拿了一万五千元，是得到公司更多承认的，所以，激励的背后不是经济利益，而是人对承认、对于非物质激励的索求。如果我们不去做这项工作，那我们物质激励的资源压力会很大。我们说以奋斗者为本，其实还是想驱动大家去发挥聪明才智，发挥潜力，去创造更多的剩余价值。这个驱动因素到底是什么？原来公司的做法是机会和钱，但现在看来已经不够了。

田涛： 公司有没有去研讨这个很核心的问题？

吕克： 我觉得公司现在还没有很深入地谈到这个方面。大家还没有去公开谈这个问题，我接触过很多领导，其实他们私下里都在谈论和思考。

田涛： 实际上今天就面临一个有效的、差异化的激励手段的问题。

吕克： 其实问题有两种解决方案。一个是不找解决方案，未来华为就是一个普通的业界公司。举个例子，为什么我的一个同学在美国工作得很自在？外企很多人就是这样很平稳地发展，就是一个契约关系。华为的问题在哪儿呢？原来的华为员工工资非常有竞争力，但工资结构很多年没有调整，而业界的工资水平每年却都以 7%~8% 的速度增长，所以我们的竞争力越来越差。这样一来，公司就不能指望所有人都要增长，华为原来就是期望所有人都要增长。只有优秀的人才能增长，大多数人就是普通的劳资关系，工资就是业界可比，可以定位比业界稍高。每年的工资水平就跟随业界去调整，比业界高 20%~30% 就够了，这是另外一种方式。前段时间我跟公司领导讨论这样一个问题，就是我们现在的人才结构一直延续下去，问题能不能解决。我后来自己想了一个招儿，对比印度，一个助理工程师花 3 年时间升到工程师很正常，一个工程师花 5 年时间升到高级工程师很正常，从一个工程师升到项目经理，花 10 年时间这也很正常。但在华为，一个工程师一两年没有升级，就感觉自己很差了，一个工程师干三五年不能当一个小的头头，也自感属于“垃圾”了，这两种最大的差异就是晋升速度的变快，背后的本质就是成本快速上升。原来公司不大，你可以容忍这种快速的晋升，但公司现在越来越不具备这种条件，未来也可能不具备。所以有两种方案，一种是本着原来的方法去找解决方案，另外一种就是按业界去走。业界的方法怎么走呢？譬如你现在一个 12 人的研发团队，按照配置模型去配置，一个项目经理、一个技术经理、两到三名高级工程师，三到四名普通工程师，一到两名助理工程师，就这样一个结构，每个岗位的工程师就拿相应岗位的待遇，就是序列待遇。这个序列待遇每年跟着业界增长，在业界保持竞争力，最后优秀的人能升上去，普通的人干烦了可以横向流动。我的同学在国外就是这样，从项目 A 做到项目 B，在高级工程师位置上做了 10 年，他做了五六个项目，这样横向流动。还有一些人愿意在这个项目上去积累，积累以后经验继承下来了。我们现在很多老员工的经验是用犯错误的代价换来的，他们知道怎么去规避错误，但往往老员工撤了，新员工上来了，新员工上来不是创造价值，而是“埋雷”，编程一堆的错误，然后花更多的精力去找这些 bug（漏洞），修复一个 bug 所需要的投入是开发的 5~10 倍。不断地有新员工犯错，不断地花精力去纠错，这就是效率低下最关键的一个原因。反过来，为什么老员工发挥不了作用？原因是老员工干得时间长了以后觉得没什么出路，要么往外跑，要么就沉淀了，反正也有股票了，就这样混日子吧，老员工这种技术积累就浪费掉了。公司不断在为新的错误买单。

田涛：这种做法是基于一个什么背景呢？就是不断用新人顶替老人的这种做法。

吕克：第一个是老人自己觉得要往上升，第二个是新上来的很多主管不愿意用老员工。公司上上下下也有一种论点就是要提拔年轻人，有领导也说研发 30 多岁干不了什么事情了，其实 30 岁在任何一个企业都是开发的黄金时间，因为经验已经足够了。

田涛：我理解是不是 IT（信息技术）这个行业本身是研发人员越年轻越有优势？

吕克：对研发你最后要看的是什么？不是速度，不是玩命的加班，其实从产出角度本质来看，是一个时间和质量平衡的问题。一个组织，要有一些有经验的人，也要有有冲劲的人。

田 涛：是不是主要是个思维活跃度的问题？

吕 克：思想的活跃度是很关键的一个因素，你看现在在硅谷从事创造的人难道都是刚刚从学校毕业的吗？大部分都不是，这是一个技术生命延续的问题，如果你的技术生命延续的工作做不好，老员工自然很多就跟不上，其实新员工也未必能跟得上，有些未必是专业对口，这个管理不能一刀切。我认为最好的就是一个组合，有经验的和没经验的组合，年轻人和老人的一个组合，这才是客观的。过于强调年轻人，我认为是偏颇的，当然一味说保留老员工，也是偏颇的，这里面有个平衡问题。这些问题就是我们刚刚说的取向问题，一个稳定的结构，每年都是有成长的，你的成长就是你工资待遇不断地提升。好的往上走，还可以横向流动，干得不好的走掉，这样组织的成本是稳态的，而且还是有竞争力的，就不会出现千军万马走独木桥的问题。你看公司原来人才是金字塔结构，后来是纺锤型，现在变成水滴型，未来会不会成为倒三角呢？按照现在的情况是有可能的，因为大家都知道干了10年职级不往上提，待遇就跟不上，待遇跟不上就会造成自我感觉不被承认的问题，矛盾就出来了。组织的成本就会越来越高，一旦升上去之后，想要下来就很难了。现在是时候去仔细进行结构性的思考，然后去选择一条道路，甚至去大胆借鉴西方的东西，我不认为西方的东西就一定跟华为的文化是冲突的。华为的文化冲突，其实并不真正鼓励冒险，它鼓励的是奋斗，奋斗不等于冒险，这个是要讲清楚的。它鼓励的是一种持续的奋斗，聪明的奋斗。

田 涛：现在的股权激励你认为还有效吗？

吕克： 如果大家对股票的机制产生了怀疑，很多华为的管理活动是实现不了的。拿我来说，我因工作失误降过两次级，1998 年那次如果没有股票我可能也走人了，因为当时觉得不完全是我的错，为什么要委曲求全呢？但就是因为自己还有一大堆的利益跟公司捆绑在一起，这样做对公司是有利的，自己牺牲一点也无所谓了，如果没有跟公司利益强有力的捆绑，怎么可能坚持下来？所以当时华为在执行易岗易薪的时候，跟国外公司去交流，所有老外都觉得这是不可能的事情。对老外来说，公司如果说要把他们的薪酬降下来，他们马上就走人了，绝对不可能留下来。

田涛： 这样两次降职的过程中，同时也跟着降薪。

吕克： 当然是要降薪了。通过这些我才能真正理解，华为股票是公司所有人员管理动作的一个基点，是一个压舱石。有了这个压舱石，船再怎么开，都翻不了。但这个压舱石不在了，或者大家对这个压舱石没有信心了，开船就不会那么容易了，很多华为的管理政策也未必能够很好地落实。这是我对股权分配的一些看法。

田涛： 会不会发生这样的事情，就是公司现在是持续赢利的，然后到了某天，甚至时间不会太长，突然之间就不赢利了，甚至亏损了，这样公司股权的利益，尤其是对持股少的人是否有影响？

吕克： 这个威胁是长期存在的，这就是为什么华为发展一定要保持一个速度的原因。就像中国一样，中国 GDP（国内生产总值）的增长如果低于一个百分比，国家可能会面临非常大的挑战，所以中国 GDP 的增加就是没办法的。华为同样是这样，华为的股票就是一把双刃剑，它既是华为成功的驱动力，是华为很多人力资源政策能够有效落实的基础，反过来它也是一个威胁。一旦我们的发展速度过慢，股票的收益很低或是亏损，我想老员工一两年还是能顶住，因为他们还要看希望，看华为一两年还能不能再返回来，但中基层的骨干可能很多人都要走，这就是华为一定要保持发展的原因。

田涛：所以大家上到山上，永远就是背水一战。

吕克：股票已是华为发展的“红舞鞋”。现在再改变就是搞TUP[①]，未来几年，股票扩股越来越少，TUP这种新的奖励计划慢慢覆盖以后，会慢慢解决这个问题，但是要三五年去解决。TUP的收益跟股票的收益一样，所以反过来，它还是要求公司的发展速度，公司还是要保持这个速度，如果低于这个速度，是蛮危险的。但公司已经穿上“红舞鞋”了，没办法。

田涛：另外还有一个问题就是，十五六万人，有一半人持股，另外一半人呢?

吕克：另外一半人有大部分是本地员工，按法律本身也持不了股。未配股的有一半，大概两三万人是外国人，还有两三万人是新进来的员工等。另外对于基层员工来说，配股配得很少，吸引力也没有很大，股票太贵了以后也买不起。我们现在的最大问题是，我们不是向奋斗者倾斜吗?

田涛：这确实是一个创造，而且世界上都很少有这样的。

吕克：所以对股权，既要看到它过去的成功和现在的意义，同时还要不断地看它是未来的一个风险。

田涛：企业永远是在几难之间做选择。

① TUP，时间单位计划，指基于时间的现金性长期激励计划。

吕克：我觉得奋斗文化第一个挑战就在于，我们原来以奋斗者为本的主要机制，能否保持与时俱进的问题（成长机会、金钱财务的次序问题），第二个挑战是，原来我们的业务、人员是单一的，现在我们的人员群体是多元化的。海外本地员工是奋斗者，还是本地员工是契约者？如果本地员工是契约者，就意味着公司在管理过程中面临两种人才管理标准，这必然会造成政策不一致，相当于公司有两种 DNA，有两种 DNA 的生物体是存在不了的。除非公司更加地以独立化的方式去运作，如果一个大平台有两种 DNA，这种管理难度是非常大的。我说的多元化还有一个业务多元化，比如电信运营商业务，是典型的 B2B（企业对企业），而终端业务是 B2C（企业对消费者），企业业务是 B2B/B2C。在这样一个管理环境下，举个例子，我们说奋斗者很多时候也是群体奋斗，但在企业销售中有很多个人英雄，他有关系有渠道可以把产品卖得很好，100 个人上去没用。终端也是这样。问题是，这种新的业务相对于我们原来比较单一的业务形式和单一的人员群体，在提出一个什么挑战？现在的问题更复杂，我们有时甚至连问题都提不出来。我们知道肯定出了问题，但问题到底在哪儿，却又识别不出来，这个风险更大。

我最近不断在与咨询公司交流，然后找了波士顿咨询公司（BCG），他们把我们这个 case（案例）内部讨论了一下，对我们这个文化该怎么去管理，他们在内部找了一些最大拿的人员去讨论这个问题。他们讲过一个观点，认为华为的文化管理没有先例，也很难能成功。我当时不理解，像有些公司它们的业务也很多元化，比如 GE（通用电气）和西门子，它们为什么能成功？他们说你要这样看，它们所有的子公司虽然业务是多元化的，但业务模式是一致的，都是靠非常强有力的研发投资产生产品，然后锁定客户群去销售。虽然它们的业务领域不一样，但业务模式是类似的，你反过来考虑华为的业务模式是不是一样的？如果是一样的，文化管理有可能多元化，如果业务模式都不一样，文化管理是非常难的。

田涛：就是业务模式决定了你的文化，或者你的文化决定了你能做什么，不能做什么。

吕克：对，我觉得是这样的。谷歌最近有几个创新，简直太可怕了。一个是眼镜，眼镜这个东西意味着什么，它将来会改变人学习的方式，将来大学、中学没有意义，除非你去学哲学和物理，你真正的日常学习和基础的学习根本不需要去学，它彻底改变了人学习的习惯。比如看到一个水杯，你一聚焦，眼镜就告诉你这是水杯，有什么什么用途，那你还学习干吗？还有一个新的创造就是搞一个基站，用无线去连接，这种覆盖面的话，将来通信结构会完全被改变。但我讲的不是这些，而是谷歌背后所隐藏的创造力。这样的创造力为什么会产生呢？是因为谷歌的文化，很崇尚自由，充分让你去发挥想象，然后再为自己的想象负责，去实现它，这样的企业才会有生命力。华为不可能发挥这样的创造性吗？现在感觉能。一旦有新的创新，领导会问你投资多少，什么时候能有回报。

田涛：支撑谷歌创新背后的成本问题，我一直没弄清它怎么解决的，包括你刚刚说的这两个，还有无人驾驶汽车，都没有商业化，只有投入没有产出，谷歌怎么支撑这些成本呢？

吕克：我们只是看到它领先的底层技术，其实我们还要看它很多的应用技术。谷歌的 Gmail、地图应用等，它有非常多的应用，这些应用都很赚钱。它为什么只让我们看到那些东西呢？是因为那些东西能强化它的品牌形象。我们只看到了它想让我们看到的东西。

田涛：华为怎么解决这个问题，就是在成本与创新之间？

吕克：我觉得当前华为还不具备做颠覆式创新的能力，只能整合创新，因为华为的 DNA 是种跟随者的 DNA，而不是领先者的 DNA。你要一个跟随者转变成创新者，就像是把一个保姆变成女主人。女主人是要设想与规划的，保姆只要做事情就可以了。华为从过去的角度来看一直是习惯跟随着别人做事情，所谓整合创新就是在做事情的过程中根据大家的客户化进行一些客户化，进行一些工程创新，这是我们的优势。从现在来看华为就是整合创新，以更小的成本、更大的集成、更多的整合，来赢得胜利，包括我们的产品组合，我们单产品的供应都是这样，再加上我们的艰苦奋斗。人家一个人干我们 10 个人干，人家干 8 个小时，我们干 12 个小时。华为过去的成功其实在于我们经营管理模式或 HR 模式跟业务模式完全匹配。比如更低的成本，我们在中国，这种人力成本很低，而工作有更快的速度，我们玩命地干，保证好的质量，而且我们不断地投入人力，所以我们能够把这三个优势做出来，这三个优势刚好是跟随者最大的优势，所以我们成功了。而创新，首先最关键的是要有更加敏锐的战略眼光，我们现在还很少有人有真正的战略思考能力。其次要有创新的土壤，我们创新的土壤很贫瘠，我们过去为生存而打击盲目创新和没有商业价值的创新，避免过度分散资源，但是不是所有的人都能去理解和把握这个度？所以有人害怕提创新，一旦主管有了这种思想负担就不可能去支持创新，自然就抑制了创新的发展。最后还要有更宽松的体制，而我们现在的管理和机制越来越僵化。华为如何从跟随者变成一个领导者，这是一个很大的内部管理的挑战。

田涛：现在至少在管道这块儿成为全球领导者。

吕克：管道领导者其实还要看赢利，我们现在的成本很低了，在管道上成为领导者是有可能的，毕竟我们有相对比较成熟的产品。但我们还要看增长，从公司“809 战略规划”来看，真正的增长要靠企业业务和终端业务，网络业务每年也就 10% 的增长，不算出色。

田 涛：其实终端就面临着文化冲突的问题，怎么解决这个问题？

吕 克：我觉得公司这两年也在做些尝试，包括从组织调整给他们自由权，但是也有一些在摇摆。

田 涛：从我在外部观察，以及跟你们不同人的交流来看，你们现在充分朝下释放权力，包括广办的试点，会不会最后演化到各个 BG 成为独立的运营体？

吕 克：我觉得不可能。从现在的组织变革角度来看，BG 更多只是一个以客户满意为主的经营组织，它不会是端到端的组织。为什么企业业务不能相对独立呢？因为，第一，它的产品大量利用网络设备；第二，我们要做的企业，最后要做的还是大的垂直行业，电信其实也是其中的一个垂直行业。

田 涛：其实企业业务方面的文化冲突，不是想象中的那么严重。

吕 克：其实只要静下心来去做，传统模式也一样可以去做。我们在电力行业是被集成的，在电信行业我们是集成商，就是什么都做，那我们为什么不可以耐下心来，慢慢也变成电力行业的集成商呢？

田 涛：对，我觉得这个是有可能的，慢慢在电力、金融、银行这些行业里渗透、集成。

吕 克：我觉得这样做公司是比较稳妥的，内部文化机制的冲突会比较小，对个人的依赖小了，能充分发挥华为团队管理的管理优势、技术优势、团队优势和经验优势。

田 涛：再聊一个话题，就是能上能下，你可以给我举些例子，还有就是能上能下这种背后的冲突怎么解决。

吕 克：我觉得能上能下的目的是什么，就是耗散理论，任总认为一个企业一定要被激活，一定是要永远处于一种激活状态，而在这种激活状态下用人是要能变动的，而不是一直往上走或停留的，一直往上走会慢慢形成论资排辈，最终出现创造力和激情缺乏的弊端，而且也不利于新的血液的冲击，所以这是一个平衡的问题。能上能下很大的作用就是让这个组织被激活，这个人在这个岗位累了或者不合格就下岗，让合格的人来干，让每一个关键岗位都处于激活的状态，这就是能上能下的本质目的。那么这个机制能够实现的基础是什么呢？第一个是有文化，在华为一个人能上能下也不觉得怎么样，在其他的企业或许会存在更多的心理压力。而在华为，历史上最早的干部集体辞职、统一上岗，其实就是一种干部能上能下，很多干部都有过这个经历，比如轮值董事长徐直军也有这个经验，下放到上海代表处去当代表，轮值董事长胡厚崑也有，其实高层很多人都有这种下放的经历，所以能上能下在华为并非大家看得非常重的事情，从文化的包容性上看好一些，这是第一个原因。第二个是待遇，有了自身的大利益跟公司的捆绑，当需要你去牺牲自己局部利益以谋取更大的利益时，你也心甘情愿去做这些事情，如果没有这些利益捆绑，那让你牺牲短期利益不可想象。我觉得就是这两点支撑了能上能下。它的挑战呢？能上能下的干部是不是真正心里就没想法？我觉得倒不是。现在很多下来的主管，并不等于他们不优秀，可能因为各种原因，我们现在的土壤使得他们到新的部门后被用得不好，效果发挥得不是很好，时间长了以后他们觉得没有必要浪费时间，就走了，其实我们近期走的一些高管就是这样，你说他们是不是真的没有能力？不是。

田 涛：还有没有这样一种含义，通过能上能下来锻炼你？

吕 克：有，但真正锻炼你的还是通过打压你这样的方法。公司的“之”字形发展中从来没有这样一种一定要去折磨你一下的说法，但实际上都可能会有一点挫折考验。

田 涛：你刚刚说的为了激活组织这个观点没错，我举个例子，为什么可以把一个类似常务副总裁的人放到一个代表处去做主任？这背后到底是一个什么样的考虑？

吕 克：这个你可能要通过任总去了解他当时对徐总（徐直军）这么安排的原因了。我认为这点可能大家都不言传，但心里有数。因为如果没在一线工作过，在上面说话也不响，就像我们现在的 HR，其实他们也很惶恐。比如有些 COE（能力中心）并不需要一线经验，也能把专业研究透彻。但现在华为的导向是这样，如果你没有一线经验，你说话就不响，影响力就不够，所以很多人就要去一线。

田 涛：这个受军队文化影响比较深，军队经常干这种事。胡总讲的“之”字形干部成长路线，这个完整的意思是什么？

吕 克：现在我们的业务管理对管理者的要求不一样了，原来研发干部只要懂研发就行了，但现在研发干部要懂客户，要懂交付，要懂管理，是一个综合型的工作，而且我们现在的业务发展到一定程度也有条件让他去尝试。从这个角度来看，我们认为未来越来越多的岗位是需要综合性能力的，原来招的人能力结构比较单一，所以在组织里面只能通过多个岗位的历练才能积累经验。这是我们做“之”字形发展的最核心的诉求。现在已经开始实施了，后续我们会要求选拔干部必须在这个池子里去选。譬如在一线长期工作的主管灵活性很好，客户感知很好，但反过来可能工作规范性稍差，因为他没有在机关受过这种流程管束，回来之后才知道公司还有流程，流程还这么有意义。反过来，机关的干部不了解一线是怎样运作的。

田 涛： 谢谢，你讲的很多故事很有趣，你的很多观点非常有价值。

吕 克： 华为很大，很多东西要慢慢来，可能要慢慢地理解，我觉得改变急不得。

（结束）

访谈 3

江西生

（第二次访谈）

访谈时间｜2013年7月2日
访谈地点｜深圳
被访谈人｜江西生
访 谈 人｜田 涛

田 涛： 要不我们先说说公司治理架构的演变？任总也多次讲，说我们不是一开始就是一个完美的设计，很长时间都是不断地变化，没有什么终极的东西。过去是那样，现在是这样。现在是这样将来不见得还是这样。

江西生： 对，将来肯定不是现在这样。我觉得我们现在这个治理结构是过渡的，而且应该是比较短过渡的。讲到治理，我理解这个东西会是阶段性变化的，而且不同的阶段是不同的模式，我认为这是很有必要的，也是华为能够实现发展的一个很重要的东西。如果说公司在很小的时候就是一种很严格规范的模式的话，可能发展会受到限制；但公司大了以后，如果没有一种充分的、良好的决策机制，又会带来很多风险；以后公司越大越是这样。所以，治理架构可能是阶段性变化的。我记得早期的时候，我参加过一次股东会和董事会，最早的那几个股东。那时候第一次开会，可以说是闹得不欢而散。

田 涛： 老板讲“三分天下有其一”，是在公司成立 5 年以后，还是更早？

江西生： 差不多 1995 年吧。我记得 1993 年我们开公司大会的时候，才说我们要做海外市场，大家提到过类似的东西。真正去做海外市场，我们在 1996、1997 年才开始做。[①]

早期的时候，不会说有太多股东会、董事会，很多东西都是老板亲力亲为。

田 涛： 那时候也不开什么董事会。

江西生： 不怎么开。那时候主要是开工作会议，比如业务会。真正的董事会就不太有印象了。

田 涛： 有没有董事会？

江西生： 有，法律上肯定是要有的。法律上必须有一个董事会，你报个什么东西，包括增资，所以这些法定的东西还是有的。

田 涛： 但是会很少开？

江西生： 对，真正意义上的董事会会议，很少开或者不开。

田 涛： 董事会主要是由那些股东组成的？

江西生： 在早期，那些人没退的前两三年，他们是参与了的。后来开完那次会后，我感觉大家就没有共同的信任基础了。

---

① 注：任正非在 1994 年初与市场培训人员座谈，讲道“你们要相信，10 年以后，世界通信行业将三分天下，华为占一分”。讲话稿以“团结奋斗，再创华为佳绩”为题，发表于《华为人》报第 006 期。

田 涛： 那次会大概是哪一年？

江西生： 好早啊，我记得大概是 1990 年吧。那次会开了以后大家就闹得不高兴，大家对公司的发展，对公司的方向、目标意见不一致。老板那时候很坚持，如果不坚持，这个公司可能也就要慢慢地关了，像当时其他的代理公司一样。再加上那么多员工。我们那时候虽然有股份，但是很少很少，所以大家就一起参加了这个会议。

田 涛： 你们当时有多少人参加了这个会议？

江西生： 像我们骨干员工大概有六七个人。

田 涛： 加上他们 5 个，再加上任总，还有你们六七个人，等于是扩大的董事会？

江西生： 开会的印象不深了，开完会以后吃饭我记得很清晰。当时印象很深的是大家冲突很大，矛盾很大，就是老板和他们那几个。但也不是和他们所有人，主要是和他们两三个主要代表冲突大。

田 涛： 主要是什么问题呢？

江西生： 就我刚才说的，要不要这么大的发展，要不要这么大的投入，那几个人肯定是想多分一点。

田 涛： 那时候有没有自己的产品？

江西生： 主要是做代理，赚了些钱，是不是要分掉？老板肯定是要做研发。公司实际上很早期在做代理的时候，就开始有研发了，就是把设备搞懂。不像有些代理商，就是代销，维护搞不清所以然，维修的方法就是换东西。我们那时候也要安装、维护，发货前我们还要调测、老化等，器件我们自己都可以换，板子甚至都可以做，后来就开始慢慢做一点了。

田 涛：别的代理不这样?

江西生：他们很少投入，我们那时候研发投入得就比较多，如果只是做维修用不着招那么多研发，郑宝用、郭平，都是那时候进来的。特别是电源，那时候专门找高端的电源人才，像陆潮文，当时在业界都是水平很高的。

田 涛：参与那次股东会的人，现在在公司的还有谁呢?

江西生：张燕燕、郑宝用肯定参加了吧，郭平可能也参加了，纪总（纪平）不知道参加了没有，因为有的人可能在外面。

田 涛：像你们这些人，应该算管理层，跟任总的思路是一致的?

江西生：我那时候只能算是骨干员工。那时候我们哪有什么思路，老板怎么说我们就怎么干。很多人不会对公司有特别长远的思考，因为大家对这个行业也没有太多认识，只是觉得这个公司很好，这个印象是很深刻的。大家觉得这个公司很有意思，每天都有变化，每个阶段都有变化，三四个月、半年，不用说变化就很大了。像我们有些在外面办事处的人，包括沈阳、西安、北京、上海的，每半年回来一次，感受到的变化就很大很大了。日常工作中也是，比如研发，一个板子这段时间还没搞清楚，过段时间就搞清楚了，新的东西很快就支持上来了，变化还是很大的。所以大家觉得这种速度、这种发展很好，不一定去看得那么长远，但也很有信心，因为从现实日常中就可以看到很有信心。

田 涛：当时的发展方向，包括研发什么产品，包括激励机制，比如股权、工资奖金，都是任总一个说了算?

江西生：我觉得基本上是这样。但研发的东西我觉得不完全是，因为那个时候确定研发的方向性的东西应该没有那么复杂。为什么呢？因为在我们前面的公司太多了，我们跟别人差得太远了。所以你随便跟着别人走就行了，那就是你的方向。那时候说中国“七国八制”[①]，再早期我们离“七国八制”都太远了，所以那就是我们的方向，跟随就行了，慢慢去缩小差距。但是跟随有一个问题，就是怎么去跟随，采用什么样的模型。除了跟随，我们还用了最新的东西，就是用了新的芯片技术像 ASIC（专用集成电路），这是那个时候我们超越别人的一个很重要的东西。因为电路也好，网络也好，那时候大家都差不了太多，不会说我们比别人先进，不可能的，我们能跟上别人就行了。那个时候的集成电路，从开始的几十个三极管就是一个芯片，到后来几百个、几千个、几万个做一个芯片，而且都是通用芯片。为什么别人用不到新的芯片技术？因为它们整个的生产图纸、工艺、生产线全用的是老的东西，要换成新的东西成本很高，投入很大，所以没有动力去换。华为跟它们不一样的是，老板和研发看到了这一点，所以我们用的是最新的芯片技术，包括我们自己研发的芯片，这样我们产品的体积就大大缩小了，综合成本反而下降了。那我们在这方面一下子就超过别人了。我认为这是一个很重要的东西。

田 涛：这大致是在什么年代？

江西生：1992 年，很早。那时候我们还在做用户机，HJD48 用户机就开始用这个技术了。ASIC 芯片是徐文伟负责的，软件和总体是郭平负责的。到后来的 08 机，这方面我们一下子就超越别人了。所以长远的东西是这样的，要有亮点，有一个亮点就可以把它放大，确实也是，我们的产品就

① “七国八制”指的是 20 世纪 80 年代的中国通信市场上总共有 8 种制式的机型，它们分别来自 7 个国家：日本、美国、加拿大、瑞典、德国、比利时和法国。——编者注

是比别人的小。第二个亮点我觉得是电源技术，这个任总的确是比较超前的。那时候我们公司基本上没什么产品，用户机是容量很小的那种，但我们已经开始做电源了，而且投入很大，人也多，老板挖了几个高端的电源人才。那个时候我们的产品主要用在农村，所以电源这块儿尤其帮了我们的忙。因为那时候中国的电网尤其是农村的很不稳定，220 伏的电压经常会到 250 伏、260 伏，还经常有雷电，有些厂家的产品比我们的好多了，但是经不起电网被动的折腾，很容易坏。我们反而比他们要好一点，那客户底下的人才不管你产品先不先进。所以一个 ASIC 芯片，一个电源，我认为这两个技术确实是对我们非常重要的。其实那时候这两个技术并不高端，并不高端的技术使我们一下赚得了一个很好的品牌，有了稳定、质量这些优势。按说电源不是我们公司的核心产品，但老板对它特别重视。

田 涛：这是基于他对方向的认识呢，还是因为找了人来，有人了就做这个事？

江西生：都有。但我觉得老板还是有方向性，他看到了电源为什么那么重要，因为那时候电网不稳定等。后来华为电气被卖掉了，那个时候就卖了 7.5 亿美元，虽然现在对我们来说不算什么，但那个时候不一样，这种东西看得很长远才有这个结果。还有芯片，不看得长远就不会去做投入。具体实施的时候，他确实不懂技术，但不管他懂不懂技术，他都经常参加研发会议，他也提思路提方向，站在另外一个角度去提，至少对工艺、结构等都是能提的。

田 涛：那时股权给谁多少，是他自己定？也不开董事会，也不跟其他股东商量？

江西生：应该是吧。以前他自己跟我们说，这些都是他定的。后来就有程序了。

田 涛：像他的《一江春水向东流》里面讲的，也不开办公会？

江西生：我 1990、1991 年在办事处，1992 年回来，1993 年开了一个公司战略发展的研讨会，我也参加了。

田 涛：那些股东退出是 1995 年，是吗？

江西生：1997 年开始退，真正退出是 1999、2000 年。

田 涛：他们退完了以后股权结构是怎样的？

江西生：那时他们在股东里面，但是员工也有股份。华为一早探索的就是员工持股制。1997 年的时候，深圳出了一个员工持股制度，当时我们也是以这个为契机吧，然后跟他们去商谈他们退出这个股份。他们退出去，公司收回了这些股份，任总就能更好地去实行员工持股这些制度了。

田 涛：什么时候工会持股的？

江西生：工会持股是 1997 年后，陆陆续续就开始工会持股了。因为有限责任公司有股东人数的限制，我们那时候人太多了，所以 1997 年开始就工会持股。开始是几个工会持股，后来到 1999、2000 年，才开始变成华为投资控股有限公司工会持股。

田 涛：最早是二〇〇几年，我看到的材料是纪总和工会。

江西生：那是过渡期，很短。后来从纪总转换为任总，2004 年才换的。

田 涛：那时候设计股权池子，是几个人一起设计呢，还是他拍脑袋？

江西生：我想应该是以他为主。

田 涛：这也是个很有意思的事。因为这么多年来，按理说中间是有若干次不可控的情况，公司越来越大，而且股东也多了，他也成了股东，所以可控性，弄不好都会出问题。但这么多年是怎么走过来的？

江西生：老板说他有法治意识。我认为这里遵循一个很好的原则和方向，就是说你不管怎么做，大的原则和方向是为了公司长远发展的，不是为了某些人谋利益的。这种架构相对来说是合理的、有效的，这是从大的角度来说。最重要的一点，他遵循了一个很重要的理念，就是契约精神，也就是合同。所有事情都是要签署文件的，都要签署类似承诺这样一个函，对大家是有个约束的。最早也不是说有一套完善的员工持股制度，没有的。但是大家要签很多东西，签署以后就有限制了，变成我和公司是有约束的。这种约束是受法律保护的，所以叫契约精神。在国外也好，在中国也好，在不违反法律的情况下，这两个人的协议是最具权威的。我们的持股制度从早期的时候，这点就做得挺好的。虽然没有一个整体架构的东西，但是有几点基本的东西，每个人都要签个字，把这几个基本点控制住了。

田 涛：是法律顾问给他的东西？

江西生：我觉得是老板自己想的。他自己说他自学过法律。他参加过深圳大学的培训班。

田 涛：那我问一下他。另外，公司最早聘法律顾问是什么时候？

江西生：那应该很早了，可能 1993、1994 年就有一些外面的法律顾问，不一定是股权方面的，但是有了。早期谈不上完整的治理架构，再往后 1997 年到 2000 年的时候，就已经有董事会了，都是公司内部这些人做董事，也会开一些会。但那时候董事会比较虚，比较弱。前些年老板说强 EMT，强 EMT 不就是弱董事会嘛。到现在就是强董事会了，目前这个阶段是强董事会，我理解这个阶段是过渡阶段，因为在不同的阶段，有不同的诉求和控制力，所以公司可以做得好。如果长远以后还是这个样子，就不合理了，因为强了某一个，那其他方面就弱了，就不能有效地制衡了。所以长远来看，我们是要走向一个股东会、董事会、管理团队以及监事会之间能有效制衡、更加均衡的未来，这个是很重要的。怎么去保证这一点？任总也提了，就是要通过制度化的东西。我理解我们公司这些年还是在构建制度化的东西，当然也包括业务的制度化、流程的制度化。现在我们还是有些问题的，因为公司的变化太大了，组织架构在变。组织架构一变，流程就在变，业务在变，很多东西都在变，变了以后带来的问题就是怎么去固化。所以我们也在探索，固化的是什么东西，什么东西能固化，应该固化什么，不应该固化什么，这些很重要。任总这两年在搞人力资源管理纲要、财经管理纲要、业务管理纲要，就是希望能够固化一些东西，这是我的理解。但是不是这几个纲要就能把什么东西固化下来，这也要去看的。

田 涛：其实是很有挑战的。

江西生：确实很有挑战，就像我们当年的《基本法》一样，做它也花了很大的力气，做完了以后固化了一些东西。这些管理纲要应该比它还要进一步，还要往下沉一点，否则就太虚无缥缈了。这个再往下沉，就变成制度、流程的东西，但制度、流程固化了，业务又在变，可能又不行。所以有些原则的东西也在变，就像老板一直讲的，几条大坝，就像长江的水，只要把大坝建好了，水在里面使劲跑也不怕。

田 涛：他那天说的意思是堤坝要宽，宽了水在里面才能有空间流动。另外要高，不至于让水漫出来。但这是个概念。

江西生： 是个概念。前段时间在某个会上就提到这个问题，一旦把什么东西定义为“坝”了以后，就不能改了。但实际上过段时间这个东西又不合适了，不改不行。所以这个事情就是我们刚才说的度在哪个地方，这是很重要的。太往下沉了，就不是概念了，因为没有不改的东西；太往上又太虚了，所以真的要找到这条线是个问题。

田 涛： 早期就是靠自己去理解。

江西生： 早期哪有什么理解，就是言传身教。就像刚才说的，早期的治理、流程、管理，就是这样子的，也有些简单的制度、流程。重要的是怎么样把我们一些重要的东西固化下来。

田 涛： 现在 EMT 是不是跟常务董事会是重合的？

江西生： 我们现在开会叫 EMT 会议，但是不太有 EMT 这个团队了，因为全是董事会、监事会人员参加，其他的人员属于列席。这种运作都是以董事会的角色来呈现的，虽然以 EMT 的名义开，但实际上已经过渡到董事会这样一个概念了。

田 涛： 那就是说现在董事会和管理团队是完全重叠的。

江西生： 对，完全重叠，所以叫强董事会。我理解这是个过渡期，还有两到三年时间，还是要过渡到一个更加均衡的架构。

田 涛： 我多次听任总说今后几年重点是行政管理改革，是不是治理架构就是解决的一个方面？

江西生： 行政管理改革从前年就开始在做了。实际上行政改革中治理是最重要的一个部分，当然不仅仅是治理，还包括整个组织结构、行政管理的结构，从上到下全面梳理。股东会、董事会、管理团队、监事会，这是上面的，往下面就是地区部、代表处，它们是怎么样的结构，怎么样去行使权力，在行使权力过程中怎么对它们进行有效监督，这些都是很重要的。说白了很简单，一个是行权，一个是监督，把这两个东西搞好就行了。行权又引出来分权、授权，因为有不同的组织层级，所以现在提出来把更多的权力放到基层去。放到基层就要去监督，上面虽然大，但就那几个人，老板天天看得到，是可以监督到的。但把权力放到100多个代表处，就有怎么监督的问题，这是个很重要的问题。我们的结构改来改去，调来调去，这个问题确实挺难的。不光我们，大家都在改。前些年我们跟思科交流的时候，它整个公司有37个委员会，是委员会运作，比我们的委员会还要厉害。在公司层面有37个委员会，底下层层级级都是委员会，到去年也不行了，委员会运作太难了。

田 涛：委员会是对着CEO？

江西生：通常的西方企业，是没有那么多委员会的，只是上面有几个委员会，底下的委员会都是研讨性的，不是决策性的。因为西方的决策都是按岗位、职责来的。委员会运作以后，委员会之间还有牵连、交叉的。委员会是不是对着钱伯斯（时任思科公司CEO）？最终肯定是对着钱伯斯。所以我们一看，思科比我们还走得过激。

田 涛：有没有分析一下，思科搞那么多委员会是基于一个什么样的出发点?

江西生：它和我们是类似的。靠主管个人去判断、去发展，对传统的、平稳的业务是没有问题的。但是对一个快速发展的、变化的业务，那发展和快速变化的东西靠个人决策是不行的，因为你信息量不够大，思考面不够。

田 涛：现在华为这个委员会也是决策委员会？

江西生：是，但是现在也在改，权力太多了。什么权力都在几个委员会，就谈不上授权了。那底下怎么办？底下什么东西都要报上来，这个情况在我们这里已经很明显了。所以，这就是老板叫我们推了一段时间授权的原因。我们与各委员会秘书处讨论，我说你不要去谈别的东西，最简单来看，就把你这一两年的议题列出来，一列一看，哇，自己都不好意思了。因为人的特性，人都有这种欲望、这种冲动的。权力越来越大，人员越来越细，管的东西越来越多，谁都来向他们报告。其实我们原来在设计的时候就有这个思路，委员会权力要适当控制。在国外其实就是这样，委员会更多的不是在做决策，更多的是对授权进行讨论，提出方案。但讨论的东西不能太多，如果什么东西都只能到委员会这里讨论，讨论完了才能去干，实际上委员会也变成权力机构了。国外的委员会实际上人很少，就几个人，只对重要的事情提出建议，再提交给董事会。最早我们设计时也考虑过这个问题。委员会是制定政策的，而不是决策日常业务的，不能制定政策又执行政策。委员会可以监督，监督就是一个政策制定了以后大家是不是按这个执行了，这个是可以的，但是不能去执行。上次让各委员会秘书处列了议题清单后，一看，大部分内容都是具体的、执行的东西。这些肯定要改，不改肯定有问题。我觉得还有一个问题，我们公司现在这种方式也有很大的弊端，全是内部的人。我们将来的走向相对来说是要有不同的人。以前很简单，老板就代表了，他个人能做得到。少数人的胸怀、智慧、能力，能够让他们去打破自己的缺陷。但如果形成板结，那他们将来就很难打破，板结就会蔓延、延伸。所以，可以考虑发挥退出现领导岗位的核心老员工的作用。

田 涛：一个国家一开始也是生机勃勃，久了以后就是山头林立。

江西生：所以，我们从长远来说是要形成制衡的。将来还有一个分离，股东跟员工适当分离。现在股东、董事、管理层全是一样的，还是员工，角色完全重叠，这个慢慢自然会分离的。我们这几年也在分析国内外的东西，看别人一些特别的东西。完全照搬一个模式其实很容易，但要真正结合企业，把我们一些不同点和我们特别注重的一些地方放进来，这也是很重要的。

田 涛：虽然有很多共性的东西，但华为的独特性，在中外企业找不到相同案例的。比如说，20 多年来高层几乎没有空降兵，这在中外大企业都是没有的；再一个就是普遍持股，这也是少有的；第三点是非上市公司，也是少有的。等等几个方面，还是不一样的。

江西生：从治理架构来说，结合华为的特色，华为自己的业务现状也好目标也好，包括老板自己的一些哲学思想，能够在其中得到体现，这是最好的。所以我们公司从最早的阶段，到后来强 EMT 的阶段，再到强董事会的阶段，再走到一个相对均衡的阶段，都是往这个方向走。

田 涛：这个是挺有意思的。从一开始的无序，完全是一个人说了算，到强 EMT，还是一个人说了算为主，但是有一个团队；第三个阶段，就是现在这个阶段，是强董事会、弱 EMT，EMT 基本上是常务董事在主持。

江西生：现在相当于是一个群体在管理。强董事会强调一个群体，跟强 EMT 略微不一样。强 EMT 是老板在上面，身体力行带着大家在做。现在是一个集体在承担这些东西。

田 涛：你觉得现在这种运行，从轮值 COO（首席运营官）到轮值 CEO，这八九年来运转得怎么样?

江西生：我觉得还好，至少华为在发展，在进步了。但我觉得现在这种方式是一种不均衡方式，肯定是要变化的，会改的，否则会有问题。

田 涛：也有人这么说，包括我跟一些学者、一些管理学家交流，他们觉得华为这些东西很新鲜，因为大多数中国企业走了几十年现在也都遇到这些问题，就是选一个人去掌舵，最后创始人退到董事长这个位置上，管宏观的事。但是选的这个人如果不看准了，来来回回也在折腾，也是问题。

江西生：是可以学，短期可以，两三年、三四年，但长远也会带来很多问题。我认识一个活佛，他属于藏传佛教，挺厉害的，来自中国最大的佛学院色达五明佛学院，那里有很多学生。他对我说过他们佛学院的院长是怎么产生的。他们有 5 个大喇嘛，每人执掌一年，执掌一年中每人都带一个人，这 5 个人轮一圈后就退了，他们带的那几个人上来。上来的几个人又开始轮一圈，他们又带人……就这样循环下去。这个挺有意思的，他们也是轮值。

田 涛：他们一直是这样的?

江西生：那不是，后来才这样，也就是近十来年才这样子的。但佛学院好一点，因为毕竟是一个学院，传授知识的地方。

田 涛：也复杂。

江西生：确实是复杂。

田 涛：为什么组织变革在古今中外始终是个难题，因为都跟人性搅和在一起。

江西生：人性是跟利益结合的，有利益的时候，就更扭曲一点。如果利益配合得很好，那组织不合理的一些地方可以得到弥补，可以容忍；如果利益跟不上，就会有很大的问题。为什么很多企业很快就分崩离析？就是两者必须要有个结合，它们没有做好。

田 涛：很多人问，包括很有影响的企业家问，20 多年来，华为在利益均衡方面如何能做到的？你想这十几万人，都是知识分子，单个出去相当多的人都是很了不得的。20 多年来，华为一直能把利益均衡到这个程度，把大家凝聚到这个程度，到底是什么原因？

江西生：我觉得还是任总的无私，这是肯定的。因为他能够这么做，大家就能够往这个方向走。第二个，他不仅仅是无私，因为无私很多人也有，他还经常能够看到很多问题。有的企业一段时间会突出强调某个专业部门，比如现在说研发重要，然后就使劲往里投；过段时间，如果看不到其他的，会把其他东西弱化掉，弱化掉以后这些人就会流失，流失了以后就成了一个短板，有了短板以后这个企业也会有问题。所以，为什么有些企业某些能力很强，但综合能力不强？我们公司就经常能够补上这个短板，我觉得这一点还是挺重要的。我觉得是老板在补，一段时间他讲小部门要关心一下，关心了以后又去搞那些大部门，小部门又不行了，然后再关心一下……老板就是在不断地去补这些短板。其实你说华为这么大的一家高科技企业，食堂有什么重要？就是行政事务管理，那么简单的事情，但任总就是一段时间抓一次，一段时间抓一次。任总一直在抓短板，其他的领导是没人去管的。说实在话，除非老板指定说你去抓一下什么，他去抓一下什么，否则没有人愿意去管。因为这被认为是低层次的，没有功劳的。所以他不仅仅是无私，当然无私是个前提，没有这个前提其他的都不用说了。

田 涛： 跟战略思维有关系？

江西生： 老板经常管不重要的事情，食堂、空调、种树……这些看似不重要，但如果变成了短板就有问题。他能够弥补这些东西，我认为这一点很重要。所以说，均衡谁都能做得到，大家都在评说，都在讨论，都在挤，把这个机制做好，这个没问题。但是把容易被忽略的也补上去，那不就更均衡了吗？

田 涛： 未来呢？未来怎么解决这个问题？

江西生： 未来还是要有机制。如果老板将来不去管这些东西，而大家也都不去管这些东西，是会有问题的。将来的管理者还是要有战略视野和全面的视野。虽然现在没有人有老板这个东西，但是要向老板学嘛。如果学不来，就从机制上去搞，达到功能上的均衡。不能说我只盯着某一方面看，那也不行。

田 涛： 食堂的事，如果他不操这个心了，而食堂关系到几万人，每天至少两次的吃饭问题，如果真要不管了，半年后水平迅速下降了，带来的反弹可不一般。即使工资涨上去了，但过去食堂不错，现在水平明显降下来了，一样会有问题，因为氛围不一样了。

江西生： 吃住行是最基本的东西，这个都满足不了，肯定影响员工的感受。还有，一个良好的环境和氛围也很重要。我觉得华为十几、二十年，有这么一个良好的氛围和环境，就是大家都能够去强调我努力干了，我干出效果了，就得到合理的回报，得到承认。但慢慢地这种环境也会有问题，比如你干得有绩效了，但不被领导所喜欢，或者没有符合领导个人其他的标准，结果得不到认可。这种文化如果蔓延，就会有问题。我认为现在华为这种问题越来越严重。现在还只是在局部上，再往下蔓延就更厉害了。

这就是所谓华为文化丢失的问题。

田 涛：但是大企业走到一定程度以后，这种问题都会出现，关键是怎么解决。

江西生：大企业面临的官僚、腐败、体系化、山头问题、拉帮结派、树立权威这些问题，我们也会不自觉地往这个方向走。因为人就是这样的，可能我不高兴了就骂你一顿，其实对你也没什么意见。你一看我骂你，就来巴结我，我就舒服了一下。别人一看你这样做效果好，也跟着这样做。其实我只是心情不好，本意并没有想要你们巴结我。

田 涛：我们回到治理结构，治理结构就要是解决人性所带来的这些问题。那么关于今后在治理架构方面有什么大的方向上的设计呢？

江西生：我的意思是说首先是要均衡，该行使的权力你一定要让他行使，这是业务本质上需要的。但是权力要受到规则的制约，规则本身是很重要的。其次是要有监督。举个最简单的例子，比如这个人一意孤行，怎么办？所以要有制约。即使他不是一意孤行，比如他有些事情走偏的时候，你也有其他的监督机制。怎么样去监督他？日常的运作能保证是制度化的，不被个人的好恶、个人的感情影响到业务，底下的人应该也看到这一点。现在最简单的一点，比如我掌握底下人的东西，所以他们必须看我脸色。提拔、评薪、评价等是什么机制，这些是可以去探讨的，当然还是靠人的，但是靠人的时候应该有些更制度化的东西、制约化的东西。虽然公司强调集体管理，大家互相都参与，有一定的制衡，但他们之间那种制衡就很弱了，也可能会产生互相的配合。有时候集体决策反而不承担责任，掩盖了很多的东西。

田 涛：集体决策的另外一面，就是大家都不承担责任了。

江西生：第二个，有些东西更被隐藏起来了。西方公司是负责人制，你承担全部责任，也拥有全部权力，干得不好就会被换掉。他们换得比较勤，干得不好先换 CEO，换了 CEO 不行再换董事长。这也有很多问题，如果这个领导是有问题的人，那在他执政的这段时间内，他可以尽情发挥，直到公司换他为止，基本上在这个过程中公司是不能制约他的。但一旦他突破了什么东西，或者导致了不好的结果，就要被公司问责，就会被换掉。很多红线，不管是谁都不能突破。一旦给你权力了，他们的监督就不会那么多。我们是即使给了你权力，对你充分信任，也还有个监督机制，这个可能是我们将来要去探索的。但这个机制又不能影响你日常发挥作用，这是个两难的问题，是我们将来要去探索的。无论在什么层次上，都应该有这样的机制，越是高层越要有。内部的人很容易产生一些思维的惰性、趋同性，这也是有问题的。有时候需要有不同的声音，不同的思维。

田 涛：公司历史上从来没有过外部投资者？

江西生：没有。现在也没有，将来也不会有。

田 涛：现在像咱们这么大体量的一个治理架构，国外有没有类似的？我们现在的治理架构是向国外学的，还是完全自己想的？

江西生：参照一些元素还是有的。类似我们这种股权方式，几千人的持股公司国外是有的，但没有像我们这么普遍、大规模持股，这是很少有的。与华为完全一样的是没有的，但互相的参照是有的。董事会、委员会、监事会，类似这种设置都是有参照的，但是我们跟它们运行方式又不太一样。但总体来说，我们还是要去找到一个更加趋于平衡的治理架构，这是下一步要去做的。股东控制很重要，未来要思考怎么走向通过股权来控制公司。我们以前是管理控制公司，将来会有问题的。所以股权控制公司下面也是要去看、去摸索的，通过股权来控制公司。

田 涛：现在这种强董事会，是否从某种程度上能体现出来通过股权控制公司的痕迹？

江西生：董事会是股东聘任的，代表股东来行使权力，但从业界来看，董事会也是多元化的。董事会只是代表全体股东，甚至还有第三方的人员它都代表了，但真正来讲，它管理这家公司是可以的，与控制这家公司是两个概念。股东和董事不太一样，二者差异很大。董事和股东的立场是不一样的，而且董事是在变的，几年就可以变一次，股东当然也可以变，但也可以不变。如果我想控制这家公司，股东是可以不变的。最近我们研究了爱立信，就是股东控制公司控制得特别好的例子。1900 年左右，瓦伦堡家族投资了爱立信，到今天这个家族还在控制着这家公司，董事长、董事变了很多回了。所以股权控制是很重要的，这种案例在世界上不胜枚举。股权控制确保了企业的长久利益、方向性。如果它把长远的战略方向定下来了，那公司就沿着这个方向走。因为每个行业、每个企业都会有低谷的时候，董事会就看得短了，为了完成当期业绩，可能就会有很多短期的行为，这时候如果有一个控制股东，就可以把握方向不要走向这样。许多成功的家族企业就是这方面的典型范例。

田 涛：这个太重要了，我认为这可能是今后很要害的一个东西。

江西生：这是我们正在考虑的事情。

田 涛：强董事会来主导经营管理，这种模式在国外多不多？在国外有没有类似的？

江西生： 国外企业像美国企业，董事长兼CEO。在欧洲，董事长不兼CEO，是分离的，但他还是行使董事会职责。CEO是最重要的岗位。

田 涛： 还有，像轮值这样的，国外没有吧？

江西生： 国外也不能说完全没有，国外叫CO-Chairman，CO-CEO。两个董事长，两个CEO，这种情况还是有的。但这种情况也是过渡，比如两家公司合并了过渡一下，还有就是在企业出现危机的时候创始人或者谁重新出山了等。完全像我们这样轮值的少。但我们是在CEO的严格控制下轮值，所以严格意义上还是一个CEO。

田 涛： 至少日常事务上任总完全解放了。

江西生： 老板为什么敢给几大委员会放权，第一是因为有了否决权机制。当然他不一定行使否决权，但这是他心里的一个底线，从心理上他可以放心这么做。至于他行不行使否决权，这是两码事。第二，日常的时候，他想管就管，不想管就不管。

田 涛： 就像有句话说原子弹不爆炸才有威力。这个设计从目前来看至少还是很科学的，把他大部分的精力解放了，他可以思考一些更宏观的东西，甚至还可以放松一下。这几年做治理架构，是依靠外面的顾问，还是我们自己在做？

江西生： 主要是自己在做，把老板的想法变成现实。也利用了一些外部的资源。

田 涛： 实际上想法是出自他，偶尔也请外部顾问。

江西生： 请外部顾问有一点但不多，主要还是内部讨论。一些细节上我们会去看别人的东西，作为参考，总体思路还是自己的。互相会影响。

田 涛： 我看这两年也在说一些国家的子公司也要搞独立的法人治理，成立董事会什么的。那次开国际咨询会的时候，我看外国的一些顾问也提出这些建议，这今后是个什么方向？

江西生： 这个还是监督管理的职责问题，就是说我们要把权力下放给子公司，子公司要有一个监督机制，当然这个董事会是以监督为主的。子公司董事会已经在建设了，今年年底前要铺开到全球。

田 涛： 总公司授予他们更多的是监督的权力？

江西生： 对，以监督为主。当然外部的董事进来以后不能仅仅是监督了，少数可以行使一定的决策权。不过公司现在的机制也有问题，上面的权力太大了，下面也决策不了什么东西。在澳大利亚我们做得比较好，董事会有 3 个外国人，我们公司有 4 个人。但董事长是外国人来做的，而且主要听他们的，因为他们发挥很多积极作用。以前不太能理解，但现在来看是很放心的。另外，4∶3 这个比例是我们设计的，真的有风险的时候保险嘛。我认为，最关键的还是找人，找对合适的人，这是很重要的。如果层次不是太高，找的人不合适，他也会给你搅和乱的。在国外，董事不一定代表股东，而是站在职业角度，最主要是依法，他要遵守法律。其次，他是站在公司发展的角度，站在他自己理解的角度。

田 涛： 从更多的人治向更多的制度化、均衡的方向去发展，去演变。

江西生： 黄光裕的案例让我们很受启发。黄光裕既是大股东，又是董事长，董事会以他的人为主，他控制董事会。作为一家上市公司，有些事情要通过股东会去决策是很麻烦的，需要开股东会，因为虽然他是大股东，但小股东也要参加，而且在适当的时候才能开，也不能天天开股东会。所以那个时候他为了自己的方便，就把股东的很多权力放在了董事会，股东会授予董事会权力，董事们做决策写进章程，这是可以的。他觉得这样挺好，运作起来很方便，因为他有强董事会，他是强董事长。结果他被抓进去了，董事长他就没当了。在陈晓[①]进来了以后，有一部分原本支持他的董事被陈晓拉了过去，这样董事会他就控制不了了。接下来董事会做的决策就损害了他作为大股东的利益。因为董事会有这个权力，一做完决策就进入实施了。所以，他一下子就傻眼了。这对他是个深刻的教训，就是不均衡的问题。他想自己控制着董事会，就把股东权力削弱了，但最后害的是他自己。所以要想到角色是会转变的，要从这个角度去考虑。为什么治理架构中有这么多东西，实际上就是形成一种制约，均衡是很重要的。不管是谁都得这样，这样带来的企业是长远的、稳定的。

田 涛：联想的架构你研究过没有？

江西生：我们和联想主管这块儿的一个副总专门交流过一次。我觉得联想走的是另外一些路子。多元化发展，电子信息、食品、房地产、化工……什么都做，在股权上，它也是有几百人持股的，但很多年了，发展和变化不大。

田 涛：联想跟着老柳（柳传志）打江山的有一堆老虎。但联想山头多，他就一个山头放一只老虎，公司分好多块，每人一块，大家相安无事。上面通过联想控股集团，股东通过董事会的层面对他们进行管理，这是一个特征。第二个特征，老柳与这些人的关系基本都像父子关系，经常拉着大

① 陈晓，原国美电器集团董事会主席。——编者注

家集体聚聚，还经常单独地和谁谁聚聚。我觉得他是用这种方式解决问题，完全中国式。

江西生： 他这种做法跟华为完全不一样。老板很怕分裂，他们不存在这个问题，他们是分而不裂。他们跟我谈，他们每一块完全按行业的规律来做，跟集团没关系，包括待遇体系等不要求跟集团拉通。

田 涛： 它们是独立的法人单位，有各自的董事会。而且，每一块业务都有外部股东。上市公司就不用说了，非上市公司也拉一些外部股东。而且外部股东很多都是老柳的关系。

江西生： 联想跟我们公司的思维还不太一样。我们是东方和西方结合得更多一些，更西方化一些。他们更偏向东方式的。

田 涛： 你觉得联想现在的治理架构稳定吗？

江西生： 很稳定，但没有大的发展。联想控股是奔着上市去的，他们是沿着这个方向走。它的业务结构、治理结构、股权结构是一致的。

（结束）

访谈 4

卢赣平[①]

访谈时间｜2013年8月6日
访谈地点｜深圳
被访谈人｜卢赣平
访 谈 人｜田 涛

田 涛： 卢总来华为之前，在其他单位待的时间很短，来华为怎么一下子就待了 18 年？

卢赣平： 待了 20 多年了。

田 涛： 为什么？

卢赣平： 还是因为这里有事可做，我可以在公司做些事情。

田 涛： 这是很有意思的现象。你一毕业就去了南昌飞机制造公司，在南昌飞机制造公司干了不到一年，又去了开发区一家公司干了一年，一年后又跑到深圳在艾默生干了 3 个月。那个年代换工作频繁是很正常的现象，很多人都这样，但为什么从那时候到华为一下子就干了这么久？

---

① 卢赣平，1993 年加入华为，现任全球采购认证管理部副总裁。

卢赣平：在华为干不到头呀，总有事可以做，总有活儿可以干，这是很重要的一个因素。这与公司的追求有关系，公司设定的目标和舞台都很大。在这里你可以人尽其用，即使这样你还不一定能达到自己期望的潜力挖掘、展现。这里是这么大的一个舞台！

田涛：你一进来就是在研发部门吗？

卢赣平：在研发部门。我先说说我的感觉。回想这个历史，我觉得公司的追求或目标对我还是很有吸引力的。其实早期的时候，你说公司有钱吗？也没有什么钱，我们也不知道公司的股票有什么太大的价值，其实并不是特别能感受到。住也住得很差，根本就没有生活，只有工作，但公司有一个目标。早期我们做2000门交换机时，老板说要追上AT&T（美国电话电报公司）、贝尔实验室，我们知道这是一个很伟大的、有人才的、有科学家工作的地方。我觉得这是一个很好的追求，能长期激励那些愿意在这上面做点事情、愿意在这上面奋斗的人，这是一个很重要的驱动力。我觉得这是一件很重要的事情。

第二个就是学无止境，或者是你的才用尽了，但你能感觉到在这里还有空间，不需要换地方。为什么我前面换了几个公司？因为我感觉做一做以后，企业设计的规模也好，设定的框框也好，很快就碰到头了，没有太大空间。

田涛：是不是可以这样理解，企业设定的目标是有限的，给个人的也是有限的？

卢赣平：是的。从艾默生到华为的时候，我收入还不如在那边高，但我觉得在那边做没有意义。它给个人设定的岗位就是做这个，你可以看到10年以后你要么换单位，要么就在这个岗位做个熟练的工匠，没有太大的追求。我觉得华为公司有几点很重要。第一，公司有很多新的东西，有很多挑战；第二，你可以发挥自己所有的才能去工作，就算你现在很多都懂了，但还是会感觉和期望达成的目标之间有很大差距，这种对个人的挑战还是很有吸引力的。我觉得有一段时间公司特别好。就是在 1995 年至 1998 年期间，公司从单一产品演变成多个产品，以前只有一个交换机——万门机，在这之后出现了智能网、114、112、传输、无线的 ETS（扩展集群系统），甚至包括终端，百花齐放。

田 涛： 1998 年那时候已经有终端产品啦？

卢赣平： 有。手机，还有 ETS 终端。那时候我感觉公司比较放得开，老板可能也忙不过来了，他就盯着最主要的核心的交换机，只要求它能赚钱，这个产品要保证，其他产品我们爱怎么搞就怎么搞。那我们就各自发挥自己领域的知识，搞传输的人，原来做交换机传输板的黄耀旭他们，就做成了传输网；做软件的张来发他们就去做智能网；我们原来做测试的人就去做测试系统；做时钟板的人就去做电信网络时钟同步系统。有点类似公司内部创业，大家比较放得开，百花齐放。

田 涛： 那时候是你们自己做决定？

卢赣平： 是的，自己做决定。至少我们那时候做很多事都是自己定。

田 涛： 那投入呢？

卢赣平： 那时候做事情，投入其实不是太多。像我们做那个产品，刚开始也就 10 个人。做第一个实验局时，硬件有 7 个人左右，软件可能就配了 5~6 个人。我做的是 112。

田 涛： 就是你定了做这个事儿，然后你要人就给你配人？

卢赣平：没有配。自己去要，去争取，去组合，不是组织配的。自己找李一男要，找杨汉超要。他们不给，我就告诉他们这个产品前景是什么样的，能带来多少利润，能养活多少人。都是自己去争取的。

田 涛：也不需要打报告什么的?

卢赣平：那时候不太讲究报告。直接去办公室找，堵着门。其他几个产品可能应该也差不多，比我们好不到哪儿去，也是自己去要人，自己弄。我觉得那时就是大家把自己从市场了解到的需求，结合自己理解的网络和客户规划、理解的行业标准，参考行业的解决方案，构建我们自己的解决方案，再去实现客户的需求、创造价值的过程。公司管得比较宽松，有很多创造的机会。后来就有了无线产品线、传输产品线、数通（数据通信）产品线、业软（业务与软件），都产生出来了。

田 涛：你是否了解相关国内其他企业?它们当年是不是也是这种方式?

卢赣平：应该不是这种方式。它们应该是要管控做什么，有点像我们现在一样，有投资决策委员会，管得很紧。

再后来，我感觉公司主要是市场的驱动带动产品从无到有，从有到好，再到在业界有品牌，客户愿意大面积使用。后续的几年里市场和研发互动，更贴切地量体裁衣给客户做解决方案，是这么一个过程。大的、新的领域冒出来的产品倒不是太多。相对来讲，我感觉可能创新反而有些被削弱。

田 涛：现在呢?

卢赣平：现在我真不了解。我现在也会问一些研发的兄弟，感觉不太好。他们说会议特别多，内部沟通太多了。我也不知道详情，现在不是很了解了。

我感觉公司的激励机制和分配机制是很重要的。公司原来讲不让雷锋吃亏，员工都去奋斗，员工带来的价值再回馈至员工本人。这是一个事后回报，但这个激励系统本身是有一个牵引作用的。价值分配也是公司很重要的东西，能够使人长期或持续待在这个地方，或让优秀人才聚集在这里创造价值。这个价值分配系统是非常重要的。

田 涛： 比如说，你做 112 这个项目，你自己招兵买马，也做成了，市场上也卖得不错，当时怎么奖励你？

卢赣平： 那时候还没有这个想法，没有想那么多。那时候我有个观点是：你在这儿待着，你要养活别人，而不是等别人养活你。包括我现在带团队，我也这么告诉大家，就是你要创造价值，你必须去养活人家，不能让人家来养活你。我们还不到让人家养活的年纪。那时候我就想着要做成功，如果做不成那就算了，就不要在公司待了，必须创造价值。至于后来公司回报的激励，肯定超出了我的想象或预期。虽然每个人都可以说我帮公司签了多少单，我做的产品赚了多少钱，但问题是你不是老板，如果你是老板，你可以说赚的利润是你的，但你是在一家公司里赚的，它需要一个平台来支撑。就是说你做的东西再好也只是公司的一部分，它需要市场、研发、供应链等来支撑以获得成功和形成品牌。就像我们那时候做产品，我记得第一次去山东省做实验局时，省局的一位副总对我说：“只要你们华为用心做，下决心做，我相信你们能做好。”人家说的是华为用心做，不是你们这帮人用心做，它代表的就是一个公司的品牌。

田 涛： 那时候它是一个品牌？

卢赣平： 那时候社会上那么多公司，客户不可能随便相信一个人就把网络交给你了，出事了或做不好怎么办？公司的品牌是很重要的。

田 涛： 你当时刚进公司待遇怎样？工资多少？

卢赣平： 一千块钱。

田 涛： 1993 年一千块钱？当时比社会上也高了很多吗？

卢赣平： 我在艾默生工资就一千，还不算补助，来华为公司后全算上工资是一千。

田 涛： 你的情况和好多人还不一样。好多人一进来待遇比原来高得多。你是跟原来的待遇差不多。

卢赣平： 没太大变化，还稍微有点儿降低。这个东西我觉得主要还是看员工在工作 3 年、5 年或 8 年、10 年之后，能有什么比较好的收益，包括财务上、能力上、阅历上的，这个很重要。我原来管过无线基站 2 年，2002、2003 年时员工流失很严重，U 公司，还有上海很多新兴的小公司挖我们的人去做无线、做芯片，人才流失非常厉害。用什么挖走呢？就是其他公司月薪比华为多个两三千，在华为八千或七千，别的公司一万或一万二挖走，或比这还高点儿。我当时给他们算了个账，在华为就算一个月少拿个五千块钱，一年 6 万块钱，10 年算下来（我们公司在待遇上不至于比其他公司落后太多）也就是五六十万。这是一种假设。但如果你在公司做得好，可能这五六十万，10 年后就根本不算什么，这已经不是钱了，已经不重要了。但你在这里获得的是好的成长，业务做起来了，经济上也不会吃亏，我们的无线那时候是公司的希望产业，也一定会成为支柱产业，做好了跟业界比一比，你想象一下，好歹得做个前三吧，到了前三就得到全球去。这个成就在别的地方是达不到的，它们不可能做得了这一块。

田 涛： 但是 U 公司在 2002、2003 年收入跟华为相比已经基本上有华为的 90% 了吧?

卢赣平： 没有，它有两三百亿人民币，在小灵通这一块做得比较好。它是快速成长，很快就发展膨胀起来。我们的无线相当于走了一条很艰难、很痛苦又很曲折的路，我们没有去抓那个短平快的机会。所以公司快速成长，员工收益肯定很快就表现出来了，我们的无线一直是被网络、被传输养着的，当时整个无线产品线是负利润，一直到 2003、2004 年才开始赢利。公司也不可能因为你做的工作很重要，就给你很高的待遇，公司的待遇从来都是跟你的产出有关系。

田 涛： 那时候的流失率是什么情况?

卢赣平： 很高，百分之十几吧。关键是很多优秀的人会走。

田 涛： 你讲的是无线基站这一块。

卢赣平： 对，在上海。上海跟深圳还不一样。

田 涛： 当时是在上海这一块?

卢赣平： 分两块，上海是一大块，在上研所（上海研究所）。我也在那儿蹲点，CDMA（码分多址）在深圳，GSM（全球移动通信系统）、WCDMA（宽带码分多址）在上海，手机也在上海。那时候还是比较难的。不过 2002、2003 年的时候已经快到黎明了。

田 涛： 我听好几个人讲 2002、2003 年时特别恐慌。

卢赣平： 对，因为那时候港湾也在到处搞人。一个是 PHS（个人手持电话系统，俗称“小灵通”）我们没有做，这个对于国内市场还是有很大影响，然后港湾挖我们员工，很多员工离职。那时候正好几个产品，像

NGN（下一代网络）正处在一个很模糊的状态，不知道到底有多大使用规模；无线的 WCDMA 牌照又不下来，CDMA 国内几乎没有应用；GSM 我们一直做得比较边缘，质量也不是很好。那两年是比较困难的时候。

田 涛：主要是因为没有适应市场的拳头产品?

卢赣平：应该说在 GSM 早期，没抓住机会点，别人网络铺进去后，你要搬掉他的就很难。

田 涛：GSM 主要还是西方公司的天下?

卢赣平：对。CDMA 当时 Z 公司做得也比较好，那时候我们无线比较艰难。从 2003 年或 2004 年开始在海外先做无线，开拓无线市场，然后 GSM 就开始起来了。WCDMA 只有少量的海外实验局，我离开无线时无线市场还没有搞起来。

田 涛：对，2008 年国内才上的 3G。有没有人挖过你?

卢赣平：会接到那样的电话，猎头打来的那种。

田 涛：被挖过去的很优秀的那些人后来怎么样了?

卢赣平：这就不知道了。但现在应该不会比留下来的人好吧，我看卞红林、万飚……原来很多无线的干部现在在公司的岗位上都做得很不错。

田 涛：但是被挖去的那些人，你知不知道情况怎么样?

卢赣平：不知道。2005 年我就被调离研发了，调到公司运作管理部搞流程、搞质量，2008 年就被调到内控这个系统。

田 涛： U 公司我知道似乎除了 PHS，其他所有产品都没有赚到钱，没有搞起来。

卢赣平： 应该是没有起来。我原来也给无线基站的兄弟讲过这个，我们在产业布局上是一家很有战略性的公司，我们从来不会因为赚了钱，就只盯着这一个东西干，别的东西就不干了，从来不会这样。我们一定会去看将来会需要什么样的东西，一定会投入力量去做那些东西。所以，U 公司如果是一家有战略思想的公司，就不会只有一个产品占它 80%~90% 的收入，做它的利润支柱，这是很危险的。如果这个产品不变，那是没有问题，但这是不可能的，任何东西都会变。

田 涛： 但它也有布局，比如从你那儿挖人做无线基站。

卢赣平： 但是已经晚了，那时候 PHS 已经到了走下坡路的时候，市场已经开始出现退网了。就是已经看到它的衰退，再去搞其他东西，别人就认为你战略和眼光不行，是个做小东西的。我们从早期看也是，我们做交换机不是在它最顶峰的时候，而是在它刚被研发出来 2~3 年时，开始在这个基础上往外发散做其他产品。真正交换机成熟的时候，其他东西也已经跟上来了，就像窄带接入投资减少的时候，我们的宽带很快就接上了，就是在新产品成长期的时候已经有支撑了。

田 涛： 对，不是依靠某个单一产品的生命周期，而是同时在几个产品做布局。面向未来的几个产品，20 多年走过来了，而且现在还做得这么成功。当年那些面向未来的研发，有人说是“有样学样”，这样如果跟错了怎么办？有没有跟错过？

卢赣平： 有呀。像我们原来做 NGN，开始时是基于 ATM（异步传输模式）做的，后来就废掉了。ATM 这个产品，周老师（周代琪）做研发的主管，产品本身没有投入应用。它的技术是应用到其他产品上去了，错了就错了呗，其实公司有很多浪费，我觉得在这上面是最不怕浪费的。

田 涛：错了你还可以有别的技术、产品积累。

卢赣平：对，技术积累。而且当时就有ATM和IP（互联网协议）之争，这两个东西一直在打架，国际上也在打，华为也在打。这两派就在斗，有的说IP要一统天下，有的说ATM要承载所有业务，最后IP成功了，ATM消亡了。但ATM的技术本身还是有些应用的。但假设你没有这个，就像我们当时说做不做小灵通，老板可能认为做小灵通没有必要，它是机会产品，我们不做。但你想想，如果华为真做了小灵通会怎么样？我们可能那时候又会有很多资金的积累，又会在无线上积累更多的经验。也许在后面的3G、GSM或CDMA上也能有些收获，至少客户关系上来了，客户需求你了解透了，网络你熟悉了，你做无线就有更多的经验和积累，不会像GSM这样艰难。所以，你就算做错了、做丢了也没有太大关系。这些浪费是公司可以控制的，不是什么大不了的。

田 涛：也就是说当年第一个是跟随战略，第二个是摸着石头过河。有没有两面押注呢？比如做ATM，也做IP？

卢赣平：都做，公司就是都做。ATM投入产出比没有达到它的投资效益，但这总是有不确定性的。这种情况在后面也出现过，我们在做WCDMA、CDMA和TD-CDMA[①]这三个制式时，也有一点打架，它们代表各个集团的利益。公司把重点放在WCDMA，CDMA相对较弱，TD就更弱些。我觉得公司在处理这样业务的时候，在核心的业务上一定要用重拳

① TD-CDMA，简称TD，是我国自主研发的TD-SCDMA（时分同步码分多址接入），3G制式之一。——编者注

出击、压强原则，一定要把它拿下，这样才能成功，不能三心二意，投入不够肯定是拼不过的。但这不意味着我不去尝试别的东西，所以研发就是在一些有希望但看不清楚的地方，也有投入，这个投入不是要产品化的投入，而是要掌握里面的技术和样机性的投入，它可以借助别人的平台、借用别人的模块去做这个产品。公司可能 70%~80% 的力量投在 WCDMA 上面，但是对其他东西也保持有一支队伍。一旦机会起来，公司可以马上去汇集兵力。因为公司有这个能力，快速在短时间内把一个东西做得比较到位，公司研发的能力是很强的。但是如果你一开始沾都不沾，或者在这个上面把它贬得一塌糊涂，没有人对它有所掌握，核心东西都不掌握的话，最后你想上都上不去。你前面没有哨兵，没有侦察队，大队伍怎么上得去。我是认为应该抓住主要机会的同时，也要在其他机会点进行实验性或样机性的尝试。

田 涛： 在小灵通或 TD 上，公司内部曾经是不是争议很大？
卢赣平： 小灵通应该是市场争议大，研发争议小。研发人技术导向，觉得小灵通没什么好做的。它的技术是简单点儿，但市场压力大。去了客户处，人家就问："你们公司有没有小灵通？那家东西怎样？"市场的人说我们不做这个。不做就没有共同语言，客户就说那你们就做老三样吧。

田 涛： 而且对客户来说，没有一个饱和竞争，就是没有选择，就那两家。所以客户买了落后的技术和产品，付的是高价，是不是可以这么推断？假如华为参与竞争，客户是不是可以省很多钱？
卢赣平： 应该会省，多个竞争者，应该会降些。

田 涛： 但站在旁观者的立场，你觉得是研发主导拒绝做这个东西，还是公司高层?

卢赣平：高层，应该是高层。研发的情况是，如果公司不做，研发要做，早期是可能的。如果研发最后做出来了东西，只要它有市场，也一样能长起来，关键是市场；如果研发不做，公司又反对，那到哪儿去拿产品？

田 涛：这个结论就比较接近事实了。就像你做 112，你就自己干，自己去找人，自己去跑市场。但小灵通，研发本来就没有兴趣。

卢赣平：对。如果研发做了，有了这个产品，市场早就拿去卖了。产品不行市场都能把它催成熟了。市场人员是这样的，因为销售的导向是有啥东西他肯定愿意卖，除非这东西烂，会影响主业；只要这东西不烂，他都会愿意卖。第二个，如果这东西客户还有很大的预算，即使做得不好，他都会卖的，这样就会逼着你做好，不做好都不行。

田 涛：当时市场的声音很强大，但还是没有影响到研发和高层。

卢赣平：可能是这样吧。当时公司投入 WCDMA，应该是很早就投入了。

田 涛：咱们推测下，假如中国 3G 到现在还没有上，公司在 WCDMA 上的投入、收获会是什么样的情况?

卢赣平：这个要问财务，我也不清楚。那肯定压力很大了。CDMA 就是这样，我们后来主要都是在国外先做起来，在国外做得不错了，然后再回来国内的。

田 涛：其实 WCDMA 在国外很多国家都布网了，但在中国不上。

卢赣平：有很长一段时间是这样，后来的情况要再问下无线的同事。我是这么看，因为 WCDMA 是作为一个产品化的东西在构建，它已经不是一个样机，也不仅仅是关键技术。它的投入是非常大的，如果没有规模化的市场，要一直支撑它也是很难的。它不像我们前面说做个什么东西，只要有样品化的东西就可以了，只要有关键技术就可以了。

田 涛：你全产业链的都在做。

卢赣平：我还没去无线时，有一次去海南参加培训，刚到海南，下午就说老板让我去上海开会，然后我又赶紧过去。2003 年那时候，天天有人说要发牌照。

田 涛：严格来说是 2009 年初才发的。

卢赣平：每次都说要发牌照。我们要把握好产品节奏和市场节奏相匹配的问题，我们做的产品要有更高的集成、更低的功耗、更好的性能，不断有更新的技术。怎样把这个产品变成更牛的东西？就要升级替换，产品开发节奏就会加快，研发的兄弟是很累的，一个版本一个版本地开发，短期搞两三拨是可以的，但如果长期这么干，这个队伍是会疲掉的，会很累。所以把产品节奏与市场的节奏匹配上很关键，就是我能正好控制在这个时间点上，产品替换好了就能上市，而不是产品替换好了市场又不来，或者刚替换的产品还没有得到稳定性验证市场就到了，这些都是会搞死人的。

田 涛：发牌照这一过程中我发现，如果没有 2008 年的金融危机，中国的 3G 有可能会推得更晚，推到 2011 年或 2012 年，不上 3G 而直接上 4G 也是完全有可能的。因为我了解到各种力量都在期望 3G 快点上，但有很多力量在阻挠 3G 上，要等 TD 成熟。

卢赣平：如果一直这样推下去，对我们是一个很大的挑战。可能不只是财务上，还包括队伍上。不过这个得问财务，是不是在海外支撑住了。

田 涛：如果中国 3G 一直不上，或者一直推迟到再后两年，公司在 WCDMA 方面进行压强式投入，海外市场的收入能不能覆盖这些投入？这和机遇应该也有相当大的关系，而且华为还只是个民营企业。

卢赣平：我们早期很多成功的东西顺应了市场，顺应了需求，顺应了政府或客户的规划，但在后期很多东西就模糊了。当然该顺应的部分我们仍然在顺应，就是客户明确有规划的东西我们还是能跟得住的，没问题的。但是，后面客户到底要什么，网络我们到底怎么去适应，这些对企业事实上是很关键的，并不是只看客户想要什么，客户也可能自己都不知道要什么。

田 涛：你讲得很关键。是不是可以这样理解：早期你们顺应客户需求，那是因为是短缺经济的时代，客户到处都是要装机，尤其是在固网的时候，装一个电话要五六千块钱。

卢赣平：这是一方面，还有一方面是"有样学样"，跟随别人走都是很清楚的。

田 涛：跟随，你就能知道客户需要什么。

卢赣平：还有一个原因是，早期客户有规划，比如九七工程，它要搞一个全网几千亿的服务网络，它自己已经规划得清楚了，它需要这个。现在，对于未来的规划，竞争在哪些方面等，可能客户自己也不清楚，它也在想如何去创造一些需求，如手机能刷卡、坐公交、买东西，这是创造的需求，客户自己想出来的。对企业来说，这时候重要的就是要能找到符合未来社会活动中的那些需求，而且能够去适应它们。我觉得美国公司做得挺好的。

田 涛：这是对华为很重大的挑战。早期，华为更多的是面向现实需求，去生产客户需要的产品，但 10 年后你是面向未来投资。面对未来投资，是不是有很多不确定性？

卢赣平： 对。

田 涛： 怎么去解决这个问题？

卢赣平： 我觉得应该搞些人去思考这个，研究这个。要开放思想、开放合作，大胆创新和尝试，把思想、创新、尝试、样品化、产品化的短、中、长期结合起来，不能在投入上卡得太死。

田 涛： 你们当时怎么解决这个问题？比如说为什么要上 WCDMA？

卢赣平： 当时我们上 WCDMA 也好，上 NGN 也好，都是业界也在讨论的，已经是一个现实的东西，是个东西就好搞。因为你知道有这么个东西，大家在讨论其标准和未来的网络架构，只是这个东西的清晰定义还没有完全确定下来。像 WCDMA 当时已经比较清晰了。

田 涛： 内部的决策流程，尤其是标准类的产品像 WCDMA，是怎么样决策的呢？

卢赣平： 华为有 IRB，就是投资决策委员会，原来费敏、小徐总（徐直军）都管过这个决策委员会。

田 涛： 这些决策是来自他们几个人的头脑呢？还是从下到上或从上到下？

卢赣平： 这个是互动的。公司看到这个机会或下面看到这个机会，又或者大家互动产生想法，对这个东西进行研究，然后投资决策。到 IRB 已经是后期，到产品投资决策了，早期还有预研，就是要做一些技术准备。原来样机做得少，有想法了然后做投资决策，投资决策下来就按产品化来做，它决策的是产品化路径。

田 涛： 也就是内部还不是一两个人或三五个人拍脑袋，是上上下下要讨论。
卢赣平： 会有互动的。大家讨论、交流，然后去想这个东西。

田 涛： 假如说当时 70% 的力量压在 WCDMA 上，20% 压在 CDMA 2000 上，10% 压在 TD 上。这显然带有很大的冒险性质，这种情况当时大家怎么看？
卢赣平： 这个时候就需要公司最高层来决策，包括老板也要参与这个决策。

田 涛： 当年那个过程有人跟我聊了聊，我隐隐约约知道一点。比如说老板坚决反对上小灵通，这我是知道的。另外 ETS450、WCDMA 的事我也知道。我们投入了多少在 WCDMA 上？
卢赣平： 其实到最后在这几种制式决策划分上面，那肯定老板也要参与决策了。当时 CDMA 差不多是你说的那个比例，TD 可能会更少。

田 涛： 我想知道，它是一个民主的、集体的、科学的决策呢？还是少数几个人拍脑袋，或者说任总自己拍脑袋？
卢赣平： 应该是少数人来决定这件事情的，不可能是民主来决策的。

田 涛： 我当时就听到内部有很多不同的争议，就这个小灵通，内部的争议其实就很大。现在我们访谈时，也听到很多人跟你刚才说的观念一样。小灵通是很现实的需求而且量那么大，当时我们做了肯定会积累很多资金，还可以用这些资金去干别的事。这个声音当时很大，到现在还是很大。那么在这三种制式上面，把重兵压在哪里，似乎都是有争议的。我想还原一下当时那个决策氛围。

卢赣平：怎么定的我还真不知道。我去无线的时候华为 CDMA 在国内只有广西一个地市网，我们只能去海外，从海外开始做。当时情况是 CDMA2000 要么就不做了，要做就一定要做好，不做好华为就更没戏了。当时我们处在这么一个状态，后来在海外做得还是可以的。对于制式，我还有一个感觉，如果政府要做这个东西，你还是得顺应它。我当时就感觉 TD 这个制式将来在中国肯定会有一席之地，我也给老板写了个东西，就是说这个东西公司也不能完全放弃，肯定要搞，肯定要弄。如果不弄，也许将来有一张网就是 TD 的。

田 涛：现在看来你当时的判断是对的。

卢赣平：因为政府要做，这就是一个政治性的需求，它也是一个客户需求。在技术上没有绝对的好和坏。

田 涛：在商业决策里掺杂着强大的政治决策。

卢赣平：而且还有一点，在中国像华为这么大个企业，你不做，不去支持国家这个政策，国家会怎么看你？你在别的地方把别人的技术做得那么好，自己的技术不去钻，也不利于我们公司。

田 涛：但是后来我知道的情况是，在政策明晰后，公司通过鼎桥这个公司，在 TD 方面上得很快。是什么原因能上得那么快呢？据说咱们在 TD 里拥有的专利比例，在某种程度上也超过另一家公司了。

卢赣平：只要公司愿意做、用心做还是可以的。只能证明华为有这个力量，这可能和公司的集体性有关系吧。

田 涛：一个是跟压强投入有关系，还有一个是否跟华为研发的架构、文化与它们不同有关系呢？

卢赣平：华为能够快速地形成集结团队，能够冲上去，研发是有这个能力的，市场应该也是有这个能力的。

田 涛： IPD（集成产品开发）你是否参加过？

卢赣平：产品开发，参加了。

田 涛：你当时是什么角色呢？

卢赣平：搞 IPD 之前我管中试（中间试验部），后期是在研发的产品线办公室，再后期我就在无线。

田 涛：也就是说在这三个功能组织里你都是头儿？

卢赣平：对。

田 涛：当时要搞 IPD，你对 IPD 是什么样的一个认识？

卢赣平：搞 IPD 是很好的。因为早期我们就是游击队那套做法，怎么去把产品研发与市场、财务挂起来，这个是 IPD 要解决的一部分问题。另外一部分是，IPD 还有更多研发管理的东西。研发里面，我觉得两个方面都很重要，一个是研发的创新，另一个是研发的管理。研发管理就是对知识或技术有效管理的应用，像拼积木一样，你知道箱子里都有啥，当你需要拼个东西时，把箱子里的零件拿出来，就能低成本、快速地把它拼起来。这个能力也是非常重要的，我理解它叫研发管理或技术管理。

IPD 要解决这两个方面的问题，第二个方面在早期是比较弱的，前一点财务的投入、测算在形式上已经走起来了，但实质上它有没有真的做到？比如说当年投的一个产品，在市场上的赢利、收益，跟决策时对比，会有个动态的变化过程，这个过程是不是去管理了，以便更有效地去瞄准市场，更好地做决策？这是个学习改进的过程，这条路要走好，不要形式化。我觉得有时候有些形式化了，搞个决策准备一堆材料，然后十来个人一听，很多人也听不太明白，就去走形式化。形式化绝对害死人。

田 涛：也就是说 IPD 后来走形式化了。

卢赣平：现在我不知道，我觉得那时候有时是有点形式化了。

田 涛：对 IPD 我有过一段比较深入的了解，我不知道这个比喻对不对：刚开始做事时，是 A、B、C、D、E、F 没有顺序，就是要做什么产品我自己想干就召集人干了，决策什么也没有程序，可能从 A 就直接到 C、X 了，等等。但 IPD 导入了 A、B、C、D 这样一个程序化、流程化的东西，带来的是决策的科学化、规范化，由过去的功能性组织变成矩阵型组织，这样会有效地促进在制度化的平台上推出更好的产品。但后来流程变得越来越烦琐化，A1、A2、A3、A4 到 B1、B2、B3、B4，中间加了很多人为的东西，就是你刚说的越来越形式化，越来越僵化。不知道这个理解对不对？

卢赣平：第一，你说的从 A 到 B 到 C 一直到后面，这种大的研发过程，其实我们早期也是有这个概念的，只是没有把它明确表达出来。比如我们早期做产品时，也知道要先跑市场，先去了解客户需求；要构建一个想法，考虑到底是怎样一个解决方案；然后做总体设计，再去做概要设计，一步步往下走。做任何一个产品，即使不在华为，在别的地方也会有这种过程。不可能上来就先搞几个零件，却都不知道自己要做个什么东西。有过产品经验的人都有这么一种工作的方式，知道要出样机后，再把它变成一个批量化的产品。这个过程，其实做 IPD 的时候我们是有的，我们没有的就是做财务的考量、产品和市场的同步问题、产品跟营销政策的同步问题，这些应该要做更完善的一些分析。早期不是那么完善，IPD 给我们带来了很多东西。

第二，关于你说的矩阵式组织和流程式的组织，我觉得 IPD 应该是研发在里面唱主角，因为产品研发是主要的，其他的是给它提供它需要考量的因素，以在产品里去构建。所以，矩阵化的组织和流程化的组织在这上面不应该过分去强调、去区别。矩阵化组织、流程化组织应该在研发管理里去考虑，比如我的组织是功能性的，我做处理器这块很好，我就给你提供所有的处理系统，你各个产品都可以由我提供，在你的 IPD 里我就是你的一个功能组织；财务，包括研发里的一些团队也是可以做到这一点的。现在管得太细了，有些本身是研发该管的东西，不应该归到 IPD 去管，研发部长、研发经理或项目经理就应该管清楚自己的事情，而不是拿到 PDT（产品开发团队）去定。

田 涛： 我理解的 A、B、C、D 不是做事情的过程节点，是指不同角色，A 是研发，B 是财务，C 是制造……是不是到了最后各个功能组织都在里面加面加水，使得这个决策过程越来越烦琐了？

卢赣平： 原来已经很完善了，还要再加肯定会烦琐。

田 涛： 本来就是个完善的东西，由于每个功能组织都想强调自己的重要性，都要朝里面加东西。

卢赣平： 其实有什么重要的？都不重要。最重要的是把这个东西做对了，然后把质量做好。

田 涛： 对。就因为听到了一些不同的声音，现在决策链越来越长了，各个功能组织都在掣肘。

卢赣平：有什么组织要对 PDT 指手画脚？我觉得没有必要。每个组织都可以提需求，但你的需求就可能被排在最后，我可能不实现你的。

田 涛：你刚才讲得很对，研发就应该是研发管理。

卢赣平：就是研发的事。研发所有的人，首先你的东西一定要对，对上客户的胃口，对上未来的趋势，这是最重要的；其次是把它做好了。

田 涛：会不会由共同驱动、共同推动慢慢变成掣肘？

卢赣平：那就是 PDT 经理有问题了，你要善于取舍。有些东西就是不能要的，现在就把它考虑进去，这个产品就会被搞得很复杂，投入也很多。

田 涛：对。再回到一个问题，IPD 主要是针对研发的流程，开始大家的接纳程度怎么样？是不是纸上谈兵？

卢赣平：我感觉还可以，我们还是比较愿意接纳新东西的，大家都觉得自己水平很差，别人水平都很高，觉得它们的东西应该还不错，没有太大问题。

田 涛：在推行过程中你觉得阻力不太大？

卢赣平：我觉得不是阻力大不大，是真正要自我学习去把这个东西用好。

田 涛：那为什么还要提出削足适履？

卢赣平：运作上总是会有些问题，大家要反映问题，但是反映问题并不是大家否定这个事情。是不是可能老板觉得大家不太认可这个东西，你们就必须削足适履？不是这个意思，其实反映问题就是这个东西有不完善的地方，我感觉接纳上好像没有什么太大问题。我们每次搞完，就要看到底哪些是对的，哪些是不对的，哪些是应该精简的，哪些是应该完善的，就是要去学习，不学习，靠啥都没用。

田 涛： 那每个人不一样，你是学习型的。很多人就认为我过去那一套东西不错，为什么要搞 IPD。

卢赣平： 当年应该不太存在这些问题，可能要准备一些材料，会有一些牢骚。但牢骚也不一定代表他觉得这东西不行，我没感觉到有太大的障碍。

田 涛： 那基本上是 IPD 快搞完了以后，你离开研发了。2005 年离开的?

卢赣平： 对，我就到公司运作管理部去了。

田 涛： 你在研发，无线基站这一块是头儿，当时管了多少人呢?

卢赣平： 1000 多人吧。在这之前我在研发产品线管理办公室，公司让我负责公司整个产品线，这个工作应该远远超出了我的能力。我认为组织设计也很重要，我们当时有一个研发总裁，三个副总裁，下面是产品线或一些研究部、功能部、预研部。我觉得副职实际上是很难工作的，公司不应该有太多副职，副职一定也得有队伍。我们没有军师的概念，军师就是一个专业人员，搞一个管理者去做军师那没有意义。他一定要产出，要有明确的责任。比如说，可能你也想做些东西，想思考些东西，但你靠个人力量永远是不行的。即使郑宝用、李一男，他们靠一个人去思考，在这个时代也是很局限的，因为信息已经太多了，观念也是很广泛的。

田 涛： 它不是 100 年前那个发明的时代。

卢赣平： 当时我在这个位置就觉得比较难做，到处参加 IPMT（集成组合管理团队）的会，多媒体、无线的、传输的都得去参加。

田 涛： 跟你无关的?

卢赣平： 也不叫无关，都有关。我管产品线，每个产品线都要看。老板也很急，这个产品哪个地方要投入，人调不过去，调都调不动。

田 涛： 你是产品线的头儿，主要负责什么?

卢赣平： 按产品线管理办公室岗位的定位，是负责公司给客户的整个产品和解决方案的，弄清楚未来到底需要什么和我们现在做得怎么样。

田 涛： 不直接管研发?

卢赣平： 管研发，分工管产品线业务。虽然管着各个产品线，但也调不动。

田 涛： 这个就包括比如人员的调动、投资的支配，都在产品线这里?

卢赣平： 人力协调不在这一块，人力协调由研发整个的头儿来管理，当时是徐文伟管。

田 涛： 那你实际上管的是从研发项目启动，到整个全流程的把控，可以这么理解对不对?

卢赣平： 产品线管理办公室要管的，一是客户和网络在未来到底需要什么解决方案，二是现在提供的解决方案在进度、质量上是否满足市场的需求。一个是现实的，一个是未来的，就是这两个方面，但这是很难的。我担任这个职务要去参加各个产品线的决策会，应该说挑战是非常大的，个人对未来根本就没时间去想，一个人也想不明白。

要管理这些现实的东西也很复杂，这么多东西，每一块、每个东西，都要管。我后来其实已经将重心缩小到只管核心产品的质量，如无线、传输出现网络问题，那时候抓得最多的就是这件事情，慢慢就具体化了。其次再去管一些比较新的产品，像多媒体，那时候大家不太关注的，或者数通这种大家可能觉得现实市场不太大的，将来要做什么。我理解这个职位是非常重要的，但是在组织的设计里支撑这种职位的设计可能是欠缺的。后来我就做得很难受了。

田涛：是不是下面的功能组织太强大了？

卢赣平：那是作战的部队，它肯定要强大。它就是一野、二野、三野、四野，我这个地方就像战争里的作战部一样，总部的机关作战部，肯定不能只有一个人，得有摆沙盘的，得有一帮人，还要商量事情。

田涛：对。现实、进度、监管和关于未来的预判都在你这儿。正确的定义就是作战部。做无线基站是哪一年开始的呢？

卢赣平：2003年吧。因为做那个挺难的，我就给公司写申请，觉得还是做一个具体的东西会好些。当时我认为无线是公司必须做好的。当时公司的实力是靠有线在支撑，但未来60%以上的网络都是无线，现在可能都70%~80%了。如果公司想在这个行业再玩下去，再活下去，网络这一块无线肯定是要有的。无线不起来，公司在网络这一块肯定是不行的。

田涛：那时候的无线是很弱的？

卢赣平：很弱，那时候无线的销售可能占20%不到吧，利润就没有。当时我给公司写申请，说希望去做具体的无线，可以把股票都抵押进去做。

田涛：是不是写了个报告？你当年那个报告现在还留着没有？

卢赣平：早没了，电脑都清理过好多回了。

田 涛：拿自己的股票做抵押。

卢赣平：对呀，公司不让我去，那能怎么办呢？

田 涛：从机关作战部的头儿到做野战军的头儿。

卢赣平：嗯，下到研发的团队里。

田 涛：一去就让你主持，做一把手？

卢赣平：就是做基站这一块。当时小徐总做无线的头儿，车海平是做网络这一块，我负责基站这一块，余承东负责 WCDMA 的产品线，蔡立群负责 CDMA，王海杰负责 GSM，我们已经是矩阵了。当时就是这么一个团队。

田 涛：你是无线基站的头儿，管 1000 多人。当时应该是 31 岁？

卢赣平：2003 年，34 岁。

田 涛：34 岁管 1000 多人。当时你那些跟你年龄差不多的同学，在那个年代能管多少人？

卢赣平：我在这之前管中试时就管 1000 多人，1999 年的时候。

田 涛：1999 年的时候，你 30 岁。你那些同学呢？比如说大学同学。

卢赣平：我们小班同学没有这样的，要不就是做企业那也不是很大，要不就是搞航天，搞飞船，做技术的，他们很有成就感。

田 涛：你的同班同学里，现在有没有比你更优秀的？

卢赣平：这不好说，我觉得应该没有吧。在这么大的企业里做好，应该是很不错的。

田 涛：30 岁管中试，像这种情况在公司很多吗？这种年纪轻轻就管一大摊的情况。

卢赣平：很多的，很多人年龄都不大。

田 涛：你这个算不算破格提升？是一步一步上去，还是小步快跑？

卢赣平：可能有些地方也算破格吧。比如从做产品负责人到后来做硬件部的头儿，可能有点破格。再调到中试，可能有点破格。

田 涛：快 20 年了，有没有从重要的、比较高的岗位突然被贬职？

卢赣平：有呀，这个经常有。

田 涛：能不能举个例子？

卢赣平：我从产品线管理办公室去无线，在大部分人看来就是一种被贬职，从一个研发副总裁去做一个二级部门的主管。但我认为它实质不是降，而是把你用在你感觉最重要的地方。就是不要看你的官有多大，你挑这个担子就一定要把它挑好，你挑不好再给你官就是害了你，对公司也是坏处。所以我不会觉得被降，我很开心。

后来从无线调到公司运作管理部，算是到了公司的一级部门，好像是提拔了，但我不喜欢。我知道自己擅长做哪一块，喜欢做什么，更重要的是喜欢做。后来从运作管理部到公司的内控部，是算平调还是下调？在内控部的时候我就被降了，原因是当时公司要我搞一个文件，防止资金的收支及内部周转出现流失的问题。当时内容其实已经清楚了，老板希望快速做个东西，提出明确要求。可能思路不一样吧，我们想的是要让这个要求能操作得了。当时我看到一个财务人员，接触的文件要求、指导上百个，有这么多东西其实和没有是一回事儿。我当时的想法是若要把这个东西落下去，把风险能控制住，这个岗位要做好哪几点，明确这几点，其他东西我都可以不考虑了。但老板后来觉得我们动作太慢了，搞几个文件都搞不出来，就把我降成部门副职，再后来就把我调到现在审计这一块。

田 涛： 我知道这种情况在公司很多，但是对你来说是两种情况，一种是降职，另一种是你一直是做研发的，突然让你做跟财务很密切的内控，你适应吗？

卢赣平： 我能适应，能调整过来。但我喜欢做研发，做更贴近创造性的工作。

田 涛： 现在让你做程序性的工作呢？它不是创造性的工作。

卢赣平： 现在这工作也不叫程序性的工作。它不是那种能做出来一个对行业或对大家有用的东西的工作，现在做的是偏向内部管理的东西。

田 涛： 内控这一块摊子非常大，而且全球一百六七十家分公司，应该是非常重要的。对你的职业生涯来说，应该是非常大的转换，而且你喜欢做有挑战性、创新性的事儿，这个你在心理上适应了吗？

卢赣平： 我现在还是想回到主业务上去。当然在心理上我已经适应了，是因为像我们这样的，不论在哪一块做都得对得起自己，也得对得起别人、对得起公司，不能混，必须得创造价值。现在我们这块儿我也觉得非常重要，面对的是内部腐败的问题。以前没做这一块时，觉得这并不是太大的问题，现在做了，感觉到这其实是一个很重要的问题。现在很多人可能会迷失自己，变得麻木、不求上进，甚至比较严重的，有些员工就会产生一些内部腐败，去收一些不该收的钱，去侵占公司的一些资产，去短时间快速获得一些巨额数字的、不能见光的成就。这些东西如果不加以治理和控制，其危害跟癌细胞一样会很快扩散。所以这里面价值的传承和理解，对公司发展的理解和追求，以及员工的成长和自我实现，几个方面如果不是紧密结合的，而仅仅是用钱激励的，那是不行的。价值杠杆里只有钱的时候也就没有什么用了。但如果所谓的我们的追求提得太高，不能跟员工现实需求挂上钩，不能让员工产生一种受刺激的成就和认可，也是解决不了问题的。

做这个工作后，我的感觉有几个：第一个，这个东西不管不行；第二个，很多优秀的人在这里栽了跟头，对公司、对他自己、对组织都是很大的损失。其实是不应该出现这种情况的。利益总是有诱惑的，但我们要告诉大家，你可以通过合理的手段，通过正常的手段，通过你的奋斗去获取，而且这些东西可能还不是最重要的，但你也可以获取到。但如果你通过其他方式获取，你会有风险，而且会把你整个人给毁了。就要大家明白这个道理。

田 涛：早期这种情况多吗？就是腐败的问题。

卢赣平：早期应该是比较少，都忙着干活呢，小问题肯定是有，大的问题比较少。当然现在也不是很多，只是我们看到这样一些情况后，如果不去管，不去治理，不去用合适的方法引导的话，会比较麻烦，破窗理论嘛。

田 涛：因为溃败起来的速度是很快的。卢总，谢谢呀！

卢赣平：说得很多也不一定很对，离开研发太久了。

田 涛：找时间再跟您学习交流。

（结束）

访谈 5
田峰[①]

访谈时间｜2013年8月6日
访谈地点｜深圳
被访谈人｜田　峰
访 谈 人｜田　涛

田　峰：田老师，自上次见过，好多年都没有一起聊天了，今天正好聊聊天。

田　涛：你从北京是去了北非吧？

田　峰：对，去中东北非片区，在中东北非片区一共是待了 3 年半。

田　涛：先聊聊你的经历行不行？

田　峰：从进公司吗？

田　涛：从进公司。

田　峰：可以，我是 1995 年进来的，1995 年 8 月直接从西安过来的。

---

① 田峰，1995 年加入华为，现任监事、亚太片区总裁、内部审计部总裁、ICT 基础设施业务管理委员会成员、审计委员会成员。

田 涛：学校才毕业？

田 峰：还不是，我刚毕业是被分到西安了，在西安做电子产品，后来正好华为到西安招人，我觉得人有时候还是看缘分，我当时第一次去，陈珠芳老师在。所以我后来说人力资源的招聘很重要，它是一个门户啊。

我一进来后就先做产品，我做产品推广做了很长时间，先在山沟沟里装机器，去湖南怀化会同县里装机器，还觉得挺有意思的。

田 涛：你学的是？

田 峰：我学的是光电子。

田 涛：光电子？刚进来是做产品推广而不是做研发？

田 峰：不是研发。我刚进来实际上是在用服（用户服务）实习，装机器。

田 涛：那时候多大？

田 峰：26 岁，那时候年轻就想出来逛逛。

田 涛：那时候还没有结婚呢？

田 峰：还没有。

田 涛：女朋友有啦？

田 峰：就是现在的太太。当时装机器干什么都觉得挺来劲的，后来就回到市场，搞推广什么的。现在想起那段时光还是很快乐的，也不想别的。在西安招聘时，问人家给多少钱？说是给两千，自己就觉得很高兴。那时候跑到下面去推广，觉得只要你干了活，也不用想别的，公司既给加工资，又给提升职级，感觉很好，就这样跑推广跑了一年。

我 1995 年进公司，其实是赶上运气了，公司又成立片区的试点，我都赶上了。先是到东北片区，当时还竞聘，张建国是人力资源总裁，还和我们谈，“你表现不错你来竞聘”，我说竞聘是干啥呀，然后稀里糊涂就竞聘到了东北片区。人家就说让我来做销售部，说是要交叉换位，技术好的做一做销售（我当时做技术推广还是不错的）。我当时还认定说我不适合做销售，因为第一我不喜欢跟人打交道，第二我喜欢做技术，第三是我不能喝酒，我自己觉得自己不能做，当时公司就做思想工作，我想就做吧！做了之后还觉得挺好，当时在东北，因为片区刚试点，我也不管试点不试点，就自己到处去跑市场，我跑了以后代表曹松洁还都认可。我就好好干活，还去东北的白山、朝阳的下面跑，然后就到了华中片区，在长沙，我在华中技术部，在华中做了几个月，不到一年。总结一下，我是先到东北片区做销售部经理，到华中片区后是技术部经理，从华中我就去了石家庄做主任。

田 涛： 去石家庄做主任？

田 峰： 1997 年就去石家庄做主任。

田 涛： 你在石家庄做主任做了多长时间？

田 峰： 四年，在石家庄我觉得还是有意思的，刚去的时候基本什么都不懂，但那时候有干劲，就是一门心思干活。那几年时间我觉得还是有很多收获的。我在石家庄一共四年，其实前两年基本上在打基础，从第三年开始我们就成立了河北华为，做了合资企业。河北华为还是我主动推的，推了以后用了合资这个力量，整个当地的布局就上了很大的一个台阶。我刚去时河北办事处在公司内全国排第十三四名，因为河北的经济发展也基本上是十一二名的样子，后来排名就逐步地往前了，到了河北华为成立后，基本上从第二、三年开始在公司稳居全国前几名了，当时老板还说没想到。

田涛：那是很了不得的呢！

田峰：有合资企业在，我们各方面的发展都上了一个台阶。河北人也是很好的，很支持。

田涛：我知道华为的合资企业有很多，河北华为是第一个？

田峰：河北华为应该是第三个。这中间是有一点渊源的。我为什么会觉得有成就感呢？当时公司逐步在说，做主任的要走全面经营，其实我们当时还是自发的，但是会去思考一些问题。那时候就发现河北市场的现实情况是，我们已经处于初步进入的时候了，但是跟西方品牌的支撑比有差距（能力差距很大），我们进入规模销售，因为当时在邯郸、保定已经进市话了，这在全国是比较早的，但我们的品牌不足以支撑，再一个普遍客户关系支撑不了我们的品牌。尤其河北当时与北电已经有了合资企业，比如当时广东北电是河北参与投资的。

田涛：外国公司在中国的合资公司的模式也很多，摩托罗拉有没有？

田峰：摩托罗拉是在天津。

田涛：摩托罗拉在天津是独资吗？

田峰：摩托罗拉在天津是独资，但是它在中国的影响力，方方面面还是挺大的。北电在中国是比较成功的，北电有好多合资企业，广东北电是大家投资的，在西安还有一个北电的培训中心，这些都是合资的。

田 涛：这种合资公司首创是外国公司还是华为呢？

田 峰：外国公司，我们就向人家学的。

田 涛：向运营商贴近，外国公司也是？

田 峰：外国公司也是，但它们的资源比较多，它们的资源基本上是邮电部，然后再组织一些省公司，它们的平台比较大。咱们一般都小点，就是跟地方的“三产”合作。过去的邮电“尾巴”很大，有很多附属企业，这种企业本身会有一些厂，像河北就有电话设备厂，等等。所以我们就想到了，跟西方厂家比起来，我们在这些上面没有优势，当时还有上海贝尔在中国是最成功的，给它们培养了一批忠诚的客户。

记得当时有公司领导还考我们这些主任，所负责区域的战略是什么。当时考问了很多主管，基本还都说在项目上，我拿个破纸在那儿画，印象很深，说河北的主要矛盾是：第一，我们已经进入规模市场，但是品牌支撑不够；第二，普遍的客户支撑不足以支撑我们的量；第三，我们的制约在服务上。所以，下一步我们的策略是：第一，要建立起一种纽带，要利用这种纽带让大家有一个桥梁；第二，我们要加强服务，服务我也可以用合资企业。所以当时决定要推进合资，要把这个作用发挥得更大点，这应该也是个策略。当时孙总还挺高兴的，就跟其他人讲：“就应该这样做主任，就应该这样想三五年后的事情”，我还受了不小的鼓励。

田 涛：河北华为大概多长时间就成立的？

田 峰：1997 年谈起这个事情，大概在 1998 年就成立了。很快。其实我当时兼了三个职位，一个是石家庄办事处主任，一个是河北华为总经理，还兼着华北片区总经理。但是有领导就跟我说，其实在你的三个职位里最有价值的，就是河北华为总经理。当时华为情况是，总经理一般是主任兼的，主任背的目标都是销售目标，其实都是做销售了。但是你再大的主任，也是个销售主任；再小的企业，也是个完整的企业，它得涉及方方面面。它需要系统建设，和办事处是完全不一样的，所以它遇到的挑战和问题，从公司的成立、治理结构、工商、税务，到法律、跟当地政府的关系都有，对人的锻炼是全方位的。

田 涛：有没有研发?

田 峰：没有。我当时还想弄。一个题外话，第一次公司让我转身，我是不愿意的。但从那之后给我带来的一系列收获是什么？我愿意转身。我跑的部门是比较多的，每一次转身，不要在乎虚的，这个名头怎么样，要识别工作给你带来的价值，这种价值是全新的挑战。

田 涛：这个观点很重要。

田 峰：对。所以我以后迎接很多挑战，转身转得很大，包括后来我去财经，到哪儿我都是乐意去的，我就觉得这个重要的判断是，你在这个岗位上不是看它有多少光环，其实有很多有光环的也只不过是事务性工作，要看岗位能给你带来多少价值。从主任兼河北华为总经理，我跟别人不一样的就是我干得很带劲。后来李总（李玉琢）跟老板说，很多总经理都把自己当主任，田峰屁颠屁颠地还干得挺好。并且意外的是，这个本来就不在公司的排名中，公司本来想四川之后，先山东下一个杭州，河北就没排在前面，相当于河北就插了个队，不但插了个队最后还做得挺好。

我办合资企业还做了几件事情，办企业和管办事处完全不一样，考虑的问题会全面得多。所以就这个河北华为，看着这么一个小小的企业，带来的价值很多。第一就是观念的改变。因为管华为的员工你没有跨文化管理，华为的员工你说一不二，你要管别人，管国企的员工，那难度很大。

第二，跟投资方的协调。我们为出钱的事情从来没和合资方红过脸，但有一件事情我们差点翻了脸。他们都没有想到，但是我想到了，现在回忆起来，我做了一件正确的事情，就是选厂址的时候，对方的想法很简单，让选到它的院子里，因为它的厂房是现成的，能把它的资产盘活，离它的员工还近，等等，它提了很多理由，就是让放在电话厂的院子里。我当时坚决要搬出去，而且坚决搬到开发区。我觉得选厂址不是个简单的事情，我不光算经济效益，一定要算它的综合收益。一旦选到设备厂会是什么？去了那儿哪个领导愿意到你那去？都是负担，而且你也很难给工人传递新的观念。

田 涛：你会彻底陷进去，主要是把公司也陷进去。

田 峰：是的，会彻底陷进去。就变成了一个新瓶装旧酒。

田 涛：这个决定完全是你自己做的？

田 峰：我做的，而且我做得很坚决，这个事情绝不能让，哪怕花钱，我就设想他们会提几个要求。第一是租赁费，我们就做了很多功课；第二个我们拍了照片比较，供决策；第三个，最大的，他们会说员工不愿意去，我就想好对策，一上董事会，前面的问题出资方案走得很快；事先我跟李总也沟通过，他是强烈支持我的。在这件事情上，李总就支持。果然在会上为这个问题就顶起来了，李总跟对方很强硬，在这个问题上没有商量余地，对方也在扯。李总说服能力很强，又跟对方董事长沟通，董事长也被我们说服了，说新企业应该有新形象，你应该尊重经营团队的想法。问员工不愿意去怎么办，我说我都做好工作了，第一，免费午餐；第二，开通勤车，我开通勤车本身就是广告；第三，改变作息时间，早上 9 点上班，中午休息 1 个小时，下午 5 点半下班。员工民意投票，也愿意去，大家都现实。你不坐我的通勤车，还有200元补贴，我都愿意花，事实证明我的选择是对的。选址就是企业取“势”，是个战略问题。

田 涛：那肯定嘛。

田 峰：最后的结果是我们是开发区的明星企业，也是高新技术企业，在当地各方面都得到了极大的帮助。

田 涛：那时候你管多少人，就这个厂?

田 峰：这个厂三五百人吧。

田 涛：都是国企的?

田 峰：我们占少数，大部分人都是国企的。

田 涛：这个中间的冲突多不多?

田 峰：有，但是我从中学到不少东西。这个冲突有，当时挺激烈的。第一，大家不愿意去那儿上班，这个用经济利益解决了；第二，员工来先到陆军学院，经历1个多月军训。开始有人不愿意，就给他一个适应期，主要是心理上的。最后效果蛮好的，把华为的管理机制慢慢引进去了，当然局里也比较支持，来的都是比较好的。这样再加上军训，工资往上一提，再加上待遇，奖金发了，最后在局里其实效果挺好，甚至有个老职工亲自跟局长去说，跟工会去说，他儿子原来是调皮捣蛋整天回去打牌，现在不打牌了，整天学习，还说要考试，借别人的书去看，那个老职工挺高兴的。结果局长就讲，华为的管理不一样吧，为什么一样的人，现在他就愿意干了？实际上我看到这种软性的力量是很大的，这种口碑一传出去，而且大家的待遇都有明显的提高，我就觉得学到老板说的，拉开差距，奖勤罚懒。

这个还是用了一把，我觉得很有感觉。

田 涛： 那时候你 30 岁？

田 峰： 1998 年，29 岁。所以我觉得公司给的机会挺好的。

田 涛： 但之前没有做过“官”？

田 峰： 以前就是小官。但是，我觉得这个机会挺好的，这是第二个动作，我觉得选址挺重要的，这就是为企业取“势”。作为省内明星企业，甚至当年我们还接待过外宾，委内瑞拉大使到河北访问都是到我们那儿去看，这下整个企业的势就起来了。我觉得企业的选址不是简单的选址，是给员工的一个全程的管理暗示，是一种文化氛围，所以我们积极性很高，有员工班车，中午免费午餐，员工说满意度下降，午餐不好，后来免费午餐选两家竞争，员工排两排，看员工在哪家吃得多，就马上奖励。你看碰到很多问题，但我觉得挺多都挺好的，反正就是涉及的面比较多，我觉得做得还是挺锻炼人的。这是在河北华为做的第二个动作，我觉得有收获。

田 涛： 你在河北的销售主要是销售合资企业的产品？

田 峰： 当时在河北的销售有两类。合资企业本身是有赢利点的，第一，电源是在它那儿生产的；第二，当时华北地区的大电源都是在它那儿的；第三，培训也在它那儿；第四，一部分工程都在它那儿，这是它本身挣钱的。

田 涛： 它主要生产电源，其他的产品呢？

田 峰： 其他的少，其他的就是工程。主要我还是想培养它自己的能力，所以到现在为止，企业解散后留下的那些人，做工程还做得不错。我觉得当时公司给了个平台，有自主权非常重要。第一，我的投资，包括设计；第二，在管理上，有一个人不好好工作，接电话吊儿郎当的，客户投诉，我就直接给下面说，告诉他让他半天内走人。为什么？你不可以怠慢客户的，用行动体现以客户为中心的文化，一下子立了威。

田 涛：你那时候的产出最大是多少？

田 峰：14 亿，当时应该是排第二了。

田 涛：是整个销售额加办事处的？

田 峰：就是河北华为加办事处。

田 涛：但河北华为这个企业自身的产值呢？

田 峰：自身最大的产值在我印象中应该是 6 个多亿，还是 7 个亿，那也很大了。

后来我做的一系列都跟我在河北华为的经历有关系。后来我到干部部，公司又抽调我去抓融资，当时就叫回款，那时候大家都不愿意去，因为回款要扯半天，压力又大，公司又盯着。老板怕我有思想包袱，就跟我说不是不用你呀，这也是培养，我就很愉快地去了。

田 涛：你是从干部部部长的角色转换到做融资去了？

田 峰：因为我管过合资企业，所以我知道现金流是很重要的。所以，我一定认为这是有价值的。很多人认为融资不就是催款吗？老板就跟我谈话，我说我专业不行。老板说专业没事儿，你让专业人员去抓就行了，你主要抓队伍建设，主要怕你思想有疙瘩。我说我没疙瘩，就高高兴兴地去了。但这事你凑合，它就是个回款，你不凑合，研究一下这中间就是有很大学问的。我们公司当时用的回款只是用综合回款率，其实这个指标是不科学的。当时付总（付恒科）已经划到艾默生去了，艾默生的财务总监来找我，说让我帮忙说服下洋老板，他们引入指标快把他搞死了，那个指标如何如何不好。我说拿来看看，我一看，人家指标好呀，人家就是 DSO（应收账款周转天数）。然后我觉得 DSO 比我们科学呀，我开始在华为回款部门推 DSO。我觉得你把它当作有价值的事情干，用心干一个事情和凑合干一件事是不一样的。

田 涛： DSO 是什么概念？

田 峰： 这就说到另一件事上去了，就是回款。过去回款，我们是拿综合回款率算的，综合回款率的指标是不科学的，这个不科学就是有一种极端情况。比如代表处有 4 个亿的欠款，你到年底做一次冲刺，11 月份把那 4 个亿收回来。但是对公司的价值，你 11 月份收回来和 1 月份收回来是完全不一样的，资金成本是不一样的。那个指标是分不出来的，但 DSO 核心叫作应收账款周转天数，它是如实反映了你的资金的使用效率，是很科学的一个指标，它跟时间挂钩了。这样的话，该收回来的钱，你在 11 月份收回来和 1 月份收回来是完全不一样的，所以让你更科学地设计这个指标。

田 涛： 这件事情不是公司让搞的，就是从艾默生学来的，而且是听人抱怨来的。

田 峰： 是，别人本来抱怨这个指标考核得严格，但老外用那个考得科学。

田 涛： 你回来以后就决定干了？

田 峰： 我还要说服。因为坦率地讲，你要是不想干活，这个指标紧，是考自己，是自己修理自己，谁都是不会高兴的，但你要看到它是有价值的，人家是科学的。当时我跟纪总沟通逐步推行，也不能一下子就否定原来的指标，我先调整一块给 DSO。紧接着在会上经常宣传，还闹过笑话。

田 涛：我打断一下，你弄 DSO 就是一个概念，有没有请比较专业的人来讲？

田 峰：请过，就请艾默生的人来讲。当时还没想过顾问公司，主要是艾默生的人来讲。还有个笑话，我在国内代表处宣讲，讲完又在市场大会上讲，讲完后一个主任还兴奋地跟我说："你那个讲得好，我记住了那个 DOS"，他把 DSO 说成了操作系统的 DOS。我说："你拍马屁都不会拍，连字母都没有搞清楚呢。"但这样的结果是慢慢让它回归了业务，跟我们的业务就整合了。应该讲人家这个指标还算是科学的。

田 涛：当时公司给办事处的回款指标是什么样的一个情况？到了各个办事处阻力大不大？

田 峰：阻力大。我第一个故事先结束了。

田 涛：合资企业那个很好。

田 峰：那个给我的经验就是，我对新的变化已经得到了一个重要的判断，就是用价值来判断岗位的价值，这个对我后面的影响很大，一直到今天。今天我愿意来做这个流程变革，都是有自己的判断的。

我经常说，到四十几岁，人已经明白了，不会去在乎一些虚的名利，这些都不重要了，但不要虚度自己，要做一些有意义的事情，这个才有价值。你得觉得这个事情有价值，这是给我最大的启发。

再回到融资的问题，当时融资阻力非常大。当时老板也跟我谈，我印象很深的是当时老板有一段话，这就又说到了老板当初讲给我的话，老板想鼓励我，所以我一直觉得成长过程中非常感谢老板，他用人非常大气，他对我的管理观念产生了很大的影响。当时在对话中，老板给了我两个信息，老板担心我有些想法，因为一般人都不愿意去市场财经部。有说法那是一个“高危”部门，第一，夹在财务与市场中间，是容易得罪人的；第二，压力太大，款回不过来是要倒霉的。老板还跟我谈话说，不是不用你呀，是要给你锻炼。我说：“行。”我说：“老板，我不懂财务知识呀。”老板说：“不懂不要紧，有专业的人员懂，你主要给我抓大事……”这给我留下很深的印象。

田涛：他当时让你抓什么？

田峰：第一，让我抓好干部队伍；第二，把回款业务和销售融合起来。我觉得老板给我的信息非常清晰。

田涛：你在这之前，在干部部管多少人？

田峰：当时我在干部部给袁曦做副手，袁曦是营销干部部正部长，我是副部长。

田涛：当时就是总公司的干部部？

田峰：当时就是总公司的干部部。当时老板跟我的谈话对我影响很深，第一个深，是对业务的期望，他很清晰地表达了出来，所以我在后面的工作中主方向是有的；第二，老板给了我一个很大气的思路，专业的事情让专业的人去做。后来我换了很多个部门，在这点上把握得是比较好的，要用好专家，自己应该定位在综合管理上。如果我成为专家了，还要专家干什么？而且我要是能成为专家，我就不是管理者了；反倒也许我成了专家，我的专家就发不出声音了，也许正是因为我是外行，才管得更好。

田 涛：现在很多人越来越体会到，毛主席说的“外行领导内行”是有一定道理的。

田 峰：是。当时老板跟我谈话，很清晰地给了这个信息。所以我管融资时，充分听取专家意见，包括我后来管海外融资的时候，都觉得老板这个提法非常好。这实际上恰恰是要把专家用好，把别人用好，你要啥都懂，指手画脚，可能专家的声音就被淹没了，反倒你要注意留白。所以在融资的时候，我就能在业务上更多尊重专家的声音。当时华为的融资是走过了一段弯路的，也不能说弯路，是有它的特殊历史过程。华为在融资回款有个专门的部门，这个在业界是独一份。因为华为不是国企，没人给你兜底，这就意味着你的钱就得从一线回来。

田 涛：而且当时贷款也不容易。

田 峰：贷款也不容易，融资回款都得从外面回来，所以融资在公司处于一种极度的饥渴状态，是一种生命线。因为这个问题，公司就成立了一个专门的回款部门，专门去催回款。起初是好的，这是咱组织上惯用的办法，就是哪出问题就成立专门的组织去解决，虽然眼前来看显然能解决现在的问题，但时间长了它也有副作用。它出的副作用是什么呢？回款本来跟销售是一起的业务，作为一个销售员，不是把东西卖出去就是完成了，必须把款收回来，今天做的 LTC（线索到回款），就是从机会到 CASH（现金）。但当时没有意识到这个问题，无形中用这个组织把我们的一个行为割裂了。实际上你重新思考就有道理了。割裂的结果是，责任越来越多地到了这个回款人员身上，意思是有人管回款了，前面销售人员就不管了。其实这背离了业务的实质和责任的实质，但是恰恰在于业务，你要回款这件事情，如果销售人员甚至主管不介入，光靠催款人员是完成不了的。从长期看，它就进入了另一个悖论，所以这个组织从初期显然对公司是有帮助的，在保证现金流的问题上直接承担了责任，补充了一个组织。但是长期来说，实际上是该做的事情没有做，退化了。这就是我们组织建设上经常会发生的误区。

头痛医头，脚痛医脚，医的结果可能带来的损害和长期机会损失更大，这就是我们原来的管理简单。老板当时已经意识到这个问题，就一定要让这个东西回归。责任回归，按照我当时的理解，还没有想到流程的工具。我当时的理解就是：第一，责任回归，就是一定要融合到业务中去；第二个是方法回归。在这时候责任回归怎么做呢？就是考核，考核的杠杆，我当时是把考核的杠杆用足了，我在干部部干过，知道怎么设置指标。当时还有一个插曲，就是带组织。先说这个指标。我刚来这个部门的时候，我的前任告诉我说要帮这个部门呼吁一下，要公司重视它。你看代表处[①]给评个奖金比其他地方都低，部门士气也不行。我说那咱们抓一下吧，但空呼吁也不行，你不能老跟人说我重要，我重要！其实代表处是现实的，代表处不养闲人，你再说你重要，它会对你敬而远之。

田涛：你是回款部的人都派到代表处了？

田峰：在代表处都有专人，但代表处这个专人定位都比较低。因为回款比起签单的人还不是那么光鲜，容易被边缘化。我当时就想，一个组织要想让人看得起，你得要有料。你得让人看到你的价值，否则你跟别人说我重要我重要，你自己没料，谁会看得起你，你得有本事。

所以我就做了几件事情：第一，推进对代表处的考核，这就回到了前面的问题。你要考人家代表处，要搞个让他服气的考法，人家不服气人家应付你，年底冲一下也能出来。所以我才思考，怎么引入。这时候正好艾

① 即早期所称的“办事处”，公司规模变大后，改称为“代表处”。

默生这个 DSO 就到了，但你一步用到位会引起很大的反弹，因为大家都不习惯嘛，还得有个导入的过程。所以我当时就给公司建议，给一个导入期，先用 DSO 考 30%，70% 还是用传统的，传统的超长期又切了一块，相当于三块，因为超长期风险比较大，就逐步切，用三年的时间从三七切到七三，以 DSO 为主，但公司实际上走得更快，很快就全部用 DSO 了。那个指标本身是有它的科学性的，这是第一。

第二，我在公司立样板。当时在公司奖金包的考核中，我在干部部干过，我知道怎么设计，所以成功说服了当时的团队，把回款指标提得很高。回款指标用 M 系数在代表处的直接奖金包中对业绩打折，分为 0.8 到 1.2，这就意味着这个 0.8 到 1.2 的打折，是对你的销售额打折。销售额都是几亿的销售额，那打一下折是很了不得的，就要证明它重要。

当时印象最深的是有个代表处，觉得销售得还不错，奖金应该还不错。本来它是排在前三名的，就因为这个指标不行，一个跟斗翻下去就进入后五名了。然后我就广泛宣传，结果第二年一开春，这个代表亲自抓回款。这就是我的考核杠杆，能拨动这件事情，而且让大家知道它的重要性。但是光知道它的重要性还不行，我的回款经理就要起作用了。我说，你是个专业主管，应该把这个事管清楚，不是亲自出去催款，那是人家销售员的事情。你需要，第一帮助你的代表把任务分下去，第二你要告诉你的代表该怎么做，第三你要给代表出方案，谁要做不到能亲自推代表的门给代表讲这个，他就不要做了。

田涛：而且后面你得出的两个结论：一个是转型，转身问题，你不畏惧了；还一个是辉煌与不辉煌，关键在于你的自我感觉和你的心态，你的价值实现。

田峰：如果光满足于回款，那几年我也能凑合下来。但你想把它当作一个事，就会研究一下，现在坦率地讲，再让我管企业，我对现金流的管理就比别人理解的深。

而且会给你一个触类旁通的东西。比如说，上次 DSO 我是从西方公司艾默生引进的，我确实觉得人家的指标很科学，给我一个启发是，到人力资源后，我们管本地的发薪，其实我就在想，不要我们从头来建，这个东西别人都走了几十年了，我们就先看看别人怎么做的。结果就发现 IBM 那个本地付款，本地发薪，其实用不着咱们辛辛苦苦把钱打出去，对冲一下就行了，从理论上已经有个值，那个钱对公司来说逻辑上不用走的，什么叫国际化公司，人家都走了几十年了。其实是给你一种思维方式，你就不会拘泥于干活都得自己从头干，不需要，业界都走了几十年了，你就看人家优秀的东西。

田 涛：回款刚才讲的那个，落到了代表处？

田 峰：对，落到了代表处，双管齐下。第一，我告诉代表这是很重要的，对你的业绩影响很大；第二，你想抓这件事情，有人会告诉你怎么抓，你有个助手，就是回款经理；第三，回款经理不是沉到下面帮你催款去了，他是帮你搞管理的。催款这个任务是客户经理要完成的，你要把指标分给客户经理。因为回款的实质是，这个人下去找财务处长找十次都不一定给，但代表处的客户经理和代表只要给老总打个电话，可能就解决了。所以你一定要让合适的人做这个事情，这个人不是作业者，他是你的管理助手。这三管齐下最后的结果很好，第一，你不重视不行；第二，你重视得有方法，那起码你得用这个人。那用的结果呢？我离开市场财经时，再看兄弟们的待遇，基本上是处于系统部主任这一级里面的中小系统部主任的级别，这跟我的期望是一样的。这是各代表处自发的，自己打的，这就证明他们在各代表处有价值了。所以我现在认为，领导弱势组织，不要去靠呼吁，你越呼吁你越弱势，你一定要证明你的价值，一线是现实的，你没有价值可以把你的人给撤了，你有价值别人自然会用你。所以当时我还庆幸把我们三流球队引领起来了，我们的兄弟还挺自豪的，后来还出了很多主管。

田 涛：这里面有两个问题，第一个问题，你在推进过程中，实际上要把一线组织的功能进行改变？它过去单一的就是打仗拿山头，拿下山头要不要巩固山头和我没有关系。这个过程遇到过抵制吗？

田 峰：这方面的抵制反倒不是很多。因为当时对于回款的重要性，从公司最高层的呼吁工作都做了。当时缺的是大家在意识中对这件事的重视，实际上是没有质疑的，所以这个声音是顺的，应该是占领了导向高位了，它的困难在于 what（什么）和 how（怎么做）的问题，why（为什么）的问题基本上已经不用宣传了，但 what 和 how 的问题就是谁来做和怎么做，这是短缺的，所以重点是解决这两个环节的。

田 涛：在这之前是什么样的回款率？

田 峰：在之前应该也还是不错的，每年都有波动，但综合回款率大概在百分之六七十的样子，因为分布不均匀。华为公司的回款问题不是回款额的问题，回款年年都能过。我们的回款在于管理问题，第一就是不均匀，当时有个三六九现象，就是季度末要考核啦，回款往往就会冲上去。财务老埋怨我们，年初没钱要借钱，年底呼噜呼噜回来一堆钱。主要是不均匀，资金成本高，要波峰波谷地消除问题。第二就是责任问题，一线关注太少。关注太少的恶果就是，对指标的意识少了，或在谈判时往往不会给公司换来利益，其实可以在竞争降价时，把回款条款优化一下，也能给公司带来利益，一线对这些意识运用少，主要还是体现在效率指标上。第三，不均匀会造成现金流的成本很高。DSO 就是消除这种，就像紧箍咒一样。它主要的价值在这，到年底的回款率体现不出来，但主要就是改变了我们的销售行为，现在的销售经理已经知道了，融资、现金流其实是指标中的一部分，它重要的是解决这个问题。

田 涛： 你刚才的观念，机关的组织、非主航道的组织，要让它体现价值，这很重要。但会不会有这样的问题：各机关都要体现自己的价值，造成对前方的干预、控制越来越多？我是说整个公司。

田 峰： 我觉得是这样的，现在的问题在于哪里？我个人觉得这个问题是产生在公司的管理结构上，其实这两个事情不应该闹矛盾的。

我当时在区域时说，我们有些机关部门都快成“发改委”了，机关一个小主管就能随便说一下，说这个地区部应该如何如何。你离“朝廷”近呀，你是幕僚，要谨言慎行。你一说下面连辩解的机会都没有，这就是不对称的。为什么？权力太大了，权力结构的问题。实际上公司应该理清楚，经营的权限应该放到一线去。放在代表处是不会出问题的。代表有经营指标约束，我为什么管过程。你是厨师，我只要管你菜能上来，我还去关心你怎么炒的，炒的姿势优美不优美？它是有指标的，所以一线好管。老板强调一定是给一线放权，放它是不会乱的，它一定是把责任和义务对等的。而机关呢？没有指标来衡量它，所以它要对过程负责，显得它很热闹，它手里有这么个权，它就去管，它有这冲动。这个权力你不关在笼子里，你给它这么多权力，它就都得去管，发个文件干什么的，它不管证明不了自己的。

其实公司首先要治理自己的结构。机关不应该给它这么多权，它自然不会有这么多人。它的权力应该是什么？我们说三层：公司、地区部和代表处。从流程责任的角度来说，总体结构应该是重心在下。重心在下，大量的流程应该在代表处运作，代表处作为运作中心，它应该就能解决 70%

的问题，不能把70%问题放在上面，那是一个倒置的结构。地区部是代表公司来管理的，是公司机关的延伸，是派出机关。这样理顺后，你就应该明白，在哪放多少资源。公司机关更像是个能力中心，你是提供政策的，你不应该有这么多权力，你是参谋机构。

老板说过，在西柏坡，当时三大总部在最简陋的一个指挥所里，指挥了最大的战争，那么简陋那么点人都能指挥。

田 涛：以你20年的观察、实践，尤其你还做过干部部部长，还做过地区部的头儿，以你的感受，你觉得这是什么原因导致这样的情况？就说西柏坡就那么几百个人，就能指挥三大战役。华为当年也很简单，看你在河北华为就能推动组建一家合资公司，合资公司里很多事你都可以自己做得了主。它怎么就演变成后面的层层叠叠的大机关？

田 峰：那我说了就得"反动"了，这本来是老板要思考的问题。我从旁观者来看，坦率地讲不一定对。华为公司从本质上，是从一个集中管控的公司发展起来的，我们的根子里是集中管控。过去是卖小交换机出身的，在一切的特征中你就会发现，包括商务管理都不是授权式的，我们的商务管理过去都是博弈型的，因为你永远不知道什么时候是底价。所以大家有个假设：一线想卖低价，但公司在控制。所以当年做的时候，经常发现一些奇怪的现象，机关说不准降价，一线到什么时候降好呢？当客户不要我们的了，再不同意客户就要别人的了，大家说这时候就降到底了，就可以了，合同能要回来。其实大家始终在一种博弈的状态下，没有形成一种体系性的管理，我们从本质上是一种集中管理。发展的初期，老板亲自关注的时候，国内的办事处级别是很高的，可以直接对公司负责。老板亲自管控，是对公司的经营负责，所以他的取舍都是为了公司的发展，大取大舍都指挥到了办事处，办事处都是一方诸侯。

田 涛：那时候你作为河北主任可以直接找老板吗?

田 峰：可以的。

田 涛：现在代表处可能不敢了?

田 峰：当时是扁平化管理，虽然那时叫集中管控，但层级少，只有两层，所以一方大权可以决策说了算。那时候跟老板一说，老板说行，那就行。非常快，决策链非常短。现在公司的规模这么大了，问题出在中间这一层。老板的战略是非常清晰的，但执行下去就变味了，每一层人都做了两边的取舍。他们跟老板不一样，老板可以站在全局，但每一层的人都有自己的本位呀，不是对全程负责，就追求过程的最大化，谁愿意把权力放下去？其实我们是中间越来越拥堵。老板不可能面对这么多地区，但我们过去又是一个集中管控的公司。集中管控公司最大的问题就是一线没有权的，都是靠跟总部的勾兑，那就依赖于跟总部的勾兑顺畅不顺畅。现在当公司越来越大，还是集中管控，就会造成一线来自上面的权力被分了，分到一线就没有权了。我是这样理解的，这就使得公司反应很慢。

田 涛：但是为什么都是集中管控，开始很生机勃勃的组织，现在又叠床架屋呢？搞这么多叠床架屋的结构是为什么?

田 峰：那可能是业务发展快了，组织结构在迅速变大，而且我们过去的组织属于功能型，就是一个人管不过来，我们过去做的是加法。我自己思考，就是从小公司到大公司的过程，一种可能是一线裂变法，我不断给一线授权，通过一线来做，这样一线在不断地做大；我们可能走的另一条路，我们在上面裂变，上面参谋机构的膨胀做得越来越大，一线还在维持不变。

田 涛：我觉得其实这种探讨很有意思，会不会有这么一种情况，这个摊越做越大，下面如果是诸侯，原来诸侯虽然是诸侯，几十个人，权力很大，或不见得是权力很大，但却是直接管控，可以直接跟大老板请示就够了。但是摊下来越大，下面的权力越来越大的时候会不会带来分裂问题？
田 峰：有可能，其实您说的这个就跟读中国历史一样，中央集权和诸侯之间找一个平衡，一直在平衡中央跟地方的权力，其实这个问题一直在摇摆。

田 涛：那叠床架屋更多的功能还是管控，是控制，而不是更多的是促进发展，是不是这个意思？
田 峰：我觉得更像您说的前一个问题，其实矛盾是在这里。集中管控的问题就是一线的决策权力是少的，只不过直接面对公司时它会很快。还有一种极端，另一种企业的模式就是一线诸侯的权力很大，但它也有完整的经营权，公司效果好。也有的极端就是失控。

田 涛：很多民营企业就是失控分裂了。
田 峰：所以我觉得老板走的这条路也是有它的道理的，就是选择华为没有分裂，到今天其实都在一个大平台，高效运作。其实这中间可能要做一个妥协，可能业务要放下去，但在干部问题上、价值观的问题上要高度管控。

田 涛：但这种管控又带来的问题是战斗力下降了，或决策链加长了？
田 峰：有可能是一个矛盾，但在这中间是要找个妥协的，它一定要找个平衡点，让一线充满活力敢于决策，但现在的机会成熟了，我觉得在于公司的监管体系足够支撑。权力授得下去，监管跟得上来。

就以老板举的例子来讲，老板举的就是在北非谈到的阿富汗作战。你看美国人在这个问题上解决得非常好，在阿富汗作战时，前线三个人一个小组，其实有很大的决策权，除了能呼唤炮火，它手里是有很明显的权限的，几千万美元的作战物资、作战规模，不用惊动别人，三个人就可以做决策。但它有个前提，它的前提是你的所有作战决策和过程，对于战略指挥部是透明的，我是能看到你的任何决策的，所以会导致你不决策不行，会有人促使你决策。就是通过 IT，它能看到你的整个决策；第二，你决策错了也不行；第三，你越权了也不行。在你的范围内我能看见，但不干预，所以你才会看见那张照片，抓拉登时美国总统在看，但他不下任何指令，但抓捕的过程，前线的图像总统都能看到。其实这个过程本身不是一个简单的传送图像的过程，它一定是一个权力的分配过程。所以大家都关注了前半部分，谁来呼唤炮火，这三个如何如何，但忽视了后半部分，后半部分其实有两个潜台词，你呼唤了炮火，后方是要提供响应的，你呼唤了，我不给你，你就得捐躯了；第二个，我有监控的责任。有两个假设：第一，我把权力给你；第二，我始终在监控你行权的水平。

田 涛：“铁三角”据说是你在北非时提出来的？

田 峰：我陪老板去代表处出差，聊到代表处尝试的“铁三角”运作，当时我提了一嘴。美军在中东作战是有个质的飞跃的，在伊拉克的后期作战是失败的，就是它的铁甲利箭对付不了小股的部队，这是个不对称的战争，它不知道怎么打，F117 都没用；但它到了阿富汗作战就变了，就变成了小股特种部队作战的模式。它的发展就是前方小组机动灵活、呼唤炮火，后方平台高效有力支撑，完成了这个过程。小公司凭的是灵活，大公司凭的是资源，它做了一个完美的结合。它的中间流程和支撑上有很完美的结合，其实这种思路我今天跟流程的人说了，你一定要让你的行权过程是可见的，有人对你的行权过程监控着，这样才能实现。

田 涛： 敢放权？

田 峰： 敢放权的前提是我能收得回去，不会乱。所以现在的指挥体系已经提供了这样的可能性，前提是我把权大量地放下去，但你的权力得在我眼中是透明可控的。

田 涛： 你觉得华为现在具备这个条件吗？

田 峰： 我觉得起码来说，我们这么多年的财务改革已经具备了这特点。

田 涛： 监管的核心问题还是财务问题？

田 峰： 不光是财务问题。第一， 一个财务一个流程，财务对你的输出系统、结果有严密的量化管理；第二，流程对你的作业有准确的指引、对权力有清晰的定义，这个乱不了。不会有人越权行权，流程不赋予你这个权力。你说按核按钮，总统都按不了，那边还有个人提着个箱子，你还要对密码，密码对了，哪天喝多了，按下按钮试试，没有这种可能的，所以这就是流程的魅力。其实流程和财务结合起来，是公司治理结构、权力延伸的两大基础。两个基础有了，我认为就乱不了。所以就像老板说的，让前线来牵引才能实现。

田 涛： 现在应该具备了？

田 峰： 应该具备了。

田 涛： “铁三角”你当时只是讲了美军作战的那个环节，你也提了一些建议，在公司里？

田 峰： 那个我还不敢说，那是老板的思考。我后来给他找了篇文章，就是冯仑写到的那篇文章。

田 涛： 你在北非待了几年？

田 峰： 三年半。我是先在融资干，融资之后又回了干部部，我又做了一年多干部部部长。

田 涛： 还是副部长？

田 峰： 那时候是部长。那次你去石家庄的时候，我不是被老板说嘛，那时候就出了点事，家里的事情。

田 涛： 那次在石家庄见面我还不知道你家中出了事。

田 峰： 那时候也有些误会，也反映出我还是简单。其实那时候是有点家里的事情，因为我家情况可能比较复杂，活得比较沉重的。我从小没有兄弟姐妹，就是一个人。他们可能不知道，我也没跟别人说过。我母亲是医生，我父亲是教师，但后来分开了。我母亲一直一个人，她是一个非常要强的人，在山区里面工作了很多年，身体不太好，一直和我舅舅生活在一起，我就经常回去看一看。当时公司让我去海外，我也没有说不去，我就说给我一年时间，我把母亲安顿一下。这是要负责任呀，我如果就这样出去有问题，正赶上我父亲那时候住院，我说给我点时间。当时这事没说，现在想想，应该多跟老板沟通讲讲的。我老觉得家里的事对我来说是个坎，我一直不愿意去面对这件事。因为我没说，公司以为我不愿意响应号召。后来公司理解了，我觉得老板挺好的，给我留了一年时间，我在国际融资又待了一年。

田 涛： 那是 2004 年？

田 峰： 2004 年。就那一年，我是内外交困。我觉得老板人挺好的，知道这事情以后，他虽然没说，但他说你可以经常回去看看。

田 涛：那是因为他不知道原因。

田 峰：后来他还问起，给了我机会。从国际融资过渡了一年，等差不多了，我就主动要出去，去了中东北非片区，在中东北非片区干了三年半。

田 涛：在那之前你没有出过国？

田 峰：没有出过国。放得下心了，也就出去了。忠孝难两全，咱得找个平衡点。我觉得挺好的，老板给了个机会，就那一年，其实是坏事变好事，那一年促使我下决心把这事解决了，一直拖着也不是办法。后来老父亲走了以后，老母亲就一个人，现在我盖的房子住起来还是很舒服的，又在县城里，在咸阳，离机场很近。

田 涛：你早说，下次你回去的时候我跟你回去看看。她多大年龄了？

田 峰：今年已经 75 了。身体还行，回去看吃饭干啥都好。就觉得有老人在就有个念想。回去了她好，你心里也觉得幸福……

田 涛：好像孙总有一次跟我说过你的事情，她说我们很多人都是很不容易的，前方作战，后方其实都有很多困难。

田 峰：但我觉得从这件事情上我还是很佩服老板，他虽然骂你，但他的人品很好、胸怀很大气，他的内心非常柔软。现在老太太气色很好。老太太人也挺好，当年医学院毕业，分到彬县，争强好胜，而且人品特别好。她做医生，谁让出诊就出诊，经常还问那些农民有多少钱，不给他们开贵的药，有时还把自己的钱给他们垫付药费，与世无争的。其实要说起来，我从小没跟父母生活过，反倒是跟爷爷奶奶生活，但是年龄越大就越觉得要讲孝道，要对他们好一点……当时读老板写的《我的父亲母亲》很感动，感叹人不容易，真的不容易，也不要树欲静而风不止。因为我们从小接受的教育就是不要跟不讲孝道的人打交道，这是我从小接受的家教。一个不讲孝道的人，连父母都可以抛弃的人，他能对朋友好吗？所以我们接受的教育就是这样的，这就是我们的行为准则。这聊远了。

田 涛：没，很好，这都是背景。你在北非待了三年半？

田 峰：三年半，还是很有意思的。

田 涛：北非这一块你有没有感受最深的？类似于回款部这样的事情，类似于河北华为这样的？

田 峰：在中东北非片区这三年多，因为那里跨度很大，中东北非当时有三个地区部，有 33 个国家，而且穷的穷、富的富，条件很艰苦。

我刚到半年，老板去了一次，在关键时候老板就点了几句话，我觉得就很对。在中东北非这种地方，作为一个主管，明白公司对自己的期望很重要，我觉得我在中东北非得到的最大锻炼，首先还是在战略上。就像我当年在河北，回忆起来在河北时签了多少单不重要，真正有一点成就感的，就是围绕着河北华为这条线，这是大家没想到的或是大家没有注意到的，是我驱动的战略举措。我觉得这点收获比较大。而在中东北非，当时小徐总（徐直军）给我分析了一下，我后来也跟老板核对了一下，在那里确实是开阔了视野，我觉得比起在国内来眼界开阔了很多，想想当时公司让全球化绝对也是正确的，如果不做，那公司可能就没有发展前景了。首先你要明白，公司把你放出去，期待你做什么。不能走偏，如果走偏了会把整个组织拉偏的。

当时期待着几件事情，第一件事情，我跟老板分析核对，第一，要成为规模市场。因为当时的情况是公司的发展，欧洲是属于拓展，它属于高位市场，中东北非这一片是居于东方和西方之间，在文化认同和国家认同上，是与我们最匹配的，所以我们绝对有条件大规模发展，这是第一个背景。第二个背景是，由于石油经济的拉动，这个区域是有钱的，出去狂买牌照，所以我们一定要赶上这一波石油经济的红利。第二，要优化格局，有几个人口大国，埃及、土耳其等，我们的移动都没有进入，这是价值市场，一定要进入才有地位。第三，要多出干部，这相对是全球最艰苦的区域之一。所以我的情况是，既有打仗的机会，跟全球高手过招，同时在艰苦地区还可以培养干部。所以我在打仗的时候既练本事又练心态，还要培养干部。我当时跟老板核对过，我说就这几件事情，老板认可。

这几件事情还有一个配合，就是将来销售很多会产于区域外，就属于干活产粮在别人那，你要给我解决销售的问题。老板回来还是很强力地帮我推了跨区域销售的问题，就是利益均分机制。我的工作主线就这几条，后来给公司交答卷觉得还可以，尤其是在土耳其很有成就感。土耳其这个地方以前叫“代表杀手”，因为土耳其太特殊了，它是一个东西方结合点，土耳其人定位挺高的，它自己认为是西方，它是向欧洲看齐的，所以一直是爱立信盘踞的老市场，我们是没有机会的。当时我们觉得时机到了，为了打土耳其市场，集结了全部片区的力量，过年之前我们在土耳其只有17个人，过完年，我们的片区去土耳其办公，一下子就差不多200人，我们的资源全调到土耳其，因为机会一旦产生，就要倾全部的力量上去。

田 涛：这是你自己决定的吗？不需要向上报吗？

田 峰：这些都是片区可以决定的，然后调人，各地区部无条件输人过来，主管都是代表和助理级的。

田 涛：你说的各地区部输人是指你所管的？

田 峰：对，我管的地方，抽调，在这给我打集结战。一旦产生机会点，我就要重兵给它投上去。第二个事情是，老板有一次去土耳其，我跟老板汇报说别看它的经营报表，我先给老板打预防针，说现在土耳其的情况就像是当年林彪四野出关，没编制，没队形，有的只有战略任务。所以土耳其也是属于你自己招兵也行，收编也行，啥都行，你就给我干活，所以这时候没有追求经营指标，就是打下城堡。而且调的这些干部，都是其他代表处的助理和副代表这一层，集结的。老板听了后笑了，说不要给他们吹集结号。意思是这些人就留这了，我们就有压强优势，把土耳其打下来。

田 涛：也就是说他肯定你这个做法?

田 峰：对。这是一个肯定。第二个肯定是，大部队来了，对原有干部的安排。当时亓震在土耳其守了几年了，小代表处没有产粮，老被人家说来说去。后来大部队来了，我就给老板介绍亓震，说亓震在这坚守的几年，他们就是江南游击队，虽然是小股力量，但是如果没有他们坚守，连给大军带路的人都没有。我觉得老板特别厉害，他马上就记住了亓震的名字，说“亓震，你就是江南游击队，过去大军渡江后，都用工农干部，都不用江南游击队。其实江南游击队熟悉当地的情况，但你们要加强学习”，就把他们鼓励了一番。所以我觉得这种力量的平衡和评价都得到了解决。我就跟老板汇报，土耳其一旦爆发会是上亿的，它没有千万级这种，所以不要听它的财务指标汇报，要听经营战略，老板当时是认可这个观点的，也给了宽容度，有两年土耳其经营报表数据不好，但一旦突破，一下子就上亿了，因为这个市场到了爆发点。先从沃达丰开始，紧接着是 AVER，突破后我们就成了主流供应商，但主流运营商当时说选择华为是很难的，因为它们跟爱立信已经合作几十年了，土耳其也是我们典型的战略意图实现的例子。

田 涛：现在在土耳其，公司的市场占有率多少？

田 峰：现在土耳其的量还是比较大的，土耳其稳定下来每年也有四五个亿美元，所以我就觉得这个没耽误公司的事。另外，从销售规模上，我去的那一年我们是准备冲10亿的，9亿多，到2008年，我们片区内加片区外规模上也跟上来了，干部上也还行。我当时还做了个试点，领导力的试点是在中东北非试的。我们提拔干部、选择干部找到了一套方法，老板要求从艰苦地区提干部，所以我们出来一批人。再有，我们能力得到了发育。当时也是说未来的粮食在哪，除了产品格局，我们要把新发育点弄起来，我们就看清楚了，未来的发展就是管理服务。在欧洲，爱立信已经做得很成熟了，中东北非是个机会。为什么？那些新牌照，能买得起牌照，但维护人员力量不好培养呀。不像中国的运营商已经有几十年培养完整的维护、运维力量。其实这给我们留下了巨大的机会——管理服务。当时李杰总管GTS（全球技术服务），我就向他申请把精英力量调到中东来，有机会还能练兵。所以，我们用了几年力量把管理服务砸开口子。最多的时候，中东北非的管理服务占华为公司全球管理服务的40%。这个业务算是在中东北非落地了，是新的机会点。

田 涛：这个服务当时在公司的份额是？

田 峰：份额具体的要问梁博（梁华）那边，一年几十亿应该是有的，关键它是一种新的服务形式，因为这个行业会向服务转型。

田 涛：爱立信占比很高了？

田 峰：对，爱立信至少2003年还是2004年分析它的占比已经超过全球的三分之一了。所以我认为推战略还是蛮重要的，意外的收获就是，加上全球最大的几个交付项目都在我们那儿，我们搞得焦头烂额的，有一段时间把我累得都痛风了。当时的经历最大的好处是，现在让我管交付管理我也讲得头头是道，你看现在全球交付总裁很多都是从中东北非出来的。

田涛：这些跟你做干部部的经历是有关系的?

田峰：有关系，包括艰苦地区的员工安排什么的，我觉得还挺有意思，许多事情都要做一做，包括后勤。我当时抓交付，为什么强烈说管理要向一线倾斜?交付项目都不懂，公司机关一直以为是这样那样，但一线要解决的问题是什么?大家想都想不到——吃饭。那些员工很艰苦，每天早上拿一瓶矿泉水，拿个面包走几十公里，到晚上又是矿泉水、面包，天天这样谁受得了呀?中国人这胃先不国际化，喜欢吃中餐，结果老外受得了，中国人受不了，反倒是吃饭成了问题了。后来找到国内资源，发来一批速食食品，里面还有五香牛肉、萝卜牛肉，有速热食品，用个袋子把水往里一灌，五分钟就能热，我就亲自给大家送，大家吃着很好吃，都很高兴。

田涛：在你的地盘上?

田峰：对，给交付的兄弟们，我说能力咱要慢慢学，但是要关心大家。太累的，就轮流，把你们送到红海，让你们休息；第二，把野战食品送到前线；第三，为什么我重视生协呀?老板当年说，中东北非条件不好，但是要让大家改善伙食、改善生活，吃饱了饭不想家。我就是在中东北非时理解老板这个想法的，我说成立生活委员会吧，然后把野战食品弄过来，一线一吃，爱立信的人很羡慕我们，还过来要吃一吃。第四，我们中餐厅元宵节包的汤圆，那天辛辛苦苦包了 700 个汤圆，我说你们不用卖了，我全买过来，全送到上面去给兄弟们。所以在那里一人吃几个汤圆不重要，但吃到了汤圆很重要，有人说几年后回味起来还想着那个汤圆的味道。

所以我觉得这些事情、这些亮点反而是很重要的。后来我在国庆阅兵时，看见集成炊事车呀什么的，我就理解了，这也是战斗力的一种。

田 涛：你想邓小平 1975 年复职以后就说给科学家做后勤部长，那是有道理的。

田 峰：所以我现在才理解老板有时候会深入下去管一个别人都不理解的事，比如食堂，甚至去一线还要检查食堂。其实一把手一定管的是例外事件，大家都明白这事情有人管，你恰恰要管的是没人管的事，我就体会到那就是直接的战斗力。我们的兄弟们原来在那什么都不懂，开始交付的时候一穷二白，但最后为什么还能超越友商？不是我们能力强，华为就是敢学、虚心、勤奋。我们的人真是勤快，人拉肩扛。后来埃及当时要成立一个小组，我说成立一个 crash team（突击小组），当时这个小组做得非常艰难，有很多人婚假什么都不休了，最后我说片区掏钱，给这些人一人发一个金牌。那个金牌的嘉奖令第一句话是：飞夺泸定桥，日夜兼行两百里，一战成名！凭的这就是种毅力。在亲自抓完那个项目后，获得金牌的员工再到其他项目去，只要参加过这个项目的我都放心，我说他绝对偏不了。所以你发现，打一次歼灭战，除了给这些荣誉，给这些人的机会比人家多多了。

田 涛：这个小组当时多少人？

田 峰：当时有几十个人。

田 涛：这里面你说的这个小组相当于突击队吧？本地人多不多？他们接不接受你？

田 峰：多，也接受，但有些文化差异要改变。其实跨文化的管理对我后面是有影响的，那时候我们也请了爱立信的老专家，他在爱立信干了很多年，发现我们这些人不上道，很郁闷。他挑别人刺，别人不喜欢他。我说这不对，我们没把人用对地方。你让他干活，他的团队匹配不了。让他去干什么？验收和稽核。他按爱立信的标准来验收，我们的人不干不行呀，你可以不听他的，但你得干呀，因为这是标准。所以慢慢地反向给了他一个说话的权利。所以后来我回公司，有了管理外籍员工的启发——不是管他，而是用他的价值，而且把他的价值用在对的地方上。你把他用在弱项上，谁都不配合他，他孤掌难鸣，你要给他一个地方让他能说话。

田 涛：你有很多的思维方式，包括语言、领导风格都有一点军事化。这是怎么形成的？

田 峰：这个是瞎琢磨的。但我觉得还挺有用，我容易说服别人。

田 涛：你经常阅读吗？

田 峰：是的。

田 涛：我就说有很多军事化的东西，战略、战术、战役，包括这些军事的术语……

田 峰：我读得比较杂，比较喜欢看的包括历史、军事，包括很多杂书我都会看，我觉得琢磨一下挺有意思的，我自己喜欢瞎琢磨。我喜欢看书，从小手上就拿着书，走到哪都喜欢看书。

田 涛：任总其实是给前方的指挥官很放权。

田 峰：任总是比较放权的。有时候给任总汇报就几句话，他就了解得清清楚楚，但向任总汇报前你要想清楚，不像向其他人汇报你得准备胶片。我觉得跟老板汇报是非常清晰的，就是战略层面的汇报，但是你绝对要想清楚，他不会关心你的细节，反倒在细节上是很宽容的。

田 涛：这么多年来，老板他对你骂得最严厉的一次？有没有让你印象很深刻的？

田 峰：老板骂我也多了……

田 涛：有没有让你印象很深刻的？觉得他骂错了，委屈的？

田 峰：那倒没有，也许当时觉得不对，但事后想想绝对是对的。包括我开始去中东北非片区的事情，老板骂得很严厉。但是你想想在那个角度，如果你不解释清楚，公司的大导向一定是对的，当个人跟公司发生冲突时，应该说明白，憋着不是好事情，那是我们自己的个性使然，那挨骂也是应该的。

田 涛：骂得最难听的话是什么？

田 峰：那骂得很难听，你不愿意出去，什么东西。第一个是我觉得老板人有胸怀，而且有远见。他从本质上还是爱护你，骂完了还给你讲一下，而且用一种其他的方式，每个人都有自己的领导风格。领导风格里，林彪运筹帷幄、决胜千里是一种方式，许世友提着大刀把人骂一顿也是一种方式，这不重要，这都是术的层面，重要的是看他背后显示的胸怀、信任，尤其建立信任感是很重要的。有些虽然不骂你的，但是背后使点小伎俩的，别人也能看出来，所以重要的是建立信任感。第二个是要让人服气。老板是一个很有领袖魅力的人，我们下面的人要学习他做人的原则，我们经常重视了学习术的东西，没有学习道的东西，脾气学会了，本事没有学会，那骂人你有啥资本？我是觉得老板他对人还是很爱护的，拍着桌子骂，高高举起，但真到处理的时候，看着跟自己小孩一样，愿意给大家机会。

田 涛：有个说法是，高高举起，轻轻打下。是这样吗？

田 峰：是的，所以我觉得老板永远都是给人机会的。

田 涛：但他动不动就骂人，让人去写检讨，甚至把人的位置突然之间变了，这种情况很多，为什么你们都能接受呢？

田 峰：这个话说回来，我觉得还是信任，你服气吧？我也被贬了很多次。现在想想，站在他的角度上，面对的是个公司，不允许过多地把个人情绪放进去。

田 涛：我看很多高层都有过被贬的经历。有些人贬了就彻底没有升上来，有些人贬了后来又升上来了，为什么这种情况在公司大家就能接受呢？

田 峰：我觉得这背后还是大家的一种认同吧，对老板的认同，对公司文化的一种信任，有的人想不通也是自己的事情。

田 涛：但在国有企业就肯定做不到，国内绝大多数民营企业也做不到，外国公司也做不到。

田 峰：这个问题在哪呢？第一，老板是公正的；第二，国企的问题在于，贬与升被赋予了太多的东西，降下去可能身价就跟着下去了，它是一种权力。老板第一是公正，他让你下去了，你也可以上来呀；第二，他也不一棍子打死；第三，你下去了，也未必让你拿不到钱，你要么承担责任，要么你拿着猎枪打鸟去。他就给我讲过泸定桥的故事，就是 18 勇士是有免死金牌的，不见得都能当将军，但都是英雄。你拿着鸟枪打鸟也可以，但愿意进步的，我给你更高的要求。其实是有退出机制的，每个人都有选择。

田 涛：外企的内斗也很严重，而且外企似乎根本不能贬，一贬人就走了。

田 峰：它没有凝聚力，没有归属感。就是一职业经理人，此处不留爷，自有留爷处。

田 涛：所以华为这种强大的职业归属感，到底是怎样产生的？

田 峰：可能还是机会吧，我在思考，像我们这种小角色，如果没有这个平台，到哪儿去管一个企业？你有这些的想法，但不会有这种机会。但华为就给你机会，你干得好，它就可以让你干得很舒心。

田 涛：你做干部部部长，怎么评价任总用人？他的用人风格是什么？

田 峰：我们可能看不到老板用人的精妙，但老板用人，第一很大气，不拘一格，而且真的是用了给你信任，你不行了再让你下来，这个感觉和一些按部就班完全不一样。再一个就是老板对人的评价，看主流，不拘细节，所以在用人上，我有两件事情受任总的影响。任总讲过两句话我印象很深，第一对自己，第二对别人。任总曾经讲过一段话，我觉得它对我的影响蛮大的，我也这样去看。第一个是，老板说一个人来到这世界上，是为了发挥你的强项，不是为了克服自己的缺点。这句话我印象很深，给了我很多的启发。因为我从小成长的环境，或者我在学校过去就是好孩子，我的性格是比较中庸的，或说是求完美的。有时候太追求完美就带来一个问题——不自信，老去关注别人怎么想。想把这事情处理得很好，其实最后的结果，你要明白，一个人不可能做得面面俱到，而且不可能做成一个完人。所以到这世界上，你是为了发挥自己的强项，把自己的强项发挥到极致，就能成功。你想在各方面都发挥到强项，是不可能的，除非你是理想中的圣人，而这个圣人是不存在的。所以对自己要好一点，不要求全责备。有的领导喜欢看缺点，说那不行这不行。对不起，我也承认，我这不行，但我也有行的地方。我也有我的强项，自己得有自信，或者自己得有原则有自信，相信我一定有可以施展才能的地方。这是老板给我的一个很大的启发。

第二个启发，由此推人。你对下属怎么看？所以对下属的看法也很重要，看人从本质上像看孩子一样，特别容易看到别人的缺点。尤其是别人和你的性格不一样的时候，别人的缺点是更突出的，你会很看重他的缺点。这时候你一定要克服自己心里的自然性，人群居时都喜欢找跟自己性格相似的，你要明白你领导的是一个组织，不是成立一个俱乐部，甚至不是哥几个。哥几个你找性格相投的行，但你是一个组织，一个组织就一定要有性格互补的，尤其你要看下属，要欣赏下属，要学会看人的强项，不要看短处，只要短处不是致命的，比如说品德有问题是会出事的。但只要不是绝对的短处，重要的是看别人的强项。所以这个对我来说是有影响的，我就克服自己的完美主义，不去要求别人，所以你要学会看，哪些人你能把他用在什么地方，要把他用好，这一点是非常重要的，宽以待人，要欣赏别人的优点，不要求全责备。所以后来老板反复地批评说 360 度调查太偏。我是能理解，企业不是找完人，尤其是员工。第一，你挑不到人；第二，没必要。员工有缺点，不要让他的缺点成为他致命的东西，你要控制风险，他能干活就行了，这时候你要鼓励他。这件事情很重要。我觉得我现在就好点，我就琢磨，我们傻，傻的好处是我眼里谁都可以用，我觉得有谁不能用呀？关键看你怎么用他，你只要激励别人，别人通常都会干得不错。为什么不能听一下别人的声音？这一点我觉得老板对我的影响很大。有一次我从中东回来的时候，当时销服（销售与服务）领导说："这么多区域，其他的区域主管都是找我要人，这没干部，那没干部，你那中东北非不吵着要人，还不断地输出干部，用人方面你自己总结过原因是什么吗？"我说真话就是我敢用人。你看年轻的人，他没有经验但他有激情，所以你就用他，人家未必做得不好。我们原来去做代表时不也什么都不懂，只要你愿意去做，给人机会，他们都能独当一面，用着不行，你再把他换下去。这就是老板用人上非常宝贵的一点。

这两点让我印象很深，尤其是他说的第一句话，只不过我把它用在自己对自己要宽容，要学会欣赏自己的强项，要欣赏自己，而不是克服自己的缺点；第二，一定要用在别人身上。你要让你的团队五彩斑斓，百花齐放，学不会容忍的人将来是成不了事情的。有的人抱持负向思维，眼里没有好人。这是他的思考方式有问题了。眼里没好人的时候，这事总不能全让自己干吧？我们就要思考，我们是不是没有把人用对，这一点，我觉得对主管来说，或者对我来说是宝贵的。相反，这几年，中东或者在哪里，确实我们没有跟公司要多少人，但我们的人成长得还真不少。我这人还是比较乐意授权的，不愿意管得面面俱到，我只管好你，你放手去干，我帮助你，给你创造条件，建立信任感，所以这事我是敢干的。包括在中东，你怎么对干部好？你信任他，他出了问题你替他挡一挡。像当年有一个国家的市场，我们在首都的网络让友商搬了。公司有多少人说要撤换干部呀，项目组什么的，我顶住，不撤，有人就说我用干部有问题。我心里想，我不认同你这观念，什么叫软？什么叫硬？我敢挡子弹，你说我软吗？

田涛：×××当时在你任上?

田峰：是的，首都让人搬了，那是很严重的，但我当时认为确实有客观原因，而且后面肯定会有机会，但是你把人撤了哪有翻身的那一天？后来我们就打了一个漂亮的翻身仗。所以我说强硬和软不是表现在一定要斗争，而是表现在关键时刻你敢不敢担责任，肩膀上敢不敢担事。当然大家爱怎么说就怎么说嘛。我说那是你的看法，我也有我的原则底线。

田 涛： 这么多年下来，现在你 40 出头了，觉得这一生对你影响最大的人是谁呢?

田 峰： 坦率来讲，还真是任老板。

田 涛： 用三句话总结影响最大的是什么? 哪几个方面?

田 峰： 第一个，因为我从西安出来时，真的是一介书生。我从西安出来搞科研，还想着我一定发明个什么靠专利挣钱，我以前是技术痴迷，到华为才认识到，原来营销也是生产力，管理也是生产力，已经从一个技术情结的人转换成一个视野更宽的人。第二个，我原来小时候的梦想。我爷爷过去常讲闯江湖的经历，我的梦想就是走四方，到处去看，到了华为我想这梦想算是实现了，全世界都跑了，人也长见识了，尤其是阿富汗、伊拉克，咱都跑了，人生有这种经历是很好的。且不说咱们有物质收获，最重要的是老板的很多管理理念，非常宝贵……你一辈子能遇到这样一个人，老板天生具有领袖魅力的，你能近距离地跟这么伟大的一个人学习。我喜欢历史上的几个状态，第一个状态，是汉唐雄风，唐朝，气象文化里的就是胸怀和自信，就是海纳百川，有自信，海纳百川的人一定是有自信的，没有自信的人是接受不了这个的；第二个，我觉得邓小平很伟大，推动了中国改革开放，邓小平是伟人，跟我们比较遥远，但我们享受了改革红利，改变了我们这一代人。近距离的，从一个伟大的人身上吸取东西的，就是老板，这才体现了读万卷书不如行万里路，行万里路不如高人指路、引路。高人指路还不如高人指点，所以老板近距离地指点你，可能你现在还不理解，那是他跟我们的距离太远了，当我们都理解了，我们就是进步了，所以我就还是很崇拜他的。我觉得这挺幸运的。

田 涛： 你有没有看到过他最软弱的时候?

田 峰：我看到过。

田 涛：举一个例子，我是看到了一些。

田 峰：我是看到过，我觉得老板的性格，其实他已经到了领袖的地步，他不用遮掩什么，他的情发乎自然，反而觉得很亲切。有一次他和家人去埃及，我见到他和小女儿的沟通，人性化的一面体现得非常好，他很欣赏小女儿。还有，有一次在土耳其见客户，说起来艰苦时期，当时我们在一家酒店，那是个旧皇宫，旁边就是博斯普鲁斯海峡，正说着，老板就说到父辈多艰苦，我们父母一辈子都想不到我们会坐在这么好的酒店喝咖啡，那是贫困时期想不到的呀。当时说着老板的眼圈都红了，几个客户面面相觑，但是最后他的真性情反倒打动了客户，老板有时候就是不拘细节。

田 涛：有没有在你们面前流露扛不下去过？

田 峰：有时候他会说，老想着失败的故事，危机感比较重。

田 涛：你的病，身体不好，你觉得跟工作压力有关系吗？

田 峰：有关系，这跟性格也有关系。我觉得其实有时候有些事也不全是坏事情。这次真的感悟挺多的。

田 涛：也许你适合做将军？

田 峰：有可能，你让我去一线能做决策，接地气，我马上就干了。但对着茫然的东西，我是有点不确定的。

田 涛：但越居高层，职务越虚，可能越不需要这个。

田 峰：所以你不需要一个结果，这时候你会很茫然。第一，长期在一线，习惯对结果负责；第二，自己还愿意做些主；第三是个致命的缺点，我有完美主义倾向，特别不适合做一些没有结果的事情。因为有一些事情，就像你说的，它必须要进行取舍，或这时候应该讲不是我性格的强项，再一个我性格上还有点西北人的特点。

在历史上，陕西人性格的弱点是不善权变。就说历史上的司马迁，皇帝让改一下史书，但司马迁就要自己对历史负责，他就是不改；李陵犯了上怒他还要坚持为其辩护，坚持的结果就是自己付出了巨大的代价。从司马迁往后，受这种文化影响挺大的。清朝的王鼎，蒲城人，王鼎是林则徐的老师，他坚持主战，不能投降，主和派说要投降，王鼎就坚持，大骂穆彰阿，最后王鼎尸谏明志。再到后面的杨虎城。历史上有无数这样的事例，但这就是陕西人典型的执拗的性格，人称"陕西楞娃"，这也是一种文化。你再想想秋菊打官司，就是要个说法，就是不低头。这个现实中都发生过，就是你的文化基因，改不了。

田涛：就是性格决定命运。

田峰：你得知道自己，知道后就知道你不能做什么，所以世界上的好事你不能都贪完，你做不了的就别做了。

田涛：对，机关很难量化，不是结果导向。下次再找时间和你聊两个问题，一个是中国区这一块……

田峰：不过今天高兴跟你聊多了，"反动"的东西都说出来了，但这对我自己是一个安慰。

田涛：你已经做得非常好了。我想找时间，再跟你聊一下华为的干部政策、干部制度，或者整个干部文化。

田峰：我觉得是，我们现在干部的现实还是有些问题的，我们在道的层面，老板指了个非常好的方向，但有时我们实践的层面有偏差。

田涛：是，从理念层面、从制度层面、从实践层面，华为的干部文化，咱再交流一下。

田峰：我这你就听一热闹，我这野路子讲得不对的，口无遮拦。

田涛：你问他们，都是放得很开。

田峰：所以我跟你这聊得很嗨嘛，跟你有几年没见了，说开心了就好。你看那越剧都是花前月下，才子佳人，但秦腔里都是有悲壮的背景，这就是注定了陕西人心中都有一种豪气和悲壮，我现在还挺喜欢听的，所有的秦腔里，像《赵氏孤儿》《周仁回府》《斩单雄信》都有强大的历史背景，而且在历史背景上都舍生取义做出了巨大的牺牲。所以陕西人性格中也有牺牲与担当，历史背景很宏大，老觉得自己干了个很伟大的事情。

田涛：这个很有意思。

田峰：尊重规则方面，这跟商鞅变法有关系。我还有些感悟，但感悟完了你会发现文化的根在这，注定了你说话的方式不一样。

田涛：它慢慢内化为你的生理心理的一部分。

田峰：抗日英雄孙蔚如将军在秦岭的山岩上镌刻了“大勇若怯”四个字，就典型地反映了陕西人的文化性格。我老家有位老人，原来就是跟孙蔚如将军在中条山抗战的。“文革”的时候，红卫兵要把他捆了送到县上去批斗。送的路上，碰到了一个熟人，说这老头是抗日英雄呀，赶紧把人放了。红卫兵马上就要把绳解了，他说不行，这是法绳，绑好绑，不能随便解。

搞得红卫兵很尴尬，说，老人家，给你解了，你赶紧回去吧。他说不能，他就尊重规则，尊重法制，而且一定要按规则去做。这就是商鞅变法留下的，千金买一诺，就一定要重信用。这就是文化理念。

田 涛： 文化是制度之母。改天再约个时间再聊一次。

田 峰： 跟你聊得开心，感觉很长时间没聊过了。

（结束）

访谈 *6*

陈珠芳[①]

访谈时间 2013年8月16日

访谈地点 深圳

被访谈人 陈珠芳

访 谈 人 田 涛

田 涛： 陈老师，你是公司的活字典，就是请你来讲故事的。你说当年是阿宝（郑宝用）把你请过来的？

陈珠芳： 怎么说呢，1983 年至 1984 年，华中[②]朱九思校长带了 10 个系的管科研的副系主任，到深圳寻找合作伙伴，我当时是自控计算机系管科研的副系主任。当时主要是与南油集团谈合作问题。老板代表南油跟我们具体接触，我代表华中，研究共同成立一家软件公司。后来由于各种原因，合作项目没有做成。

田 涛： 1983 年，公司所有来自华中的员工中，你认识老板是最早的吧？

陈珠芳： 可能是吧。

---

① 陈珠芳，1995—2010 年在华为工作，曾任人力资源部总监、党委书记。

② 当时称为华中工学院，1988 年更名为华中理工大学。2000 年，原同济医科大学、武汉城市建设学院与华中理工大学合并，组建华中科技大学。

田 涛：那为什么找南油呢?

陈珠芳：南油是当时深圳最有实力的企业。他们想找高校合作，学校想找企业合作成立公司，更好地把创新思想转化为产品。任总当时代表南油，我代表华中。后来，软件公司未搞成。我曾建议搞激光方面的产品，为此，任总找华中激光研究所丘军林教授咨询关于做激光产业的问题。丘军林教授根据国内情况，认为激光产业技术含量高，投资大，市场拓展慢，暂时不宜进入，因此激光公司也没搞成。

田 涛：我还没弄明白，后来有段时间，任总和你就断了联系，那他怎么和华中有那么密切的联系呢?

陈珠芳：南油与华中共建软件公司的事没有谈成，但任总认识了华中，重要的是还认识了华中当时的科研处处长杨作仪。

据我所知，1988 年春天，任总扛着一台 40 门的模拟交换机到华中计算机系找周细教授是通过杨作仪处长牵的线。1984 年，周细教授有一个叫作“电话自动计费系统”的软件项目成功在武汉邮电局通过测试，我也到了测试现场。周细教授既做软件，也懂硬件。

1988 年秋天，周细教授带着他的研究生郭平到华为做研究工作。后来郭平要回校做研究生论文答辩，就向华为介绍了郑宝用。回到华为后，郭平发现郑宝用在周细教授的实验室，就向郑宝用介绍华为的情况，后来，周细教授派郑宝用到华为参加研发工作（当时郑宝用已是华中的教师）。郑宝用介绍李一男到华为做研究生毕业论文，毕业后，李一男成为华为的一名正式员工。1989 年郭平研究生毕业后，自己直接到了华为。

1985 年，我从自控计算机系调到管理学院担任党总支部书记，并于 1986 年开始兼任华中在广东省招生组的负责人。到深圳市招生时，我特地去看望任总，交谈中，他希望我与他一起创业，我犹豫不定，他就对我说:“陈珠芳，现在是中国经济万里长征时代，这个时代从深圳开始，不来你会后悔的。”这句话让我认识了深层次的任正非。我的家庭观念很重，也没有冒险的胆儿，我不可能离家独身到深圳“闯业”，亦因此我失去了成为华为创业团队成员的机会。

田 涛：这个以前没人讲过，就是跟华中的连接是从那个时候开始的，这是很重要的一点。你第一次见他的时候对他是个什么印象?

陈珠芳：一个很帅的帅哥，军人风度很明显，有亲和力，精神面貌非常积极，事业心强，好学，还体贴人，我很喜欢与他合作共事。当时他也谈到了在部队里转业本来想到风洞那边去，但是后来考虑到家庭等问题，也没去成，最后选择了深圳。选择深圳，他是有抱负的（这里讲的抱负不是政治上的），他成立华为也是有抱负的。后来我与一些企业家交流时说，一个有抱负的人和一个没有抱负的人，他们经营企业绝对是两码事。虽然最终目的都免不了要赚钱，但没有抱负的是赚快钱。在中国赚快钱的风很盛的时候，任正非就是稳得住，赚钱是为了事业可以持续发展，赚快钱可能会迷失事业方向。他不赚快钱。他确实是有抱负的，他有民族的抱负、国家的抱负、全人类的抱负。我比不上他，我最大的梦想就是成为一名科学家。

田 涛：你学什么专业的?

陈珠芳：1955 年我考入华中电力系电机电器专业。1958 年转学核物理专业。1962 年因工程物理系整体撤销，我被转回电力系做行政干部，到电工基础教研处做些助教的工作，直到“文化大革命”开始。

我 1975 年转到激光科研组担任一把手，主要推动科研工作。1983 年到自控计算机系任副系主任，主管科研工作。1985 年到经济管理学院，曾任总支书记、常务副院长职务。1995 年从经济管理学院退休后到华为。

其实，从 1963 年开始，我已经不是一个专业教师，而是一个干部，虽然我人生最大的梦想是要当一名有成就的科学家。但是，我想成为什么样的人和组织上安排我做什么事并不一致，对组织的安排，我一向抱着“组织叫干啥，我就干好啥”“接纳，尽力而为做到最好”的信条，踏上新的征程。没有选择做什么的自由，只有没有选择的选择自由，“做好必须做的事”。

严格地讲，我没有特长的专业，我最喜欢和读得时间最长的是有关核物理专业的基础课（量子力学、电动力学、理论力学、数理方程）以及人力资源管理方面的基础课（心理学、组织行为学、社会心理学、企业文化和领导力）。

田 涛：那你到了经济管理学院，不是离科学家的梦就远了吗？

陈珠芳：管理科学家。到经济管理学院后，我说我要开一门课，我把经济管理学院各专业已经开讲的课程，以及必须开但未开讲的课程查看一遍后，发现有一门重要的课程还没有开讲：人力资源和领导艺术。当时我想，虽然我尚未知道课程的具体内容，但是，从大学生时期就当政治辅导员，“小官”也一直在当着，至少我有点体会，所以我就选了这个专业。但是，1985 年进了这个专业以后，我到各图书店、图书馆找有关人力资源和领导艺术的书，几乎找不着。我是买到一本就通读，反复读。

田 涛：那时基本上是翻译的书。

陈珠芳：基本上是，而且很少能找到。1989 年的时候，我被派到多伦多大学访问，学习有关人力资源管理方面的内容。很短的时间内，我在多伦多大学的图书馆看到很多这方面的书，就精选了一些复印，把复印件全背回了国，因为书太贵，买不起，只能复印。1989 年，我听说中国人民大学已经有人力资源这个专业，我去找他们要讲义，他们说还没有成熟的讲义。

1994 年 12 月，我正在给海南干部班讲课，估计是任总授意郑宝用给我打电话，他说："陈老师，老板希望你来华为。" 我当时还舍不得。为什么？当时我们经济管理学院到处办干部管理学习班，还是很有钱的。每位老师去外地给干部班讲课，差旅费和住勤费打包给，比如我到深圳讲课，就住在同学家里，差旅费就节约了，每次讲完一门课至少能赚 2000 元，所以就有点舍不得。按照学校的干部政策，凡到 58 岁，一律从领导岗位下岗。1994 年我已从经济管理学院常务副院长的岗位下来了。学校下岗的领导干部有的待在家里开始过"养老"生活，或者回乡下住了，因为我一直在为干部班上课，我可以做老师。我的接班人对别人说，陈院长精力旺盛得很，要她退休干什么？不能一刀切。

后来到了 1995 年的 5 月，任总直接给我打电话，说："陈珠芳，你到底来不来？你不来我就请别人了。" 我想这机会很难得啊！机不可失，时不再来，我说我马上就来。5 月 19 日我把改好的研究生试卷交给教务科，20 日就到了华为。当时我还问了任总，说："老任，我还要带什么东西，要不要带铺盖行李呀？" 他说："你什么都不要带，你就带你的洗脚布就行了。" 我说："我礼拜天到深圳，你有没有人接待我？" 他说："你放心，我们 24 小时都有人接待你。" 牛得很！（笑）就这么我到了华为，走上了新的职业生涯。决定到华为之后，我内心开始告诫自己，这回是去打工的，要明白自己的角色，做好本职工作，不能对不起任正非，不能给他丢脸，千万不能以任正非老朋友自居，与老板要保持一定的距离，不能像当年那样与任总无话不谈了。我这样告诫自己，可能也有很多不足之处，妨碍了与任总的沟通。工作中他主动找我多一些。到深圳的第一站是去郑宝用和郭平的家。不敢打扰任总，怕影响他的工作，他担子太重了。

田 涛：那他为什么不把李一男的导师、郑宝用的导师挖过来，为什么要挖你呢？你已经去做管理了。

陈珠芳：那我就不知道了，可能是他当时需要什么人。好，那我就来了。来了以后，本来我以为是管科研的，我这辈子不是都在管科研嘛。他说科研我们有人管，不要你管，你要管人事方面的，管人力资源。那是我第一次听到中国企业里面提到人力资源，用人力资源部来代替人事部。结果来了以后，还正儿八经的，过了三个月的实习期，一点也不含糊。（笑）实习期只给我 3700 块钱的工资。

田 涛：那比他们都低呀？

陈珠芳：低多了，那不是一般的低。过渡期完了给 6000 元，就正式任命我当人力资源部部长。当时的人事部部长叫曾信富，他为华为员工取得户口和其他各式各样的资格，讲个老实话，立了汗马功劳！当时从南山到市政府，需要坐中巴车，车上没有空调，一个多小时才能到。人家吃了多少苦，你华为算算嘛，当时他还为华为员工取得进户口的资格。所以老板说让我来当这个头儿的时候，我于心不忍。人家正值壮年，我已经是退休的人了，来这里挤别人，去抢人家的位置，我不愿意。所以老板跟我谈的时候我就说，你不应该让我当正的，应该让曾信富当正的人力资源部部长，我起辅助作用，我保证帮好他。老板说不是这样的，他需要的是一个能够跟高校领导讲得上话的人，所谓的教授的头衔，去做人力资源工作，将来他要让高校成为华为人力资源池。池子噢，可不是一般的，人家的梦想可比我们大多了！他就说要建立人力资源池，要我这样的角色。那我就没话说了。

我当时就想如何去安慰曾信富，因为在我的人生经历里面，有许多这样的故事，我去挤人家的位置，人家不高兴，但我还是有勇气去化解矛盾的。在我人生里面有一个很重要的信念，就是我能够化敌为友，因为我有太多故事了。所以我就找曾信富谈，我说："曾老师，今天老板这样安排，不是对你过去的贡献不认同，不是的，你一定要相信，老板非常认同你在公司做的贡献，他是这样一种思路，我想我们两个人肯定能合作得好。"但是老板心里面还是有点不放心，让他去抓公司的安全保卫工作。曾信富是个责任心非常强的人，自从当了安全保卫部部长后，公司又连年出了事儿。第一单事儿是，有一个工人，晚上开了一部卡车，把华为西乡工厂的价值 40 万元的器件偷走了。哇，这是他上来以后出的第一单事儿。我记得，当时我和老板为了这个事儿就到西乡去。两个人坐在车上，他不说话我就不说话，两个人闷着。后来他就说要报警，让警察来破案。后来这个工人还是被抓出来了。这是一单。从此以后，曾信富晚上都睡不好觉了。还有一单，有一天晚上，西乡生产一个办公楼因为烟头起火，差点出了大事。华为财产哪儿来？财产都在西乡啊！其他不就是几个办公计算机嘛！曾信富崩溃了。面对这么一个状态，我就跟老板讲，我说曾信富这个人不能当安全保卫部部长，他太揪心了，他会崩溃的。老板就说那他能干什么，我说回人力资源部门啊，他听我这么一讲，就说好。最后曾信富就回来搞人事那摊，他当头儿。

结果在这么一个过程里面，人力资源就开始做事了。其实当时主要是招揽人才，然后就想办法设计好新员工培训的课程。这大概是从我开始吧，应该是这样。

田　涛：你招过的那些人里面，现在处在公司高层的都有哪些？

陈珠芳：我想想啊，比较高层的，有一个叫彭志军的，有一个最有代表性的人物，叫梁华，还有田峰，还有方惟一。方惟一他们那拨本来有好几个人的，最后就留下了他。还有离开的王玲，是我亲自面试的。

首先讲梁华，梁华当时是武汉工业大学学机械设计的博士。面试的时候，底层有个直接面试的人让他通过了，但部门的头儿没有通过，我就不明白为什么这么能干的一个人他不录取，最后我亲自录取了他。本来被拒绝的一个人，被我录取了，我也不避嫌。最后证明他是个人才。其实这些人工作过程中的沟沟坎坎，跟我谈得很多。

田峰总是讲他的故事给我听。田峰是怎么录进来的呢？他原来在电信行业一个小公司。我们面试他以后他也不打算进华为，就在招聘场走来走去，当他再转到我们华为招聘摊位的时候，我叫得出他的名字。他说："哎呀，这个公司不得了啊。"

田 涛：他就说这个让他印象特别深。

陈珠芳：你说神不神！

田 涛：你叫出名字然后把他叫到华为来了。

陈珠芳：对，这是一个。还有一个宋柳平。当时宋柳平是怎么招来的？杨振宁在中国设立了博士后工作站，率先成立博士后工作站的好像是清华大学，当时宋博士已经是博士后工作站的毕业生了，在一起庆祝中国的博士后工作站成立 10 周年的会上，遇见了我。杨振宁来讲话，我带着刘平去参加这个会。宋柳平跟我接触了，我们就面试，他就同意进来了。

招彭志军也很有意思，他是上海财经大学的，刚好那里毕业。我在上海招聘，在上海交通大学的大招聘场里面摆了摊儿。他在那里游荡，游荡，我不知道怎么就碰到了他，我说："你是来应聘的吗？"他说："是啊。""怎么不去华为看一看呢？""嗯，什么华为？"结果是我面试他，最后应该说这个人也是很不错的。

还有王玲，当时是我们在北京摆摊招聘的时候，她没赶上。她是北京大学的。我记不太清自己是住在清华大学还是哪儿的招待所，她自己找到招待所单独找我来面试她。我们就聊天，大概就在聊的过程中有了缘分，这种东西很难说，说不清楚啊。在聊天的过程中她就爱上了华为，当时我想把她招到市场部，所以就让孙总再面试她一下，孙总面试完她以后，还给她 100 块钱，让她打车回学校。王玲其实是个非常优秀的员工，一个非常优秀的女孩子，现在因为家庭又回到北京了。后来我就发现，我招的人都还行。

童国栋也是我招的，应该说他是一个很优秀的人，特别在思想上。当时研发干部部里面主要的人才，搞人力资源和员工关系的，有彭智平、殷志峰、童国栋、龚宏斌。所以说，人力资源这一块，特别是做员工关系的人，经常接触员工，知道员工的酸甜苦辣，能够理解员工，也能帮助员工理解公司。

我是 5 月来的，7 月左右老板就要我到高校招第二年的学生，我第一次去招聘，一口气叫我招 200 人。哇，把我吓着了。我说华中那么大，每年留下来当老师的毕业生也就是五六十人，你要我招 200 人，好厉害。

田 涛：当时华为 2000 人？

陈珠芳：800 多。我当时的工号是 1727，但是真正只有 800 多人。走的人多，谁看好你啊？那些年正值创业潮高潮，想当老板的人不少。

田 涛：当时流失率有多少？

陈珠芳：我们对外都不敢说流失率有那么高，其实流失率还是蛮高的。我估计大概有 20%。但是，我来了以后就开始转好了。

田 涛：流失率高主要什么原因导致的？

陈珠芳：不看好呀，但是也讲不清楚。我就讲个例子，有一个人叫张什么进，我来的时候，他出去又回来，所以我就跟他谈，问他当年为什么走。他说当年在华为攒了几个钱，就想到外面去创业，凭什么自己就不能闯出个天下来？结果出去以后没两年，把钱全用光了，吃饭还是个大问题，结果赶快跑回来。这是一个典型。后来的人怎么走，后面慢慢讲。

田 涛：当时好招人吗？都去过哪些学校？

陈珠芳：名校都去，包括科技大（中国科技大学），科技大比较认同华为。

田 涛：李一男是科技大少年班的？

陈珠芳：不，他是华中少年班的。科技大少年班有一个人，唐新兵，不过可能还有其他人。科技大的校长朱清时（现在在深圳搞了个新大学：南方科技大学），他接待我。当时老板关于学生招聘，还给了一个很诱惑的东西，就是跟学校建立科研联合实验室。我第一次带着华为这个理念，到东南大学、科技大、华中，还有西安电讯（西安电子科技大学前身）。有一位姓程的老师，就是周代琪的导师，做 ATM 机的，我们准备跟他们建联合实验室，大概每次投资 10 万元。条件就是我们只要想法，写论文什么的我们也不要求进作者名单。我们只要想法，这一点非常重要。但是，到后来这些实验室给华为带来了什么真正的成果我就不知道了。当时的理念就是，投资以后，他的学生就可以在实验室做研究，至少有了更好的研究条件。

特别是东南大学有移动通信国家重点实验室。招聘竞争最激烈的时候是什么情况呢？有一年东南大学移动方向研究生班，华为一个都没招到，李一男当时是中研（中央研究院）的一把手，发火了。了不得的，那个小个子，很厉害的，不怕你陈老师啥的。他没敢直接对我，但听说是发了火、骂了人的。那我们就动真格的，第二年我一个，徐文伟一个，徐文伟是东南大学的硕士毕业生。他回校，我和他一起，我们两个人唱双簧，开招聘会。一场招聘会下来，全班都报华为，学校想留任何一个人都留不住。所以管研究生分配的那个女老师说："你们华为太狠了吧，把一锅都端走。"这应该是在 1997、1998 年，那次很成功。我记得老板是要我们雇一个专机，把这些人带到华为来参观。

田 涛：确实用飞机把他们运过来了？我也听过这个故事，到底落实了没有？

陈珠芳：这个要核实。我记得老板是这么要求的，谁执行的就不清楚了，要打个问号。[①]

田 涛：这里面有没有很冒尖儿的人？

陈珠芳：不知道。这次招聘的时候，我已经不是真的人力资源部部长了，只是说招聘时我去宣讲的话，效果最好，是这样的一种状态。他们后来招聘，把我的宣讲讲稿作为模板，传承下去了。我手上还有手稿，我看还能不能找到。我还是有很多手稿的，包括集体大辞职，我偶然间发现我的手稿还在。

曾经有个学生问我："你要是当今的毕业生，你怎么选择单位？"直白地问了这么一个问题。我说，看每个人自己想怎么活、怎么过。比如当下的潮流，最好、最舒服、最安稳的单位是大型国有企业，最好是垄断国有企业，但是你得有本事进去，不是靠你个人的本事，还有很多其他个人条

---

① 访谈结束后，整理人和参加本次招聘的朱文电话核实，回复大意如下：招的是东南大学的移动通信国家重点实验室的人，把毕业生全收过来了。当时也不是专机，可能是同时很多学生坐飞机，华为包来回机票及食宿费。后来这些人奠定了我们公司无线电的基础，大部分都成了无线的火种。

件；第二种是公务员“铁饭碗”；第三种，如果实在找不到好的，你就进华为吧，没错。为什么要这样讲呢？就是实打实的，我不吹牛，不搞诱惑，我把华为说得天花乱坠，把你拢进来？不。你考虑清楚，你准备怎么样过日子，你再选择。

我第一次讲华为的企业文化，组织这个课程的时候，你想一想，在我们国家有一种集体的风气，上面口号一喊，下面同样地喊口号，口号能不能变成行动没人管。那么我要给新员工宣讲华为的核心价值观，干巴巴的几句话能讲什么？真是挠头的一件事情啊！华为企业文化就至少要讲两个小时，不然怎么能叫课程。琢磨怎么样讲，这个费了我很多的脑筋。后来我思考了一个很重要的问题，一种核心价值观，要成为文化，我讲的是工作文化、职业文化，我不讲其他的玩玩耍耍，不是那套东西。但是很多企业到目前为止，文化就是玩儿。我的思路跟别人不一样，我认为一定是高绩效的企业文化，才能支撑企业的核心价值观。所以企业文化怎么讲这是第一个问题。那么什么叫工作的文化呢？其中我就讲了一个很重要的问题，怎么让抱着不同动机、不同人生观的人认同公司的文化，公司怎么去评价哪些人是自己需要的，哪些人是自己不需要的。过去喜欢说，你做了好事都不行，还要看你的动机，动机不纯做好事也得挨枪毙，这就不对。我认为在人的动机方面，要改可能毕生都改不了，只能管理，这是心理学的核心思路，所以在华中读了一点心理学的书还是有好处的，半懂不懂吧。当时我就举了一个例子，你全心全意为自己，养家糊口，仅此而已，但是你行动上贴近了客户，理解客户，响应客户的需求。你做到了，是为了养活自己，得这样做，这样一个动机。另外，全心全意、无私奉献，都是为了客户，你也这样做了，你本来不是为自己，是为他人，但是最终的结局是你自己得到了意想不到的收获。但是这两种动机都是为了客户，都帮助了公司成功。所以我就说，不管你抱着什么动机，刚进华为你就这样做了，行动上服从，做到了，就可以了。当时我就提出一个理念，是什么因素引出了我这个理念呢？当时我就琢磨，大家都是同坐一条船而已。当时正好遇到了第一次金融风暴，有一篇文章叫作“风雨同路不同舟”，我一想，华为的员工是“风雨同路又同舟”，但可能都是同坐一条船而已，每个人上岸的码头是不一样的。那怎么样把同船的人变成共同奋力划船的人？当时我是想了这么一个理念。等一下我还会讲，其实华为干部的成长，不是来自 IBM，不是来自 Hay Group（合益集团），不是外来的，全是我们内部的干部推动、形成这些点点滴滴的小课程。

后来我是怎么把这个核心价值观变成了高绩效的文化了呢？其中就谈了 7 个问题。经营企业不是谈灰度、谈妥协吗？在哪里有灰度？矛盾在哪里？主要矛盾是什么？我就按照我过去学的知识梳理出，企业面对的主要矛盾有 7 个。

第一个是外部世界内部化。经营企业，要活下来，社会需求才是企业活下来的理由，没有社会需求就没有活下来的份儿。那么经营企业，产品的战略，各种各样的战略、定位，到底是靠外部导向，还是内部员工自己想出来的？是创造机会还是抓住机会？其实两者都有。有时候内部没有思路，没有内涵，客户讲 100 遍你都听不懂，外部世界进不了内部，不可能变成你的产品去适应客户。所以外部世界要内部化，内部没有内涵是不可以的。那怎么样使自己的内涵丰富起来？这是一个矛盾。这个讲起来要很长时间，要不一个课程怎么搞几个小时呢？

第二个是，流程、制度的稳定性、严肃性、规范性与它的灵活性这对矛盾怎么去解决。严肃性之下如何发现例外？有例外的时候应该怎么做？怎么样才能修正原来已有的流程？这是第二个思路，叫作规范性与灵活性（亦叫作“制定规则，发现例外”）。

第三个是，集体主义还是个人主义。创造财富不可能没有集体主义，没有集体主义创造不了财富，当下的财富肯定不能靠单打独斗创造出来。在这个世界里面只有少数的技能活、艺术靠个人，靠自由职业者，但是作为一个组织来讲，没有集体主义是不行的。但是作为一个企业，没有个体的差异，不保持个体的独立性，每个人都是从众，也没有创造性。所以集体主义和个人主义、个体差异又怎么兼容？

第四个，在人和组织管理里面，一条供应链里面，华为的客户、客户的客户、华为的供应商、供应商的供应商，这条生命链如何做到多赢？其他就是组织的管理、组织与组织之间的管理、组织内部人与人之间的管理，这些矛盾。

还有一个，对成就者的认定。哪些是奉献者，你怎么认定。对这种认定，到底一个人在企业里面的成功、获得的回报，是组织赋予你的，还是个人努力挣来的，这也是一对矛盾。其中我就谈了有一条，老板在《致新员工词》里的最后一段，是很牛气的，民族精神很厉害，我说："哎哟，华为现在是国际化企业，有那么多国际化的员工，还是民族氛围那么重行吗？"我就想改这一段。但是我没敢跟老板讲，我就跟人力资源部讲，说这一段是不是还要改一下。老板说，改什么？我就说那不用改了。

田 涛： 你把它砍掉了。

陈珠芳： 没砍。

田 涛： 时间证明你这些观点老板后来都接受了。

陈珠芳： 现在不谈了。后来我想通了，为什么可以不改。我看了那篇文章，讲在西伯利亚搞光纤铺设和一整套设施的故事，最后故事中的那个员工因患癌症去世了。当时他就说他要为俄罗斯的什么什么而奋斗，所以他可以接纳我们的文化。从这里我就安心，在国际化的公司里，可以这样，大家是这样子的。

田 涛： 这个时候你是人力资源部的头儿，还是党委书记了？

陈珠芳： 是党委书记了。

田 涛： 你大概什么时候从人力资源部的头儿到党委书记的？

陈珠芳： 我就讲，这里面还有很多奥妙。

田 涛： 为什么选你做党委书记呢？

陈珠芳： 1997 年，还是 1996 年年底，这个要查一查，由张建国替代我当人力资源部部长，我当副部长。老板当时还要我兼总裁文化助理，还有这个角色，蛮大的噢。当时小孩们互相之间斗，挺有意思的。我刚当了人力资源部部长，其实千头万绪。我在武汉搞招聘，接到了老板的秘书打给我的电话，说老板要我兼行政总监。当时行政的权力很大，很多人争着要当这个角色，吵不下来，老板要我做。我当时这个人力资源部部长当上还没搞明白，还要兼行政总监，我能做得了吗？第一反应就想拒绝，后来觉得这样不支持老板，不好，所以忍痛答应了，就当这个行政总监。当行政总监不久，人力资源就张建国来替代我，后来不久，有一天，大概老板布置张建国写一个什么稿子，结果张建国写的老板通不过，就请了一个很能干的笔杆子，这个人写的也没通过。老板限张建国一个小时之内必须拿篇文章出来。张建国找到我，其实我开始连题目都不知道，就在一小时之内，从理解题目到写文章，写完，心绞痛突发，持续了很长一段时间。后来徐立新才告诉我，他们没办法，把门板卸下来，从 7 楼抬我下楼再乘车到医院抢救。医生就批评他们，这么严重的病人，你们就敢让她走进这个医院。任老板一听，不得了，亲自到医院来看我。后来老板就把我的文化助理的职位卸下来了。我还当过《华为人》报编辑部的总编。

田 涛：你之前是谁？

陈珠芳：叫朱建萍。

田 涛：朱建萍是第一任，你是第二任？

陈珠芳：是。当时当总编的时候，我就找老板，我说："老板，因为从人生的经历来讲，我没有勇气要弄文笔，我认为没必要去承担社会的这种风险。你看我既没有书，也没有文，我讲话很多，但是从来没有写书或文章。"我为什么能够安全？我是1955年进大学，1957年"鸣放"的时候，全校都疯了。我作为一个党员，系里面团总支的组织委员，从来不看大字报，不写也不看，天天上图书馆。我大学的成绩第一年下来全5分。为什么这样？因为我面对的是来自大城市有名的中学的同学，我来自一个山沟沟，广西一个叫平乐的高中。我是广东人，逃难到广西，在广西长大的。我读大学的时候家里是很拮据的。我考取大学的时候，从桂林到武汉，买不起火车票，我爸爸把他唯一一件值钱的呢子大衣卖掉，我才坐车到平乐。在平乐的时候，我的班主任给我10块钱，那个时候10块钱很多的。还有我的入党介绍人，高中时的一个副校长，给了我10块钱，一共20块钱，我就这样去了武汉。到了武汉以后，冬天的时候，非常冷，我却没有垫被，因为在广西是睡席子的。一个钢笔坏掉了，我想买一只，没有钱。我就写信给我的班主任，班主任给我寄了差不多是他半个月的工资，就让我度过了整个大学。后来我在深圳的时候，我想起了我的老师，就是这次心脏病，让我觉得人还是蛮脆弱的，说走就走了。那我人生还有什么事情没做，欠了谁的情，就想着这事儿。我想了两个人，一个是班主任，另一个就是我的一个同学。在1959年至1960年之间，我丈夫的父母由于印度排华，回到了中国，上不了户口。我们当时还没有结婚，只是情人关系，我丈夫一个月饭票的量是23斤半，我的是21斤半。他的饭票要支持3个人，艰难！这个时候我的一个同学在湘潭钢铁公司当技术员，她的定量大概是41斤，她攒了一些粮票。我给她写信，她一口气寄了200斤粮票给我。所以我丈夫一直认为这个女同学是我们家的贵人。我就想到她，再就想到班主任，这两个人我都分别接到深圳来玩过。这种人生对我，对各种人的体谅、包容、感恩，都是起了很大的作用的。后来人家就问我："你对金钱怎么看？"我说至少我没当金钱的奴隶，每分钱都纳了税的，没纳税到不了我手上啊，但是尚未把金钱视如粪土，精神不够高尚。为什么？我认为要想做好事，没有钱不行，有钱可以帮助别人，我不声张，但是可以帮助别人。

关于帮人这点，我们的老板任正非是做得很好的，他不出声的。华为还在很幼小、很艰难，相当于一个人的童年的时候，那种煎熬的年代，他都资助办了希望小学，这很难得，就是一种大爱！任正非这种大爱精神我就是从这些小事里面看到的。

田 涛： 你俩这个心路历程有很多相似性。

陈珠芳： 结果后来，老板就叫我给教委（国家教育委员会）送2000万元，成立寒门学子基金。

田 涛： 那是哪一年？

陈珠芳： 我记不得了，要去查一下。他就要我送给教委。

田 涛： 是不是最多的？

陈珠芳： 是，最多的。

田 涛： 中国企业最多的？外国企业有没有？

陈珠芳： 没有听说。后来为了这件事查账，说我们这 2000 万元没有纳税，这对任正非打击非常之大，他的抑郁症跟这件事情前后有关。

田 涛： 匿名信是因为这件事情而起的？是谁发起的？查账说没纳税？

陈珠芳： 我估计是匿名信引起查账，查账牵扯到这个账，就说我们这 2000 万如何如何，老板就感觉自己做好事还有罪了？你说不是神经病都要变成神经病。后来老板想做好事，怎么做？有个很重要的故事。我家里还能够找到光盘，我等下回去看看。那时候丛飞已经病危了，老板就叫我去看他，了解他的生活各方面的情况。当时老板个人捐了多少，我也记不清了。公司捐 30 万元，给丛飞的夫人。我当时对丛飞讲："我们要给你一点钱，条件是不能宣传，这是老板给我的指示。"他就答应了。从这里就看得到，一个真心做好事的人，有那么难吗？我觉得有点让人心疼。所以华为在老板带动下，还是有很多人默默地支持在读的家庭困难的大学生，帮助他们读到毕业，默默无闻地做好事。他们给我讲故事，说有一次朱建萍跟老板一起散步，遇到了一个贫困的人，老板就说："你应该给人家支持啊！"他们就去做了。

还有一次，也就是千人辞职闹得沸沸扬扬的时候，某媒体主持人带了一队人参观华为，还专门找了最底层的员工，调查华为疼不疼他们，结果找不到任何负面东西。因为作为普通员工，在华为的待遇等已经够好了。接待完了，我跟她开了个玩笑说，哎呀，某同志，过去我看到你是在天上，今天你终于下凡了。她哈哈大笑。

田 涛： 后来他们调查完了没有播？

陈珠芳： 我没看到，不知道有没有播。有关这样的事情，我还接待过一位国家领导人，跟孙总两个人接待的。当时领导就问我们最低工资是多少，我们就告诉他。领导说了句什么话呢，说他到某一个企业参观，问他们最低工资是多少，他们回答了（具体多少现在想不起来了），他就说，在深圳能养活一个人吗？这样对待基层员工。他没参观完，掉头就走了。还有两次我接待了中央党校的人。第一次很早，接待了副校长带的一队人。结果他就问我工资多少，股票多少，我没有回答。我当时觉得很有意思，我也够狠的，说我们公司有一个规定，打听别人的收入似乎是不礼貌的表现。我看搞得他也是下不了台。后来我认为自己太不应该说得这样直白，毕竟是客人嘛。第二次接待什么时间我也不记得了，讲完后其中有位客人说，“你应该给我们党校的老师讲课”。

我一直没用华为手机，但这次为什么用了呢？又是一个故事。大概今年的三四月，我接到了浙江代表处代表的电话，说：“陈老师，你能不能到温州移动讲一次课？”我说：“可以啊，为什么要我去呢？”他说：“我们一直给温州移动推荐华为大学的课程，他们都不接纳，说不要，后来那个老总就带了一句，‘除非你们能请到陈珠芳来’。”结果我就去了。好像是市场部请我去讲课，我的课费是由市场部支付的，后来华为大学的人问我要多少钱，因为他们给我定的课酬是很高的。我说我不要钱，不要钱他们就感觉亏待我，就送我一个华为手机。

有一次我在深圳参加全国纪律检查委员会书记的会议，上海市委书记听了我的介绍后，要我给 200 多家国有企业党委书记做报告。当时他们直接跟我联系，我就觉得，他们请我去，我要是答应了，好像有点越过了市场部，不太好。我想，跟市场的生意没关系的我干吗要去讲呢？老板不是低调嘛。我就打电话问当时上海代表处的代表，问他国有企业有没有生意可做。他说：“陈老师，企业网啊，生意大得很，你一定要来。”我就去了。去了以后，面对包括宝钢的书记、上海移动的书记……面对人家这些书记我能讲什么？讲完了华为以后，我就说了这么一件事情，我说其实改革开放以后，我们每个共产党员，有市场经济的脑袋，在这样的环境里面又保持共产党员的优秀品德，新的观念加上优秀的品德。共产党员的优秀品德不是共产党独创的，共产党提倡的共产党员的优秀品德是人类优秀品德的概括、总结，是继承不是独有，是最优秀的东西组合起来成为党的东西。如果能够继承，国有企业没有做不好的。然后我就举个例子，我说我介入管理行当读的第一本书是艾柯卡写的自传型的书。艾柯卡当年先是在福特，跟福特的不知第几代孙子合不来，他要离开。离开的时候正值克莱斯勒需要人，他去了当时濒临倒闭的克莱斯勒。艾柯卡就问员工们，面临快要倒闭的企业，他们该怎么办，是宣布破产，还是挽救它？大家认为要挽救，他就问大家应该怎么挽救，所有的员工说，降工资。好，这个时候，艾柯卡把自己的年薪定为一美元。这是资本主义国家，资产阶级知识分子，他们都能做到的，我们为什么做不到？如果有这种精神，什么企业都可以做好。结果我讲完了以后，有个书记非常感慨，送我下电梯的时候说了这么一句话（我讲下面这句话的时候是自信的谦卑，而不是表扬自己啊），他说："如果我们国有企业将来有所改变，你功不可没。"当时，我商业的脑袋还真行，上海移动的党委书记走到我跟前，说："在我们国家，民营企业里面，我就崇拜两家，一个华为，一个海尔。"

还有类似的笑话。老板刚开始时对客户没招儿，没招儿就卖华为文化。一个设想就是，一个徐立新，一个我，几个人准备亲自出马。老板还真是，用了一句很不客气的话，说："你们跟着我去和客户交流，然后你们就'鹦鹉学舌'。"我心里想，哎哟，还了不得呢。

田 涛：卖华为文化，这个概念大概是什么时候产生的？

陈珠芳：很早，大概 1997 年就开始了。

田 涛：外国公司和国内其他公司有没有？

陈珠芳：还不知道，好像没有。

田 涛：客户从什么时候开始对华为文化感兴趣的？

陈珠芳：最早让我们去讲，有一次是张建国（那个时候张建国已经当人力资源部部长了，查这个时间就查得到）、我、中国人民大学的吴春波到宁夏去讲。那时候大牌出阵，效果还是蛮好的。

田 涛：是人家要求你们去讲的，还是你们自己要去讲的？

陈珠芳：要求。

田 涛：那时候你觉得华为文化有什么可借鉴的地方？

陈珠芳：那时候已经有了《走出混沌》这本书。《基本法》也是一个很重要的标志，这个功不可没的，起了很大的作用。我去讲也不是按照《基本法》去讲，我讲的主要还是原来的企业文化，就是工作文化加上核心价值观。

我在华为讲的最后一门新课是给何明那个部门讲的，在华为大概只讲过两次，课程叫"从石墨到钻石"，就是在同质化的竞争环境里头，如何脱颖而出——同质异构。结果这个课程得到了员工非常好的反馈，他们说："陈老师，你这个概念用到企业太棒了。"因为他们都是学理工的，很容易接受我这个概念。而且确实，一个企业的品格决定了它的结构。所谓结构，人与人之间的连接与互动，企业与企业之间的连接与互动，就决定你是金刚石还是石墨。他们都说这个观点很好。因为我自己要到广西南宁看我的同学，又顺带给广西办事处的员工讲一次课。有个广西移动的经理讲，北京移动总公司有个副总裁，用这个标题给他们处级干部讲了一次课。

后来我才发现，我在嘉兴那次讲课他们录了像，全部刻了光盘。我是怎么知道的呢？我收到浙江移动人事部一个领导的短信，说："陈老师，我把你讲课的录像看完了，我那天因为有事没有去，看了光盘收获很大，感谢你。"从这个渠道我才知道他们录了像。后来才让嘉兴移动给我送了光盘。我还送给了武汉研究所这个光盘。

对一个民营企业的党委如何开展工作，我思考比较多，首先在国内做调研。第一家企业就选择位于天津的摩托罗拉总部。对于为什么要成立党委，是外国员工给我讲："因为共产党员的工作热情和积极性很高，党委可以帮我们做很多事，可以推动公司和社会的和谐，提高生产的效率。"

田 涛：你这个故事要是早讲给我的话就好了。去年（2012 年）开那个国际咨询委员会，其中顾问们讨论了一个小时关于华为党委的问题，我觉得当时我都没回答到点子上，公司的人，包括孙总，都没回答到点子上。我当时有一个观点，我说给郭平了，我让郭平讲了一下。其实把你的观点加进去，就更能说明问题。

陈珠芳：对呀，摩托罗拉是一家在中国的外企，它说之所以要建立党委是因为党委可以帮助它做很多事，提高生产效率，促进员工和谐。

田 涛：我刚才问你对老板的第一印象，你光说他是帅哥，还有别的印象吗？

陈珠芳：军人的痕迹很深。反正我跟他交流，一开始就是很坦诚，没感觉到有距离，不知道什么原因，也搞不清楚。个性上，因为初见，比我原来想象的要温和，就是说我初见他的时候他是很温和的，也很爱学习。

到了华为以后，有一段时间不习惯。我进华为的时候，就已经给自己立了规矩，他不是一个朋友，他是我的领导，这条线要划清。虽然是他叫我来的，但是第一站我没有到他的家，我到了阿宝和郭平家，在他们家里做了一顿美餐。那时候他们几个高层住在一栋楼，我们正在吃饭的时候，老板来通知两位去参加高层会议，才发现我，然后把我一起拖去参加他们的高层会议。后来，有一次开干部会讨论 ISO9000。我观察华为的干部，给他们贴了第一个标签，这你们可能都不知道，只有张燕燕知道，我看了开会的发言，感觉都是泥腿子的味儿。我说："张燕燕，这是一群有知识没文化的人。"张燕燕说："陈老师，你总结得太好了。"后来有人又说，这是一批高智商的粗人，还有人说这是一群闯进了瓷器店的公牛。有一次在西丽开干部会，当时就有人提出来，华为这个"骂"文化一定要改，其中有个人跟我说："陈老师，你知道被骂了以后是什么感受吗？整个晚上想的不是改进工作，而是难受，浪费了时间。"所以这个文化一定得改，孙总也同意这个观点，就慢慢开始改了。

田 涛：孙总一直是这个观点，我印象中就这两年才改。

陈珠芳：很难。事实上，这让人们花了太多不该花的时间在沮丧中，而不是想办法去改进工作。昨天讲完课，有一个人走来见我，说："我当年是从华为出去的，当时如果认识你，把我心里面的结跟你讲，我就不会离开华为了。我当时是因为被打了 C，心里面郁闷，离开了。"我说你现在在哪里？他说和傅军（原华为员工）在一起。

田 涛：能走到今天，我也在思考一个问题，阴阳互补也是华为很重要的特点。

陈珠芳：对。

田 涛：成天骂人的农民知识分子、军人的那些特点，但是又有你，包括孙总，一批女性，用另外一种方式在做一种协调、一种平衡，不是说一定是女性，或者说是另外一些机构，比如党委，像你所主导的那些部门。

陈珠芳：党委这个系统肯定是一个温和的系统。其实，一个执政党的最伟大的力量是对人民的信仰、信念和心理的影响力，这是国家和谐发展的基础。

田涛：这是个很有意思的现象。所以为什么华为值得研究，你看你把党委变成了一个建设性的组织，变成了一个建立在心理、情感基础上的人性化的组织。

陈珠芳：我觉得你刚才讲的那一句话是对的。不管是谁做成这个样子的党委，它都值得在全国推广。

田涛：作为个人，你可以把这块儿好好梳理一下，很有意思。不想发表可以垫箱底啊，需要的时候再拿出来。

（结束）

访谈 *7*

陈珠芳

（第二次访谈）

访谈时间｜2013年8月27日

访谈地点｜深圳

被访谈人｜陈珠芳

访 谈 人｜田 涛

田 涛：我们接着上次的访谈继续说说后面的故事。

陈珠芳：在二〇〇几年的时候，中国这块土地，能够让民营企业做到多大还很难说。

我就讲一个很典型的例子，当时，我在深圳科技园华为 1 号楼 7 层办公区上班。一天，行政管理方面的负责人，向我紧急报告：有数人带着枪守在大楼门口，有个人走进大楼，要求带走研发部负责人和一位有博士学位的员工。来人是某电信学院电信系的负责人。这位博士曾经是该系的教师。带走研发部的负责人的理由是妨碍公务，“捉拿”这位博士的理由是他带走他们的技术投奔了华为。来人还秘密搜了这位博士的住所。当时情势很紧急。

我马上下楼接见三位“来客”。首先听他们倾诉，敌意很浓！为缓和他们的敌意，我说：“现在已经下午 1 点了，你们还未吃中午饭……”为了避嫌，我就向他们介绍华为，包括华为的核心价值观，华为的精神，华为研发的干劲，华为的技术亮点，华为研发、市场员工艰苦奋斗的动人故事……从他们脸部的表情我看到一丝善意，那好奇的眼神在探寻着……其中一人突然漏出一句："你应该到某某公司给他们的高管讲华为的精神和华为的管理。"我猛然觉醒了：哦！他们是为这家国营电信设备公司而来的，为打垮竞争对手，竟然动用公权力！在那个年代，华为在身份方面是弱者，有什么办法呢！抱着"理解、包容、化敌为友"的心态，我继续与他们谈，最后我说："你们掺和到市场竞争中来，这样对待一位博士，将来还有谁敢到你们学校当教师？你们一定要善待这位博士啊！为了你们学院未来的发展。"

讲完后，我最后说："李一男出差了，这位博士已回到你们学校了（我们已安排这位博士回学校），请你们相信我，你们回去吧。"

结果，他们要我写一份有关这位博士的材料，我写好交给他们，他们就离开了。过了一段时间，他们又来了，说之前写的那份材料不符合要求，我问："写什么才能符合你们的要求？符合你们要求的东西对这位博士有没有利？你告诉我，我们都是知识分子啊！"他说："不利。"我说："不利你还来干什么，你回去吧！"结果他们真的走了。

后来还有一件类似的事，发生在西安。所以老板的担心是有道理的，因为你没有任何背景。后来，一看到人家说华为有什么背景的时候，我就很生气，因为我最了解这个事情。"巨大中华"[①]里面，最弱势、最没有背景的企业就是华为。从这两件事情里面你就明白了。这些事情我都不让任总介入进来，因为他的性格不适合。老板这个人，在残酷的竞争环境下，在内部他有时讲话不得不厉害一点，但他的心比谁都软。他担心这个博士受到不公平的对待，甚至连累他的家庭。他让我派杨汉超到某市去看望这

① "巨大中华"是巨龙通信、大唐电信、中兴通讯和华为的统称。——编者注

个博士的家庭，安慰他的家人，不管他的家人有什么困难，我们都会鼎力相助。此类事件有些好处理，有些不好处理。

第一次遇到大事是有一位在海外做市场的员工因不会游泳而淹死在游泳池中（在海外，我们员工住处一般都比较高档，有的驻地就有游泳池）。当时，任总让公司高层干部跟他到皇岗口岸迎接该员工的骨灰回国。任总亲自抱着员工的骨灰（骨灰盒装着），我们所有高层干部跟在后面。许多同事泪流满面，我也忍不住哭出了声。所以你那天问我对老板的第一印象是什么，我说是善良，他心灵深处的内核是大爱。但是为了避嫌，我从来没有在公开场合当面表扬他。

田 涛：他内心对你一直是很尊重的，我很早很早就知道你，就是他跟我说的。我在公司打交道的人不多，一个是他，一个是孙总，还有就是陈黎芳，再后来有小徐总、郭总（郭平）、胡总等，基本就这几个人，但主要是跟他打交道。你的名字在我这儿如雷贯耳。

陈珠芳：公司历史上第一次有一个员工在自己租的宿舍楼里面跳楼自杀，发生在晚上 12 点多。之前他给我们写了封信，说他是上帝派来帮助任总的，他要如何如何帮助任总，就这么说。因为他经常不上班，他的部门提出要处理他，我们当时是比较温和的，我就找他谈。当时正值中东战争时期，他就讲了很多世界大事，讲在灾难里面上帝要他去做什么大事。当时又是过年前，我说："你过年准备回家看父母吗？"他说："不会去看。"我说："为什么？"他说："我要把差旅费节省下来寄给他们过年。"我说："你看，一个人再伟大，首先也要把自己的家管好。"他说："对。"这样就好了一段时间。后来中东战争又爆发了，他就又癫了，有一天就自杀了。我处理完这件事以后，才报告老板，你猜老板第一句话是什么？他吓得不得了，然后就说，叫公安局来查吧。我说查什么，已经搞定了。他说："哦。"

所以从此以后，我最多事后向他报告一下，一般来说都不向他报告。根本不能跟他讲。

有一年公司一口气招了3000人，招的时候市场形势看好，是头年冬天签的约，第二年春天就发现市场形势不好，夏天新员工开始报到时，市场形势明显变差了。公司当时决定在新员工培训中，抽其中特别优秀的10%的新员工，安排他们到用服部门去参加装机及维修工作，锻炼一段时间再回到研发部门。消息一公布，有从上海招来并准备安排在上海华为办事处或上海研究所工作的10多名员工，听说暂时不能回上海，他们本就是冲着上海户口才来华为的（其实户口还是落在上海的，只是暂时排到用服部门锻炼一段时间而已），结果有些员工就开始涌动。其实公司的安排是正确的，平时很难有机会让研发人员先到用服部门锻炼一下，再回来做研发，这对一个初做研发的人才来说是一个难得的机会。但是人家不领情，心想我是来做研发的，凭什么让我到用服部门去？还是去当苦力！所以有人就开始涌动。老板倒挺有信心的，说他来跟他们对话，就在蛇口的风华剧院。当时他跟我说："你来主持，黄卫伟参加，我们三个人去对话。"有一个学生非常狂，走到讲台前面，站在任正非面前，说："你一口气招那么多人，是不是脑袋也发热？"就这样骂他，好像还有几句什么话。场下还有起哄声不断，他哪受得了呢？本来是我主持会议，他老兄说："散会！"没办法，我给他收了一下场，就散会了。他的气没地方出啊，正好我跟李宁（时任《华为人》报主编）她们要分析一下刚才的事情怎么处理，就在那儿吃个便饭。他连续给我打了几个电话，发脾气。那他在电话里头发脾气，我也能发吗？我肯定不能发。我只能，"嗯，嗯……"不就是接电话嘛。然后他来了一句："你别混混！"我心里有苦没地方说，一周遇到两件大事，我都没向你报告，你还以为我闲着没事干在混呢，不伤心才怪。所以我也没办法了，我说："你是不是太过分了，你以为我是吃干饭的，我告诉你这个礼拜发生了什么事……”给他顶回去了。他说：“那么多事情你也应该向我报告，我可以给你帮忙。”我说：“你帮什么忙，我还不是让你很好地去搞战略，去搞市场，这些事情花你的精力干什么。”从这些事情来看，我们两个应该说相互是很包容的。

田 涛：一个月之内连续发生两件事情，最后都怎么处理了？那 3000 人又是怎么处理的？

陈珠芳：两件事处理得都不错，具体我不太记得了。3000 人的事，我们做思想工作，还是做得很好的，新员工还是很理性的。除了这些事，其他重大的事我是一定向他汇报的，不会怕麻烦他。有一天，老板来到我的办公室，我正在埋头写文件，不知道他进来，他对我说：“我告诉你，不愿意和我沟通的人，我只能让他离开。”我抬头望着他，心想，怎么跑到我这里说这话，是不是嫌我与他沟通不够多？我说：“老板，跟你沟通很难啊！”他说：“我告诉你个方法，写啊，但是不要写多了。”啊！我终于明白了。

每个人的学习方法是不一样的，有人喜欢阅读，通过阅读来学习，有人希望通过听来学习，他就属于很典型的阅读型。我后来就跟那些干部讲，向老板汇报怎么办呢？写一个简洁的东西，然后你还不能以为写一个报告就了事，问起来怎么办？所以还要准备口述。两个方面一起做。有时候我发现给他一个报告，他好像根本没看，但谈话里面证明他读了。

田 涛：一目十行。我跟他同时看书，他可能三页都看完了，我一页还没看完。

陈珠芳：一目十行，确实是这样，老板就是阅读型的学习方法。

田 涛：你跟他沟通有没有障碍？

陈珠芳：障碍应该是没有，但是有一个坎儿，这个坎儿可能是我的问题。因为本来如果是作为朋友，那肯定不可能有障碍，但是我一直严格自我控制，我到公司以后，我的位置就是职业，我不可能像朋友一样跟你聊，因为你不需要我跟你聊也是可能的。我就是个老太婆，不能不分轻重找老板，浪费他的时间，他的时间真是金钱啊！所以我就有一点自重，不会随便跟他聊天。大概是这么一种状况。

田涛：你俩吵过架没有？他骂过你没有？

陈珠芳：吵架没有。不是骂混混嘛，在电话里头。（笑）

田涛：那都不算。他冤枉了别人，后来他发现他自己错了，很快就找一个别的方式给人一个台阶下。

陈珠芳：对，他从来不正面承认错误的，也从来不正面表扬人，这也是他的特点。

田涛：不会吧？不但当面表扬人，而且很多。当面表扬说，嘿，这个事你很伟大。

陈珠芳：他有一个很重要的优点，就是当面讨论问题的时候他的意见和你的不一致，他可能嗓门大一些，坚持他的，但是他回去以后会想，说不准第二天他就说你是对的。即便他不说你是对的，也会用别的方式来表达。

田涛：举我亲眼看到的例子，上午劈头盖脸把人骂得很难听，下午三四点给人打电话，说："晚上田涛也在呢，一起去吃饭？"吃饭的时候就喜笑颜开说别的事，人家一看这气氛，心里哭笑不得，然后就缓和了。

陈珠芳：郑宝用得了脑瘤之后，在北京开刀。我当时是在成都出差，一诊断是脑瘤，老板打电话要我马上到北京，说郑宝用得了脑瘤。结果郑宝用见了我的第一句话就是：“我最不该来华为。”他可能觉得是来华为累的。他得的病是很厉害的，存活率很低。

田 涛：我知道，我那时还帮他找医院，找大夫。

陈珠芳：在美国，医生给他用的药只有 5% 的存活率，他就属于那 5%。

田 涛：假如李一男到市场部待个三五年，也许会成长得更好，是不是？

陈珠芳：老板为什么让他到市场部，这很难讲啊，对同一件事每个人解读不一样。按我的理解，我认为老板是让李一男去锻炼，因为要想真正能够玩转一个企业，研发人员必定要有市场经验。让他到华电（华为电气公司），是培养他的综合能力，柴米油盐酱醋茶你都能懂，才能够都搞得定。这是我的解读。但是他理解错了，他认为是踹他。为什么？高层里面难免人与人之间有不和睦的地方，他就认为有什么力量把他挤挤挤，挤到那儿去了。为什么我这么推断他是这样理解的？我们收购港湾以后，他回来了，我没想到他同意回来。他回来就找我，我当时的办公室在 A2，我就问他：“当时你为什么走？”他说：“陈老师，你不知道吗？我将近在一年的时间内没事干。”他讲一年还是半年我记不清楚了，但我认为是给他的事他不当一回事。（笑）

田 涛：任总不是说坐冷板凳嘛，其实有时让干部坐坐冷板凳他头脑可能会更冷静一点。

陈珠芳：还有，老板把他噌噌噌往上提升的时候，我曾经给老板讲过一句，这个节奏是不是太快了，他还没有心理的承受能力，没有成熟到那种地步，他很聪明，但是他心理的成熟度没到。我提醒过老板。

所以有些人，并没有把工作的变动看作是让自己重新有激情的机会，没把它看作一种历练，总认为是被踹。我还遇到其他两三个人吧，调换了工作就认为自己是被踹。也许职位有降有升，但绝对不是踹嘛。其实人生有机会重新做一件事，就是让你的生命力总处于一种激进的状态，不会惰怠，这是非常好的，如果你不计较地位、金钱，就会有很丰富的人生。但很多人不是这样，调了工作，就认为是被贬了，来找我，有的人还哭了。后来他们说我有两句话对他们是很有用的，其中一句话就是，如果我们认为自己能为公司创造效益，那么就应该假设公司用自己是公司的福气，不用是自己的福气。为什么？因为你就可以有更多的时间去陪老婆孩子，有更多的时间去打高尔夫了。后来有几个哭着进来，好像说老板怎么不理解他们，怎么怎么的，我就给他们讲故事，糊弄编呗。（笑）我说庄子有一次带了一帮徒弟，到山上去转，看到一个人坐在一个树根上面，那棵树长得非常的粗壮和茂盛，这个人的旁边有一把斧头。徒弟们就问这个人，说：“你是不是准备砍这棵树？”木匠说：“这棵树你别看它这么壮，一点用都没有。如果做船，在水里面一泡，就腐烂了。做家具，一下就被蛀了，没用。”哎呀，这些徒弟一下子梦醒了，如果一个人不被看成一块材料，那就可以享受天年，不被砍。结果后来，木匠看了一棵大家认为不怎么好的树，砍了，说这棵树很有用。后来庄子带着这帮徒弟去投奔一个朋友，朋友十分高兴，就吩咐仆人杀只鹅来招待这几位客人。这个仆人就问：“家里面两只鹅，一个会叫，一个不会叫，到底杀哪个？”主人说：“那还不简单，杀那个不会叫的呗。”哎呀，那些弟子一听，不被看成一块材料，不被看好，也是要惹杀身之祸，不能颐养天年的。大家就问庄子，到底是个人才好，还是不是个人才好？庄子回答，既是人才又不是人才。我就给他们讲这个。所以人生啊，只能以自己的禀赋条件活在当下。

田 涛： 你怎么评价李一男这个人？

陈珠芳： 他离开以后，研发的人很留恋他。他有个优点，就是讨论问题的时候，他能够让大家敞开发言，他不说话，也不打断别人，到最后他能够综合归纳，非常了不得。就是说，在讨论业务问题的时候他能够沉得下心去听。我从来没有参加过他的会，这是人家告诉我的。再就是他很聪明，对市场的嗅觉还是很灵敏的，应该说是不错的。后来他回来了以后，就问我，我觉得他该怎么办。显然，他过去是从高层里面离开的，不管在华电还是哪里他都属于高层，这次回来，很不错，给他安排的是一种专家型的高层。我就问他："你回到部门大家对你还好吗？"他说："好。"我说："那就好。你一定要明白，虽然这次回来还是给公司打工，但是不管在什么位置，都是人生的一段历程，要对得起自己，对得起自己的时候也一定是对得起公司的。"他说："那好。"后来他大概做了几个报告大家都比较赞成，大家对他的报告还是很欣赏的，觉得他还是很不错的。黄耀旭回来也找我，《板凳要坐十年冷》这篇文章就是他写的，老板对这个人很欣赏的。我说："黄耀旭，老板对你那么好，你为什么要走？"他说："陈老师，英雄情结。"也许他走是这个原因。

田 涛： 李一男出去是什么原因？

陈珠芳： 不知道，我跟他比较远，一点都不知道。也可能是英雄情结吧！

田 涛： 当时任总这么用他，到底是对的还是错的？

陈珠芳： 我认为是对的，应该是历练嘛。

田 涛： 我是说，在他 27 岁时，半年内把他提了那么多级。

陈珠芳： 如果他是另外一个人也许就对了。

田 涛： 为什么呢?

陈珠芳： 性格不一样。

田 涛： 你刚才对李一男的评价，是我过去没有听到过的，我认为你的评价很准确，很中肯。

陈珠芳： 也许是做技术的人对自己估计过高，因为做研发的人转当管理者以后，最大的问题就是技术的情结比较重。但是李一男这点还好，他领导研发部主要关注客户需求、技术发展趋势、大项目的架构设计等大问题。他对技术、市场发展导向非常敏感。

田 涛： 他从来没有做过工程师、具体的研发?

陈珠芳： 他开始的时候是做的，做过很多成功的项目，开始做研发是在郑宝用的领导下。

田 涛： 那他也是组织者，一开始就是组织者?

陈珠芳： 刚来的时候他还是出了几个点子的。老板看中他，一下子把他拎上来的时候，是因为他在某项科研里面出了一个很好的点子。他那个点子跟他在华中跟老师做的一个科研成果有关系。

田 涛： 他第一个优点是绝顶聪明，第二个是能够善于听取大家的意见、建议，还有归纳能力也强。

陈珠芳： 对，对。他也爱骂人哦。

田 涛： 爱骂人是他向任老板学习的呢，还是他自己就这种个性?

陈珠芳： 那就不知道了。关于李一男爱骂人，有一次李晓涛还被老板骂了一顿。大概是孙总、老板、我、李晓涛谈到什么事，老板就说道，“李一男这么凶，这么爱骂人，都是你纵容的”，老板说李晓涛纵容李一男。

田 涛： 郑宝用跟你很熟吧，我跟他交流，他说对你特别敬重。

陈珠芳： 我批评过他。

田 涛： 你怎么看他这个人。

陈珠芳： 第一，聪明，不是一般的聪明。第二，还是比较仗义的。为什么这么说呢？他在很苦恼的时候，曾经想离开华为，我就对他说了一句话：“阿宝，你们一起创业辛辛苦苦，你把同志们都撂下离开，好吗？”我只讲这一句话，他就不走了。这个人还是比较正的，他不会玩什么手段，很纯的一个人。而且他们说郑宝用的思路也是很厉害的，要不然怎么把 08 机那帮人组织在一起，08 机是在他领导下，包括张云飞他们一起搞起来的。

田 涛： 我今天听费敏也说了张云飞，你给我讲讲张云飞的故事。

陈珠芳： 对张云飞我倒没有太多个人的亲密感情，但是我来华为做的第一件事与他有关。有一天和老板不知道走到哪里，老板就跟我讲：“你要想办法给我把张云飞的户口转过来。”张云飞我忘了是南京大学还是东南大学的硕士生，当时毕业的时候不参加分配，户口就转回了农村，是安徽黄山下面一个叫屯溪的地方。他户口变成了农村的，怎么可能转到城市？不可能的事。结果他出国就成了问题，别人都可以跟着老板出国，他就不能去。所以老板就很挂念他，要把他的户口转到深圳市。其中一道很重要的坎，就是要把他的户口转回他的学校，由学校再转出来。

田 涛： 那是很不容易的，他在学校是不服从分配出来的。

陈珠芳：对，说他不服从分配。后来具体办，我就派了田景琦一个人去的。结果学校就说，他当时就不服从分配，凭什么要他回来。当时我们告诉田景琦，说他在华为表现如何的好，是个很重要的人才，让田景琦要这样去给人家讲，学校以有出息的学生为荣耀。后来好像还说了，他当时有点神经病。（笑）人家学校还是很不错的，爱才，就让他户口调回学校，然后再重新分出来，大概是这样搞定了。所以后来遇到社会上炒作"垫子文化"，华为辛苦的时候，我说真正在华为最累的时候的那帮人，到目前为止还没有一个抱怨在华为累。后来我给员工讲，其实在这个竞争的世界里面，我们都是芸芸众生，我们也要多体谅一下公司的压力和困难。就是说，作为一个公司，它不可能不建立一种"懒惰只能离开"的制度，没有这种制度企业本身是不能活的，这是一个方面。但是这个制度执行下来，也会让很多人觉得很难，从某种意义上来讲，也是值得同情的。所以在这个问题上，老板有一次叫我、周代琪，老板说："周代琪，你到华电门口那条路上，去找一块大石头，写上一句话：此处不留爷，自有留爷处，华为算什么。"周代琪还把它当真了，说："老板，选什么样的石头？"其实老板希望员工要具有强大的抗压心理。后来我给员工讲课的时候我就讲到了，连婚姻都是今天结婚明天就可以离婚，何况是企业，也是一个契约关系。但是人生中最沉重的契约就是婚姻，连婚姻都可以这样，何况企业和员工。所以我说："你们每个人，面对这种事件，要有一种牛气，要牛，就是：此处不留爷，自有留爷处，华为算什么。到最差的情况下，所有的城市都不要你了，你还能不能活？我告诉你们，你会活得更好！你不是攒了点钱吗，你到农村去，到最需要教育的地方去。有那些钱，农民朋友可以帮你盖个很好的房子，你还可以选择门前是水，背后是山，一个美得很的地方，你就去教孩子们。农民还可以把他们种的有机的米、有机的菜给你，说不准将来中国第一个诺贝尔奖得主就是你培养出来的（当时莫言还没获奖），中国这片土地上真正被埋没的人才还多着呢，所以你一定要活下来。”我还说：“万一你这也不想怎么办呢？你一定要为你母亲活下来，不管遇到了什么困难，为了母亲你都不能死。”结果有个员工说：“陈老师，我妈已经死了，我还为谁活呢？”后来我说：“为你母亲的期待而活，在天之灵还罩着你呢。”跟这些小孩儿真是没法子。（笑）

我告诉你，有一次老板对我说：“我知道你陈珠芳对什么都善良，但是善良能解决一切问题吗？”他跟我说这个话。

田 涛：问题是他也很善良啊。

陈珠芳：后来我就顶他，我是心里面顶他，嘴巴上没说。后来，我估计不是他，可能是有人说这几年为什么平静，大概就是因为花了钱。我估计我受到了质疑，就叫我的秘书把这么多年来做了什么事，哪一单花多少钱，全列给他，给了他一个邮件。结果加起来没花什么钱。然后，毕竟我快要离开了，有一次他说，以后这类事情再也不要我管了。那我就不管了呗，但是心里还是牵挂的。

那年春节前有个人给我打电话，说有一位员工住在医院，需要骨髓移植，已经联系到台湾有一个人的骨髓是吻合的，在春节之前要做手术，但是没有钱。大概只要 5 万块钱，没有钱，打电话问我怎么办。哎呀，我觉得奇怪了，我已经不是党委书记，也不是人力资源部部长，为什么那么多干部，5 万块钱竟然没人敢批？这是什么问题？但是救人要紧，当时我的想法是，如果每一级都不同意，我陈珠芳出钱。华为给了我不少，为了华为，我什么都舍得。我真的是这样想，别说 5 万，50 万我都出。他们现在求助于我，但我没权批呀，我就打电话给纪平，纪平说：“应该给，但我现在不在深圳在北京，你打电话给晚舟（孟晚舟）。”我就打电话给晚舟，晚舟一下子就答应了。所以晚舟真是不错的，这个小孩儿还真懂事，马上就批了。其实老板是很放权的，这些人不知道哪一条筋搭错了，就为了5万块钱那么紧张，我不知道这是怎么引起的。

田 涛： 你觉得像这种情况，突发事件发生了，大家都不愿意担责，是为什么？

陈珠芳： 我也不知道，以前没有过，为什么会这样？老板是很放权的，我第一次向他申请审批5万块钱，不记得是外面什么事情需要5万块钱，我就打了个报告。老板就说，“陈珠芳真没意思，5万块钱都找我批”。我就知道，哦，我可以批，所以他是很放权的。而且我处理了那么多事，花那么多钱，从来没有找他批过。人力资源部这一块的事，洪天峰一个，徐立新一个，我一个，再了不得找上孙总，我们几个人就搞定了，从来不去打扰老板。所以这个事情，我认为当时人力资源部当头儿的人还是不够有胆。

田 涛： 但为什么大家都要那么拼命呢？

陈珠芳： 正常情况来说，加班是有波动式的，有高有低，累了你再休息，总有闲的时候。结果，我自己亲身经历的，我到生产线，老板把我们办报的，一起赶到了生产线去办公，而且说办公办得好的话，回来加工资，后来也不给我们加。（笑）市场前线要得紧，没办法，这都是市场逼的，华为的市场比研发厉害。对研发加班怎么看呢？我一直也是郁闷。我跟周劲、陈晓东、葛才丰、王诚、颜伟敏几个人，老板批准我们出国访问欧洲，我们就到法国、德国参观一些高新技术企业。当时有一个企业，做的是通过计算机网络帮你寻找最便宜的电话通道，他们是做这样一个事儿，很了不得的。我们就问他们：“你们研发的人有没有规定的上班和下班时间？”“没有，”他们说，“对一个知识工作者来讲，我们很难规定他什么时候上班，什么时候不上班。一个知识工作者如果他有问题卡在脑子里的话，说不定他整个晚上都睡不着觉”。人家讲得也对呀，别说是人家，就是我陈珠芳自己上一门课的话，我也经常晚上睡不着觉。所以从这个角度来讲，最好的情况是市场的节奏跟研发的节奏一致，这样就平和一点。

田 涛：这是一个方面，但是这个不足以让研发的人或别的人替你卖命，作为单个的个体，我为什么这样卖命呢？

陈珠芳：我认为做技术的人有个集体情结，就是成功，这种情结是从小到大考试就这样的。

田 涛：激励他那种成就感？

陈珠芳：对，成就感。极少数是因为人家压得他没办法才去加班，要不然就走了呗，还留着？市场部忙闲不均，我有个同学的儿子在华为，在市场部，她就说：“我看我儿子在外面待着，没事做的时间还是很长的。”我都不知道，这句话我没机会去反映，因为我不知道市场，我不敢乱说。

公司招人，每个项目、每个部门都有骨干员工，他们是专注的，是质子和中子，但是很多人都应该是自由电子，忙闲不均的时候自由电子可以机动，从不忙的部门，去支持忙不过来的部门，我是主张这种方法。所以每一次招多了人的时候我都害怕，请神容易送神难，而且都是花钱的呀。所以怎么样让员工少一点变成公司的成本，而是多一点变成资本，这是最重要的一个命题，很难。另外，每年规定了招聘数量以后，每个部门和人力资源部都吵得不亦乐乎。原来还有一种思想就是，我的队伍越大我的官就越大。

田 涛：市场部大辞职的事你参与比较多吧？

陈珠芳：主持人嘛。

田 涛：这段故事怎么个情况，为什么要搞“大辞职”？

陈珠芳：“大辞职”当时属于全国的重要新闻，是华为很有新闻色彩的一件事。

它给人第一感觉：将军换防是必要的，可以防止“山头”形成和组织板结，保持组织活力，也可以防止干部在“舒适区”待久了而堕入慵懒状态。一个公司在市场的竞争力，归根到底是由公司的品牌决定的，而不是靠个别销售英雄。如果单纯是为这些，其实通过做相关人员的思想工作就可以了，无须做如此大的动作，其中还有更深的动机。

首先，看看“大辞职”选择的时间点，1996 年 1 月 28 日。1995 年，华为已成功完成创业第一阶段，正准备踏上拓展的新征程，要加大国际市场的投入。为此，华为必须引入国际先进的科学管理制度、流程和激励机制，组织结构必须对内外环境做到自适应状态，组织微调也总会发生。从用人的角度讲，合适的人，放到合适的岗位。至于怎样的人才是合适的，只能通过实践考察，因此调整工作岗位，每位员工都应该有足够的思想准备。在分工越来越细的当今社会，人们完成自己分内的工作应该是不难的，这个过程本应是快乐的。然而，人们关注的往往不是工作本身的困难，而是工作岗位头衔的高低，因为头衔的作用是很奇特的，它可被借以炫耀自己，甚至“以身贵而贱人”……因此，任何一次组织变革都会触动个人的“利益”，在即将推动某项组织变革前，特别是历史性的较大变革时，必须进行缜密的分析——涉及面有多广，会引起哪些成员较强的负面情绪反应，特别是可能引起的心理效应，以便做好有效的“布道”。这是组合拳最出彩的一招，是任总深谋远虑的杰作。在“大辞职”大会之前市场部做了大量的思想工作，组织全公司的中高层干部集体看了一部电影《中国养牛大王》。

电影讲的是几个农民创办了一个养牛场的故事。养牛场创业很成功，成了“中国养牛大王”以后，其中的领头人，考虑到公司越做越大，牛已经进入海外市场，光靠创业团队几个“泥腿子”很难支撑公司发展，必须引进专家和职业经理人来管公司。这并不难，难的是如何让在领导岗位上的几个“泥腿子”心情愉悦地光荣让岗！其中主要情节是：领导者召开了一个创业团队的会议，每人发一个银碗，说大家离开领导岗位，继续拿分红，可以在公司找一个合适自己的工作……

华为市场部集体辞职大会于 1996 年 1 月 28 日召开。会场的横幅标题是：“一个惊天动地泣鬼神的壮举”。毛生江代表市场部全体干部发言。

任总发言说：“为了明天，我们必须修正今天。他们（市场部干部）的集体辞职，接受组织的评审，表现了他们大无畏的、毫无自私自利之心的精神。他们将光照华为的历史，是全公司学习的榜样。”他对市场部干部这一壮举给予了极高的评价。

作为会议主持人的我，面对此情此景，心情非常激动。我说：“工作了几十年，只有在今天这个独特的仪式上，我理解了贡献、牺牲更深的含义……”我已热泪盈眶。说自己很坦然，对市场部的干部来讲不容易，从传统观念来讲，“升是荣耀的，降是耻辱的”，能够做到用“宠辱不惊，闲看庭前花开花落”的心境去接纳，必然要经过一次心理承受能力的挑战。通过这样的形式，不但让当事人心灵中的挫折感少一点，同时让他们觉醒到能以积极的心态去接纳新的工作安排，做出新的贡献，成就公司的伟业，值了！

会议结束后，在去食堂吃饭的路上，阿毛（毛江生）对我说：“陈老师，待会我们坐在一起吃饭，好吗？”

田 涛：哭了?

陈珠芳：嗯，是激动的哭，吃饭时他说:“别说我不在乎，对于我将调到什么岗位我真的不在乎，我在乎的是，公司的‘干部没有终身制，干部能上能下服从安排，超越自我，成就公司’的制度能顺利推行。”阿毛被调到山东代表处当代表，那年山东市场开拓取得非常好的成绩、多项特别重要的突破。我还到山东淄博给运营商领导团队讲课，支持他的工作。市场部其他岗位下调的人的工作也非常出色。老板和孙总一直跟进这些同事的工作和心理状态。

有一天，老板、孙总、我，还有老板的秘书李志刚，我们几个人把市场部干部在新工作岗位的情况逐一梳理一遍，三个人几乎是异口同声地说:“烧不死的鸟就是凤凰。”讲这句话时，老板还拍了一下自己的大腿立马站了起来。

田 涛：找到出处了。

陈珠芳：老板说，陈珠芳你去写一篇文章，我说我不写。后来就让李志刚写，老板说李志刚写也要上你的名字，我说我也不上名，我从来不在别人的文章上上名。结果李志刚就写了那篇《烧不死的鸟就是凤凰》。

田 涛：这句话是谁想出来的?

陈珠芳：应该是大家想的。关键是老板和孙总能跟进这些人，跟进他们的工作，给予支持，根据他们的心理情况，给予心理支持。

还记得有件事，我当时已经从华为离职差不多一年了，改当顾问了，接到长春办事处主任田庆军的电话。前一年长春办事处销售业绩是全国倒数第二名，田庆军在这种状况下接任长春办事处一把手，发现员工士气低落，而且绝大多数是南方人，长春冬天特别冷，东北客户爱喝酒，日子很难熬。我正好是冬春之交过去的，作为一个广东人，特别能体会市场部同事的不容易。田庆军让我给大家鼓士气。我怎么讲呢？我说我们每个人都有小家，生活上都遇到过很多困难，我非常理解你们想调回南方，但是在市场这种状态的时候离开，我觉得不好！我相信你们都是汉子，是汉子把市场搞上去再说。结果第二年销售就上去了，田庆军高兴得不得了。有时候人还是要鼓一把的，其实话不多，我就说你们是汉子的话，就不能够在败的时候离开战场，一定要在胜的时候离开，这才叫汉子。

田 涛：所以其实你是个女将军。

陈珠芳：后来销售搞上去了他们都高兴得不得了。还有一个事儿，东北人爱喝酒，有些员工胃都喝坏了，回来以后我就跟我的秘书（赵日强）讲，让他用党费去买点比较好的蜂胶，以党委的名义寄给他们，让他们治好胃病。

还有一条，我讲稿最后的结束语是，我“老头子”归纳华为为什么成功，其中最后一条是，党委做合适的事情。大概是这样。

田 涛：咱们再回到市场部集体大辞职，有了这个想法以后，当时阻力大吗？

陈珠芳：好像大家都不敢公开地说什么。

田 涛：私底下呢？

陈珠芳：私底下就是阿毛那种情绪，我还没发现很强的抵制。这件事事前已经酝酿很久了，就是集体写一个辞职的稿子，已经酝酿过了。

田 涛：在统一思想的过程中大家有什么想法？有几种情况？

陈珠芳：没有，我当时还没有抓到。如果有什么意见，以我当时在华为的地位，还没感觉到有人不跟我讲真话的地步。

田 涛：这个很奇怪，中国企业，包括小企业，包括七八百人的企业，要搞这个事情可能 90% 都会做不到，为什么在华为阻力这么小？

陈珠芳：我估计还是老板。老板做工作做得还是很细的，底下已经统一思想了，再有抱怨也没地方听啊。我对华为的结论就是，要你下来，没商量，这就是华为。

田 涛：为什么能做到这个？你作为党委书记，而且你跟任总应该算老朋友了，这个问题的的确确是外部都很关心的问题。

陈珠芳：还是任正非，其他人做不到。

田 涛：这可不是说是个组织的行为，你做了个决定让大家去执行。这实际上是打通人的内心，哪怕大家的内心不愿意，也还会服从。

陈珠芳：比如说阿毛，虽然不当一把手了，但还是到办事处主宰一个地区啊。

田 涛：但办事处比原来的位置低了啊。

陈珠芳：我估计，原来市场部的头儿权力和威望没有现在这么大，不能主宰办事处，基本上办事处是比较独立的。就是说，当时总部的权力和影响力并没有那么扎实。

田 涛：这只是指的阿毛一个人，其他办事处的头儿你让人家换岗、换防，那个牵涉面很大啊。

陈珠芳：环境里面没有看低他们，这可能是很重要的人文环境。不光是“大辞职”这件事，后面还很多事呢。有一次我去给泰国员工上课，有一个员工是第一批去泰国的，他是多大的官我搞不清，我讲完课，他说：“陈老师，我要单独跟你沟通。”他就讲哪一年公司派他出来，当时他老婆刚生孩子不到一个月，他义不容辞地出来了。后来，他母亲去世他不能够回去送终，父亲现在卧病在床他也不能陪伴。他说：“陈老师，我已经做到了，但是去年业绩不好公司把我降职了。”然后他哭了。面对这样一个员工，我还真不知道该怎么办。我就说：“凭你这么一个历程，你在道德上对得起公司，我想就凭你这一点你会东山再起的。”后来我就给他讲一个道理，我说我在法国参观巴黎圣母院，导游当时就让我们看衣帽间的一句话：赢者关注结果，输者关注原因。赢者为什么关注结果？因为结果可以炫耀。输者为什么要关注原因呢？为了减轻外界和内在的自责，一定要找出自己为什么做不好的原因。但是作为一家企业，现在大家讲绩效管理有一点没有讲清楚，即不是按照你的投入评价你的绩效，而是按照你的结果评价你的绩效。如果按照投入评价成功与失败，你如何面对劳而无功的人？这是人力资源评价体系里面一个很重要的问题。还有一条，前人种树后人摘果，所以有时候没办法，你要给员工讲认命，你不认命不行。最后我就讲，知天命，但是不由命运的摆布。我想我老讲这些老板还不一定赞成呢。

田 涛：我给你讲，他现在思想的包容度、开放性完全不一样了，中国现在没有一个企业家像他这样的包容和开放。郑宝用自己说的，老板早期给他的权力非常大。你觉得任正非为什么敢这么做？一般刚开始创业的时候，企业主不敢这样的。

陈珠芳：没有钱，他不就给你做事的权力嘛，聪明得很任正非。在对人的激励方面，给他责任、托付也是激励，事业的成功是最大的鼓励。现在的管理者过分相信钱的作用，是应该相信钱，但除了钱还有其他，能够战胜别人的就是其他，同样的工资他为什么能战胜你？

田 涛：这么多年来，他把那么多人精，像郑宝用啊……

陈珠芳：我告诉你啊，当时全国工资最高的就是华为，我说的是知识分子的工资。我跟老板去天津，当时电信和移动还没分营，任总带我们去讲课。他亲自讲，让我们"鹦鹉学舌"。当时就有人提出问题，说："你们华为把整个人才劳动市场的价格都抬高了，你们去抢人，这对不对啊？"我说："你也是知识分子，如果没有华为，知识分子的工资永远抬不起来。"包括官员的工资，都是因为华为把知识分子重视起来，才起来的。后来我发现老板也给人家讲了这个，说华为把知识分子留在国内创造价值，就相当于把自己养肥的鸡圈在家里生蛋，然后把蛋卖到国外；如果知识分子在国内找不到感觉，跑到国外去生蛋，然后人家把蛋高价卖回中国，那才亏了。我笔记里面发现这话是老板讲的，我从来没有在老板面前表扬过他一句话。我记得，李志刚原来是做孙总的秘书，后来被推荐给老板当秘书，他有些忐忑不安，说："陈老师，我该怎么办呢？"我说："你做秘书，别的我不知道该怎么做，但是有一条——保密，包括我陈珠芳，不该给我讲的东西你绝对不能给我讲。"为什么？因为他是我从华中师范大学直接面试过来的，学社会心理学的，我就害怕他把高层的什么秘密都给我说了，就成了我的负担了。所以后来我总跟别人讲，不要打听不该听的东西，洁身自好，打听不该听的东西就是加重自我负担。

田 涛：张云飞有没有一些让你印象深刻的、典型的例子？

陈珠芳：没有，接触不够多，但听说他是 08 机里面最重要的骨干。你刚才问华为员工为什么能自动、自发地为了一项工作去奋斗，我认为最深层的原因还是中国的知识分子感觉到国家的落后与贫困，感觉到压抑的时间太长了，这个时候稍微有一点机会，能够让自己施展才能，就勇往直前，我是很相信这个的。因为在我的科研经历里面，24 天 24 个人，做出第一台感应加速器，那从来也没有想过什么叫苦啊。另外，像在武汉修堤坝，我们都是去挑泥巴、住帐篷，那时候很辛苦，都是那么大的劲头儿，所以我就感觉到，中国人民从来都不缺乏艰苦奋斗的精神，关键是我们有些领导不珍惜他们的付出。比如王诚，他本来就是被分配到南京邮电系统的一家企业，他在国有企业待得好好的，为什么要来华为？他说："陈老师你不知道，没事干。"你看，没事干，就放弃铁饭碗来华为，那有了事这个人他不拼啊。

田 涛：王诚是个有什么特点的人？

陈珠芳：我对他印象还是比较好的，后来可能在海外打拼的时候吃苦精神不够，但是从为人来讲没问题，待人诚恳、敢讲真话。

田 涛：他曾经在市场部？

陈珠芳：而且他当过一把手，毛生江后面就是他。他为人应该是挺不错的，也不凶，思考问题也很厉害，但后来为什么没让他做，具体的事情我就不知道了。我还是看好他的，忠实上是没问题的。

田 涛：还有个很奇怪的现象，很多人离开了公司，包括离开的时候有些不愉快的，但是离开时间稍微长一点，都怀念华为，都说公司好，说老板好，这是什么原因？

陈珠芳：我也有这个感觉。我认识的很多人，不管当时离开华为是什么情绪，但是跟我关系还是一样的，所以有时候还能聚在一起。第一，他们离开的时候往往是因一时、一事、一人的矛盾走的，很难说是因为公司的某一项政策或任正非的什么，几乎是没有。第二，出去看了外面的世界，绝对比不上华为。外面的企业，外面的世界，人与人之间的斗争，你职位升降要不要贿赂领导，乱七八糟肮脏的东西，怎么能跟华为一样？第三，在华为工作过以后，其知识、职业化受到了历练，这是关键。他去了别处，一下子又讲流程，当人力资源部部长，一套套的都拿得出来。你看中粮集团叫我去讲课，题目就是“人力资源如何跟上企业发展的步伐”，那我就可以讲得一溜溜儿，我的部下也可以讲得一溜溜儿。不一样，所以他就觉得华为的历练，再怎么样都是值得的。

当时好几个人，股票一下子配那么多，而且要贷款，到底买不买，他们就问我。

田 涛：低迷的时候问你？

陈珠芳：对，问我到底买不买。我心里没数，真的没数，但对任正非肯定是要跟的。我就说：“你到外面，你拿了钱干吗呢？你还不是赌吗？那你还不如跟着任正非赌。”

田 涛：太精彩了！

陈珠芳：徐直军那时还不是太高层，我不记得什么时候，就讲笑话。那个时候我没有股票，还是很少股票，也记不清了。我说：“徐直军，我才是真正的打工者，你们才是真正的老板。”他说：“陈老师，那是一张白纸，你以为呢？”但是集体去撑一个公司，这就是当时的动机，真的不是太在乎能赚多少。

田 涛：其实早期大家并不太在乎股权？

陈珠芳：对对对，他就说是一张白纸，很可能就是一张白纸。我相信那些人确实是有事业心的，因为那个年代造就了有抱负的人。

田 涛：所以，一些人归结华为能成功就是因为股权，我认为至少不完全是因为这个。

陈珠芳：不是，你看看跑了多少人嘛。有些部门 2/3 的人是新员工，招得多，走得也多，老员工不够多。

田 涛：自我批判你怎么评价？

陈珠芳：很早，从老板发表《从泥坑里爬出来的人是圣人》这篇文章开始。

田 涛：大概什么时候开始有的？

陈珠芳：他很早就提了自我批判。

田 涛：民主生活会呢？

陈珠芳：很早就有。

田 涛：那其实就是自我批判？

陈珠芳：对对对。

田 涛：民主生活会有没有让你印象深刻的场景，比如就某一次民主生活会，可不可以描述一下？

陈珠芳：我参加的都是胡厚崑、王诚，以及财务的梁华、孟晚舟的民主生活会，还是比较温和的。但是有人提出，从自我批判的现象里看出了一些毛病，就是说表面上是批评自己，实际上是自我表扬。

田 涛：像这种情况怎么办？

陈珠芳：老板说主要是工作作风、品德等几样东西，也不要搞得太过。但实际上也要过关的。

田 涛：过不了关怎么办？

陈珠芳：再搞呗，不过老板很容易放的。老板对自我批判，只是让大家知道，头顶三尺有神明。

田 涛：很精彩，让人有警觉。你看这么多年来，公司经常搞民主生活会，搞自我批判，但是没有分裂，这个很不容易。

陈珠芳：我给干部讲课的时候就讲一条，你在团队里头，对每一位员工保持等距离接触，不亲不疏，不党不私，这对自己、对公司都是很重要的。你的部下是公司给你的工作资源，资源本来就稀缺，你还分三六九等，你亲我疏，那不是傻帽吗？后来他们一听，真是这样，作为领导是不能有亲有疏，大家都是你的资源。这就是我经常讲的，我估计这点还是有一些影响的。

田 涛：你觉得华为向共产党学到了什么？能不能说几条？

陈珠芳：艰苦奋斗，这是一条，还有一条是思想工作。为什么呢？我当时对他讲了，当年共产党的战斗力是支部建在连上，美国的部队有传教士，你任正非怎么办？

田 涛：美国军队有传教士，共产党的战斗力是支部建在连上，多精彩啊！

陈珠芳：对，我们两个在办公室时，我就对他讲了这个。核心价值观怎么变成一门课，这是很难的。后来任总很害怕盲目的创新，我就开了一门课，老板可能都不知道，就是企业创新管理。这门课最核心的就是，什么叫创新。集人类知识存量，创造新的价值。第一，我的定义和通常的定义是不一样的，一定是要用存量，而且创新有知识创新、产品创新、概念创新等。第二个，一定有一个促进创新的人文环境。当时我就用了法国一所大学的一个大学生小组的例子，他们下决心要把全世界的数学梳理归纳成几个系统。他们定的规则就是，一定要通过内部的竞争，不死才能够发表。我的意思是，我经常根据老板的意思，根据员工的状况，基于自己的学习状况努力去开一门课，然后再开一门课，我就是这样。老板不知道，还以为我是混混。

田 涛： 找你谈是他点的，他说你应该找陈珠芳谈一天，我觉得一天都不够。

陈珠芳： 有人这么说过，可能我们讲课的人不知道哪一点触动了人家。有一天，有个男孩子，我根本不认识，他说："陈老师，我听了你一门课对我影响很大。"我说："哪一门课，哪一点影响啊？"他告诉了我。我现在用广东话讲给你们听："大大方方一生大方，孤孤寒寒一生孤寒。"也就是说要舍得。还有一位员工，原来是华为大学的，跟了孙总很长时间，现在在中信银行深圳分行做培训。她说我讲了对她一生影响最大的一个故事，是什么故事呢？我给女干部讲课，讲怎么样让家庭、事业能够和谐。我就讲，我有一个小学好同学，她后来当了湖南省冶金厅的厅长，了不得，但是她的一对双胞胎的男孩教育得不好，出了事。她就给我写信，抱怨她的丈夫怎么不管孩子，怎么怎么。我就给她回了一封信，骂她，说："你很了不得，当了这么大的官，但是再了不得，也没有撒切尔夫人了得。撒切尔夫人每天还要给家人做早餐，每个礼拜还要去买菜。"那个女孩就说这句话对她影响很大，她说除了工作，绝对不会丢下家庭。

田 涛：华为能够成功，的的确确有多种因素在发挥作用。

陈珠芳：我自己的定位是这样，拾遗补漏，就做一点这样的事，没做大事。我实在是像一间餐厅里的抹桌子的老太婆，酸、甜、苦、辣都闻到了，但不是掌勺的。

（以下晚餐期间）

陈珠芳：老板很多时候都怕过激的员工进来。人生抱负和政治抱负是不一样的，我们平常讲的抱负不是指政治抱负。有一次，我到一个学校去招聘，面试一个学生会主席，我就要求他讲两个他得意的故事和两个失意的故事。他讲了一个得意的故事是，学校要他们组织一个小组，到老校友那里去募捐，他们募捐了很多钱回来。因为小组成员都是同学，同学们就要求组长，也就是这个学生会主席，去向学校讨要提成，结果他是硬的赖的磨的，磨成了，他就以这个为很有成就来讲，但是听了这个故事我就害怕了。

田 涛：作为民意代表之类的。

陈珠芳：你说怎么办？后来我把这个故事对招聘小组一讲，大家都说这个人不能要。我自己最大的毛病，就是怕看错了人。大家都不同意要他，当时我还坚持要他，最后还是没要，后来多次谈到不能要那个人。

田 涛：我觉得以客户为中心是经济原理，以奋斗者为本更倾向于社会原理，是不是这样？

陈珠芳：而且，对以奋斗者为本，有些人把它跟以人为本对立，这是错的，一定不能往那条路走。如果扯到往那条路走，那以奋斗者为本就完全被歪曲了。以奋斗者为本归根到底是以人为本，为什么？所谓以奋斗者为本，就是最终奋斗者能够得到奖励，而且因为有奋斗者，社会的资源得到了高效率的利用，这归根到底是对全人类有好处的。所以想问题不能在一个点上想，不可以的。大家都知道老板现在讲开放、妥协、灰度，问题是灰度在哪儿，你怎么找灰度。过去为什么不容易找灰度，原因是发生矛盾时只看到对立。因为斗争是唯一的哲学，所以中国对矛盾看对立多，但是要找到灰度，一定要看到统一才能找到灰度。

田 涛： 你说得很对，我理解，总的背景是合二为一，但是在合二为一的基础上是一分为二。是不是这样？

陈珠芳： 事实上没有合二为一就没有矛盾，谈不上。

田 涛： 基点是合二为一，一个组织的前提是合二为一。

陈珠芳： 你不合二为一就不叫组织了。

田 涛： 组织就是凝聚力，凝聚力就是合二为一，合多为一。但是没有竞争又不行，所以还得有一分为二。

陈珠芳： 社会不可能没有矛盾，到处都有，关键是面对矛盾如何推动良性地往前走，那就一定要找到统一。

田 涛： 那就是要基于建设性。

陈珠芳： 对，建设性地去解决矛盾，而不是破坏性地、革命性地去解决矛盾。我觉得当今社会是应该解决这个问题。

田 涛： 合二为一是大自然的本质。大自然就是一个系统，什么叫系统？系统就是合二为一嘛，各个分支，一呀，二呀，三呀，多呀，乃至无限，到最后构成这个大千世界。宇宙这个混沌体就是合二为一，所以这是根本。但是光有这个合二为一，就没有多样性，没有丰富性。

陈珠芳：另外，从创造来讲，没有歧见就没有矛盾，事物就不可能被推动着往前走。统一了，发展过程中又会出现矛盾，再来一个统一，再矛盾，再往前走，应该是这样一个良性循环。

田 涛：社会、事物，甚至包括一个人自身，两种东西是并存的。人的肉体、思想，都是一个统一体，在这个统一体里面充满了对立，充满了矛盾。如果光讲对立，光讲矛盾，这个人就撕裂了。

陈珠芳：刚才讲到一点，我再阐述一下。关于加班的问题，人一定要明白，第一，人的精力是一个常数——Constant。你晚上用多了，白天没劲。偶然猛发一段是可以的，但长期是不可以的。第二，人的工作效率和注意力、集中度成正比，而集中度跟疲劳成反比。所以，做样子干吗？为什么不实事求是？《天道酬勤》那篇文章发表以后，我跟一个部门讲，人的创造力、效率跟集中度成正比，集中度跟疲劳度成反比，你们去选择吧，而且时间、精力是个常数，你们自己去分配。这么一讲不是就表明公司的态度了嘛，到底是谁在乱搞？

田 涛：任总讲的，只要是以客户为中心的都叫作奋斗，不是以客户为中心的都不能称作有效奋斗，其实讲的也是这个道理。你只要把你的正常上班时间、加班时间都聚焦在客户端方向上，这样就把很多无效的动作都取消了，怎么可能一天都那么忙，不可能的。

（结束）

访谈 8

李建国[①]

访谈时间｜2013年11月5日

访谈地点｜东莞

被访谈人｜李建国

访 谈 人｜田 涛

田 涛： 今天想和你交流交流，什么都可以讲，尤其是制造这一块，华为制造这些年变化很大。

李建国： 伟大的公司，往往有伟大的平台。以前我们的制造平台是分散的，客户说我们是 home（家庭作坊）式作业，后来是 normal（标准）式的，现在正在向 automatic/intelligent（自动化 / 智能化）演进。

共享平台的一个好处就是可以继承和发展，避免游击队作风。游击队和正规军是不同的。正规军里每个人的智慧都在不断地提升、平台性地提升；游击队搞一万年还是游击队，就是一个小山头。正规军有一个平台，撒一层土，夯实，再撒一层土，再夯实。我理解“土”就是最佳实践，夯实了就是把它固化了，形成流程；再不断地改善和夯实，就成为堤坝，成为我们的核心竞争力。

① 李建国，1993 年加入华为，现任制造部总裁。

我们一万多人的智慧每年都在制造这个平台上积累，制造技术、管理和流程等都在整体发展和提升，也在不断 IT 化（信息化）。涉及物理层的、中底层的、与产品打交道的，由 MES（制造执行系统）管理，公司流程 IT 管架构。

田涛：这样的变化是怎么产生的?

李建国：我最近写了一篇文章《了解人性，才能更好地管理人》，落脚点就是开放合作、兼收并蓄，就像《宽容》这本书的作者、美国人文历史学家房龙说的，当不同种族、不同信仰、不同肤色的人在一起和睦相处，文明就产生了。

我读世界三大兵书——中国的《孙子兵法》、日本的《五轮书》、德国的《战争论》，《五轮书》是日本第一剑客宫本武藏写的，里面讲舞剑的时候手腕怎么用力，眼睛怎么看，意念怎么想，在关键的时候大吼一声，吓对手一跳，手起刀落，是很精细的操作指导；《战争论》里面讲先炮兵轰，再骑兵冲，再步兵上，这就是按流程作业；《孙子兵法》提出“不战而屈人之兵，善之善者也”，包括了很高深的战略智慧。三大兵书反映出三个民族不同的文化特点和民族性格，从兵书可以看到制造的“道”。日本、德国的制造很厉害，它们的兵书体现了精细化、流程化。美国人的系统思维强，先有整体架构，然后是拿来主义，吸收、整合和创新，全世界所有的成果都为他们所用。比如日本人、德国人把照相机做得很精细，芬兰人把手机做得很标准，美国人全收了，做成智能手机，创造了奇迹。

我们要将这些优势结合起来，如果我们有了老祖宗兼收并蓄的智慧、日本的精细化、德国的流程化和美国的系统创新思维，我们就战无不胜了。我们制造部坚持，什么人的东西好，就学习、引入、消化、吸收，德国、日本、美国和韩国的好东西都为我们所用。日本的精益生产好，我们就请丰田的退休董事做顾问，丰田及其协力企业的退休董事好几个现在都在我们这儿，每年还在换，一般有 3~4 位老先生。德国的质量管理和自动化好，我们请德国弗劳恩霍夫制造技术研究所的院士及其专家团队做厂房工艺设计和自动化的顾问，请西门子管理学院帮助推行六西格玛[①]全面质量管理。安全生产也很重要，杜邦公司安全生产管理做得最好，我们就请杜邦的老师做顾问，请一个人就行，挺好的。

田 涛：质量改进主要靠什么？

李建国：靠 QCC（Quality Control Circle，品管圈）、合理化建议、六西格玛全面质量管理、精益生产持续改进以及一万多人天天做改善、做自我批判。自我批判要有行动，知行合一。我们把每天的改善当作自我批判，日常改善的同时也有突破性改善，两者相结合，就像散步和大运动量跑步出汗相结合。

原来我们做 QCC、合理化建议等小改进，最后发现改到一定程度，质量还是提不上去，直通率到百分之八九十就提不上去了，然后推行六西格玛全面质量管理，直通率达到了 95%。生产过程中的质量问题大大减少，但一出质量问题，故障品的批量很大。最后发现是生产模式有问题，落后的生产模式决定了会出大批量问题，一起批量问题就是几千甚至上万块的单板故障。从历史演进看，制造的方式是从手工劳动到作坊、批量生产，再到精益生产。所以我们开始推行精益生产，检一个、装一个、测一个、包一个，按节拍拉式一个流生产，一起质量问题就一块或几块单板出现故障，这样就解决了大批量的质量问题，并将生产周期缩短了 90%。

未来的生产方式就是精益生产基础上的自动化、数字化、智能制造。

① 六西格玛，一种改善企业质量流程管理的技术，以“零缺陷”的完美商业追求，带动质量大幅提高、成本大幅降低，最终实现财务成效的提升与企业竞争力的突破。——编者注

智能化就是“如虎添翼”，“虎”就是精益生产，是基础，“翼”就是自动化、数字化、智能制造。基础的东西还是精益生产和工业工程，标准化都没有搞好怎么可能实现智能化？改善是一步一步的，没有QCC就没有全面质量管理，没有全面质量管理就没有精益生产，没有精益生产就没有智能化，到了一定程度就知道该干什么了。

田 涛：六西格玛最早是向哪家开始学的？

李建国：我们最早学的是西门子，西门子卖给我们SMT（表面贴装技术）设备，先教我们换线，后来我们又聘请西门子管理学院的老师，教我们六西格玛全面质量管理。

田 涛：我看你博览群书，这个习惯是怎么养成的？

李建国：我小时候在农村，农村也没什么娱乐，一个是晚上听说书，再一个就是自己读书。我大哥有些文化，当过海军航空兵飞机仪表师，收集了一些书；三哥是大队团支书，也有一些书；叔辈和祖辈里有读书的人，也留下了一些书，尽管我父亲不识字，但因他排行老大，这些书就集中在我家了。我小学的时候，就坐在阁楼的亮瓦下，把一两箱书都读完了，包括《水浒传》《西游记》《说岳全传》《英烈传》《红楼梦》《毛泽东选集》《鲁迅全集》《清江壮歌》《十万个为什么》等，还有《十月》和《人民文学》杂志，《金刚经》也看过，虽然没看懂。读书是从小培养的。

田 涛：你学什么专业的？

李建国：本科读的理科，物理专业，研究生读的是工科，自动化仪表与装置专业。我本身喜欢人文类的东西，小学、初中、高中时我的文章写得好，经常被老师当作范文念。但当时讲“学好数理化，走遍天下都不怕”，所以一般都希望读理工科。我在 1981 年考大学，过了重点大学分数线，但是体检发现得了肺结核，被淘汰了，回家放了大半年牛。1982 年又参加了高考，又考上了，不过学校普通一些。所以有挫折是好事，我现在精神很好，平时晚上有空就坚持快走，周末会爬爬山出出汗。

在大学的时候，我曾在笔记本的首页写道：人之幸福在于心之幸福。当时有同学批评我是唯心主义，这种感觉肯定和小时候读的两箱书有关系。我发现，做事善始善终很难，做大事善始善终更难，任总也说昙花一现的英雄很多。我在制造这个领域做了很长时间，做生产也要悟道，我们的道场就在生产一线。把华为制造做好，做到 ICT（信息通信技术）行业的“丰田”我们还是有信心的。

1997 年，我有幸给任总做了 4 个月秘书，我原以为任总天天看的书是企业经营类的，但他看的是讲“两弹一星”如何在艰苦环境下研制出来的书，以及《胡耀邦与平反冤假错案》等书籍，与企业经营没有直接关系，可能是功夫在诗外吧。我还偷偷拿了一张任总的照片，他自己还不知道，我真的很敬仰他。

田 涛： 你给任总做秘书，近距离地看他这个人，你有什么特别的感受？

李建国： 那时任总做得最多的事就是起草任命，再就是策划一些大事。我很幸运，《基本法》修订我也参与了，我帮他改了几个字，被他批评了一下：“我没让你改，只让你改一下标点符号。这些字一字千金，怎么能改？”

田 涛： 任总为什么找你做秘书？

李建国： 那时公司缺干部，主要是培养吧，也是考察，看这个人行不行，两方面都有。

田 涛： 你们在这4个月有没有什么冲突？举个例子。

李建国： 一个是《基本法》，我改了几个字，我认为写得不够符合科学。还有一件事，有一个纪要的描述我认为不合适，给任总提了，当时他没有改，我就没有再坚持，可能是我说话方式不对，事后任总也改了。

田 涛： 你觉得他能接纳不同意见吗？

李建国： 能够接纳不同意见，但是要有合适的方式去表达，他是个了不起的人，但他也是一个平凡人。

我与任总单独交流很少，在公司工作20年，就今年春节我给任总发了一个短信，给他拜年，衷心感谢他多年的信任，他也回了信息。这也是我到供应链制造体系后第一次主动跟任总交流，工作上的交流每过几年会有一两次。

田 涛： 他是否知道你有如此惊人的阅读量？

李建国： 应该不知道。我认为作为管理者，要不断地改善工作，就要有大格局、开阔的视野和丰富的思想，就需要有足够的阅读量。

田 涛： 你离开后从来没有主动找他，他也没有主动找你？

李建国： 没有。就是有一次，任总召集供应链开会，好像说我阻碍公司前进了，我说我没有，我在持续改进、推行精益生产。后来听上级领导转告说任总也肯定我是有进步的。过了一段时间公司准备安排我换岗位，到中央研发部从事工程工艺研发管理工作，他就带信儿说我是长期、一贯对公司忠诚的，我觉得任总和公司一直是信任我的。

田 涛： 我看你的履历，这么多年，你一直都在制造、供应链相关领域？

李建国：我刚进公司的时候，在研发部门做过两年 08 万门机的硬件开发，也开过试验局，还负责过中试。1994 年年底，我作为项目经理在湖南郴州负责开 08 万门机第二个试验局，在装机现场待了 40 天。还在华为电气工作过两年，被任命为常务副总裁，管理运作与交付所有的业务，负责生产计划、订单管理、采购、制造、质量、流程 IT 等业务，得到了全面的锻炼。

田 涛：讲下华为电气这段的经历吧，你印象比较深刻的事情。

李建国：这是做秘书之后去的。

田 涛：做了 4 个月秘书之后，职位高了，说明你是考核通过了，被认可了。

李建国：我在华为电气负责管理供应链和生产，陈珠芳老师去看了，说我干得还可以，尽管电源产品的制造，和现在的终端制造一样，都是白手起家，但是做得很好，而且发展很快。我加入华为电气时供应链制造系统的人很少，只有一个工程师、一个技术员、几个干部和三四百名工人，我在不到一年的时间里把它发展起来了。华为电气的中试部是以制造的生产工程部为基础建立的，公司的中试部也是张中石老先生和我一起组建的。张中石老先生是经理，我是副经理。

田 涛：中试有一段时间和研发是并列的，是吧？

李建国：是的。在华为电气的时候，当时就请了很多外资厂的人，业务马上就做起来了，质量有改观了。我知道我不行，但我知道谁行。当时任总让我搞中试，其实就是做筛子管质量。因为对质量很重视，我在生产管理上一贯把质量放在第一位。为了质量，与周边有些同事产生了冲突，但是我坚持下来了。坚持一个东西，刚开始可能不会被别人认可，但是最后会得到认可。包括推行精益生产，有些人可能不理解你，理解你的人会认为你是对的、先进的。你要公司所有人理解你也是很难的，但是一如既往地做，有效果了就不需要去解释了。

要做正确的事情，不能做到每个人都对你满意，有时候也会遇到挫折，也会苦恼。现在看来，是个人同理心不够的问题，为什么不能宽容些呢？比如你是搞生产的，有问题时停线是天经地义的，但对周边有些兄弟来说，那是不可理解的，线停了怎么满足客户需求？你应该边分析边生产。所以要用包容心、同理心去对待别人，这些都是可以化解的，沟通永远是不够的。我从任总那里得到最大的收获是自我批判，也是我在华为最大的收获，任总不自私，从他那儿学到了很多东西，很感谢。

我是一个很有激情的人，做事有激情，但是最近我反省了，表扬人要情绪高涨，批评人的时候情绪不能那么高，要平和、讲究方式。

田 涛：我们这是第二次见面，你始终是一个激情洋溢的人。你为什么能在一个岗位上待这么久还持续保持这种状态？

李建国：我开始并不喜欢这个岗位。上研究生之前觉得学物理可能做不出大成就，家里也比较困难，搞工程技术可能会好一点。当时我认识到计算机是一个方向，计算机原理和编程方面也有学过，在一门计算机课程考试中我得了满分，老师对我说其中有 30% 是清华大学的研究生入学考试题。我想我不考清华大学，考华中理工大学吧，华中理工大学也是我梦想的大学。我本科读的是师范学院，文、理、艺术科都有，毕业后留校教书，同事中怪才很多，甚至有人能把《资治通鉴》《史记》背得很熟，我在那里进一步受到了人文的熏陶。

为什么这么坚定呢？我从小受到熏陶，受到金戈铁马、建功立业这些启蒙东西的影响，中国知识分子可能都有这样的情结，想成就一番事业，有梦想、有追求、有情怀。我自认为我本质上是一个知识分子。

田 涛：和日本合作是公司的意思还是你自己的主意？

李建国：是我主动找日本丰田顾问合作，并得到了上级领导的大力支持。1995 年任总准备安排我去管生产，我找过任总两次，说想继续钻研技术，我研究生期间学得还可以，是自动化系和计算机系联合培养的，毕业的时候得了优秀毕业论文奖，答辩成绩是两个系的第一名，并被免试推荐博士，因觉得家里经济条件差，加上曾经生过病，就放弃了。所以我是有自信的，自信来源于每次奋斗之后都有回报。

进了华为后，我想做些技术工作。1994 年年底，在研发部我负责准备当时的北京国际通信展，从设计原理图到展品出来，仅用了一个月的时间，搞得挺好。结果任总一看，就认定我可以做生产，都是因为我“太认真”。第二次我又找他说想继续做技术，他说给我升官，要任命我做经理。我说：“我不想做经理，想把技术搞好，做经理也要有点技术的，我技术还不精啊。”他说：“让你做管理是看得起你，搞技术是和物打交道，搞管理是和人打交道，你的综合能力会得到提升的。”但是我当时还没有感觉，一门心思想做技术。结果去了之后，任命是经理，实际就是管理几个工人，算是个工段长，心态开始有点不好，但我的个性是要做就做到最好。当时，日本生产做得是全球最好的。还有 5S[①]、QCC 和 TQM（全面质量管理），对质量提升和现场管理非常有效。我随公司质量考察团去日本进行了考察，对精益生产也有了了解，回来后自己搞了一些精益改进。从 2005 年开始，我们请了几个日本丰田退休的董事做顾问，其中有一位老先生叫增岗范夫，曾任丰田发动机工厂厂长，我问他为什么来指导我们，

① 5S，指 5S 现场管理法，它包括整理、整顿、清扫、清洁、素养，起源于日本。——编者注

他说："精益生产绝对是好东西，是宝贵财富，如果我不传给你们，我死了带到土里就浪费了，我要贡献出来。"他很认真，境界很高，我经常号召大家向他学习。他也很希望我们成功，说画龙点睛的"睛"就是精益生产。

田涛：你应该去过日本很多次了，华为和日本一些大企业相比，处在什么样的水准？

李建国：我去日本企业和工厂考察过多次，丰田去了两次，华为制造跟丰田比差得比较多，跟那些中小企业比还是好的，跟其他大企业差距不大，但比它们有活力。我们往往容易大而化之，缺少践行，在知行合一、管理精细化、标准化方面差一些，缺少精益求精的态度。

我对制造总裁岗位总结了几点：一是"大志小行"，"大志"就是志向要远大，华为制造业务要成为ICT行业的"丰田"，要成为制造业的标杆；"小行"就是要在关键的小事上做好，比如关键的质量控制点、生产安全和消防安全、员工关系；二是"知行合一"，我坚持每个星期都去一次生产现场（含外包厂现场），每个月亲自召开一次质量会议，14年从来没有松懈过，始终都是亲自抓质量；三是"静水潜流，持续改进"，把华为核心价值观中的自我批判，在制造部诠释为推行全员持续改进，每天都要比前一天做得更好。

田涛：讲讲你对自我批判的认识吧。有些什么批判方式？

李建国：自我批判要随时随地，为了达成工作目标，自己要不断进行调整。比如今年上半年我们和消费者BG一起搞质量，在质量问题上有些争执。当时P6手机出了质量问题，大家吵得很厉害，我就跟每个部门单独沟通，效果很好。但是过了几天，有个兄弟跳出来对前期达成的共识又有意见，当时我就很生气。之前我还反复强调说沟通永远是不够的，结果他一说，我又生气了，火比较大，声音比较高，但没有骂人，作为高级干部这样还是不太好。既然认识到沟通永远不够，为什么反弹那么大？自我批判很好，但是知行合一很难，后来我又找下属和他沟通，也准备找时间再与他单独沟通。华为的自我批判是一个强大的场，身处其中就不得不自我批判，不能自我批判的人是不能长期做干部的。

田 涛：协同部门之间是内部客户关系，你们班子内部的自我批判是怎么搞的？

李建国：内部随时随地搞，开会的时候就会自我批评，把我的感受说出来。比如，有个兄弟很直，搞精益生产很好，但是有时候太直接了，虽没有恶意，但也会伤害别人的自尊心。人都是希望得到认可的，总是太直接批评别人，不利于人家心悦诚服地接受。后面我和他交流，说他只顾做事、不关注别人的感受，要学会表扬别人，批评别人也要讲点方式，工作氛围也很重要。有问题我会随时提出来，随时自我批判，所以我和他们之间没有太大问题。对我来说，出了问题，大家一起解决就好，客户满意了，然后再检讨一下，更多的是信任。我管理制造这么多年，质量没有出过太大问题，应该说做到了对出厂质量的把关，公司是认可的，也没怎么因为质量问题处理人。但是，对不负责的、渎职的、反复犯同样错误的人，要处理，对在安全方面出问题的，我也会很严厉地处理。有个员工因为违反了安全规定，要被开除，他来找我，我说："你要感谢我。"他问："我为什么感谢你？"我说："你这次如果撞死人就不得了了，这次被开除了，你以后一定会小心，走路小心些，开车也会小心。你会长命百岁，会感谢我的。"在这个问题上我不会有半点含糊，因为人的生命是不会有第二次的。

田 涛：现在班子里有几个人？民主生活会多久开一次？

李建国：9 个人，加上我 10 个人。今年已经开过一次了，但不是公司要求的。上半年刚接管终端制造有点紧张，压力比较大。刚接过来时，公司给了 100 多个专业人员，90 亿美元的量，我们通过制造平台也把它搞定了，但很紧张。我们除了批判自己，没有其他办法。针对终端制造业务没做好的地方，有些人找了很多理由，我说不能那样解释，要批判自己，会上大家都是自我反省。

田 涛：是要求人人都要自我批评，还是自己想说就说？

李建国：有问题人人都要自我批判，平时就鼓励大家自己反省，这已经形成氛围了。这次一个日本客户的质量问题，是我组织处理的，是之前遗留下来的，我们接过来之后对问题处理得还是比较好的，客户也是满意的。我认为我们要反省低级错误后的高级问题，认识到重要性以后，是否形成了设计基线？有没有制定相应的质量标准和控制重点？生产现场有没有重点管控和过程防呆？执行如何？这些就是低级错误后的高级问题。胶片[①]还没讲完，客户的高级副总裁马上起身说很好，终于达成共识了。

认识到错误之后，肯定是有方法解决的。质量管理体系就是一个自我批判的体系，质量管理就是减少不良、提升品质，品质就是品牌。从这个方面讲，我们华为制造体系是有品牌的，我们始终认识到质量的重要性，任总也是一贯要求重视产品质量。任总对制造的定位就是简单的一句话：对出厂质量负责。虽然这么多年任总和我面对面交流较少，但我们做的事情他都是知道的。

田 涛：这么多年来，你应该受到了很多委屈，受到委屈你是怎么面对的？

① 类似于 PPT（演示文稿），一种资料呈现方式。——编者注

李建国：挫折，只要没把你弄死，它就是宝贵财富，让你功力大增，内心强大，越战越勇。

田 涛：华为很多人受过委屈，最后都扛下来了，受不了的也都离开了。

李建国：我觉得挫折是好的，在一个位子上干了十几年，要感谢这个。天天盯的是别人的毛病，总不检讨自己是不行的。最近我又有点升华了，在跟人的关系方面，如果和谁关系不太和谐，我会反省自己，觉得还是自己做得不够，还不够大气。华为从长期看对人的评价是公正的，这是一种无形的力量，是华为核心价值观的以奋斗者为本的具体体现，是华为体制的力量。当然从短期看不可能都做到那么公平，绝对的公正在这个世界上是没有的。你可能不经常见到任总，但通过这个体制，他能够公正地评价你。任总曾对我们讲，“你进步了我不见得都知道，你就请自己吃碗炒粉吧”。这些也是我能够在华为安心干 20 年，在供应链和制造干了 16 年工作的缘由。

田 涛：你的基层民主生活会是每个月一次吗？

李建国：是的，固定的。要求各层各级的管理者每个月或每个星期都要开基层员工民主生活会，大家有意见可以和管理层沟通，这样我们可以听到基层员工的意见。制造部层面每月一次，每次派一名 ST（办公会议）成员主持会议。原来制造业务规模不大时是一个星期安排一个经理主持开一次基层员工民主生活会，请基层员工给我们提意见和期望，但现在这样做不行，太多了，就一个月一次了。还有员工管理葡萄图，每天对员工做得好的要表扬，做得不好的也要写出来予以提醒，把自我批判融入每个人每一天的工作中，及时改进。等到积重难返的时候再批评处理，既不容易让人接受，也收不到好的效果。

田 涛：能否给我一张葡萄图的照片？

李建国：可以的。

田 涛：现在大多数员工都是高中毕业的吧？

李建国：大多数是高中生、大专生，不太复杂的岗位也有少数初中学历的。

田 涛：这些人过去都没有在大工业流水线上作业的经验，你怎么让他们成为流水线上合格的技术工人？

李建国：进公司的时候是有引导培训的，还有师傅带，师傅教得好还有奖励。

田 涛：这种方式是从哪里学的？包括师傅带徒弟。

李建国：这个说不清楚是从哪个公司学的，所有好的都学，我们甚至到一家规模不大的外协厂也能学一点。

田 涛：新员工需要培训多久？

李建国：培训周期还是比较短的，我认为这不太合适，下一步还是要增加培训时间。

田 涛：我原来没看过华为的制造线，看过富士康的制造线，我觉得培训周期短就上流水线可以理解，但是怎么把以前那种散漫的人变为流水线上的螺丝钉呢？

李建国：不是一批一批的，是逐步渐进的，还有师傅可以带 1~3 个月，难的、复杂的可以久一点。

田 涛：严格讲就是把一个农民变成了一个现代化产业工人，只有中国才有这样的奇迹，你有没有从大的背景上思考过原因?

李建国：中国人从传统上还是服从上级和领导的，是善良和大团结的。我们的基础教育也可以，但在技能教育方面差一点，我们的技能培训不是一周能完成的，师傅带徒弟的方法是很好的。

田 涛：你觉得这和国内其他制造企业的区别是什么?

李建国：员工的主观能动性激发得较好，推行全员持续改进，并已形成氛围。我们强调对员工要尊重，严格管理、关爱员工，相辅相成，两方面都做好了才是一个合格的干部。我们所有的工作都是既要这样，也要那样。你既要抓好质量，也要抓好交付，还要抓好成本，员工关系也要抓好才行。我认为越是到上面的人，越是要能解决矛盾，能解决好多个要素矛盾的是高手，这些要素是可以找到一个平衡点的，找不到的那是给自己找理由。比如说搞生产，要懂点历史，有积累，同时也要关注新技术，不断批判自己。为了今年的战略规划，我看了 5 本书:《第三次工业革命》是面向未来的,《新工业革命》是从历史角度写的,《大数据时代》《3D 打印》和《创客》是从新技术角度阐述对未来生产的影响。我们的制造体系是开放的，自制与外包相结合，顾问和自有专家相结合，干部内部培养和外部引进相结合，试制在内部做，关键的产品要有一定的自制规模，掌握核心制造能力，个性化的定制产品要贴近客户。

田 涛：现在制造线上的制造工人的薪酬和综合福利的竞争力怎么样?

李建国：比社会平均水平高一些，我们始终这样定位，这也是任总要求的。我也体会到，高一些，但别高得太多，也需要考虑成本。

田 涛：制造企业员工的流失率比较高，主要是什么原因引起的？

李建国：与时代有关系。原来农民出来打工是为了赚钱，娶媳妇、盖楼；现在大多都是独子，也富裕了，出来就是想长见识，这里的房价、物价都很高，留下的难度大了。

田 涛：流失率较高，下面这些因素你觉得哪个是最主要的：对大工业流水线的不适应、待遇薪酬低被别人挖走了、学到了现代化的管理去创业了？

李建国：员工在全国各地都可以有发展，他在这里离家远，而且也不完全是为了钱出来的，内地发展好，离家近也挺好的。我们下一步要在留住优秀技师、技工方面下功夫，现在一些基层主管也不一定要求高学历了，少数优秀的工人也可以去当。

田 涛：有没有员工因为特殊的贡献，获得了提升进入管理层的？

李建国：有的，但是不多。

田 涛：这跟华为的人力资源管理制度有关系，还是因为本来之前就没有考虑太多？

李建国：现在要着重去考虑这件事。

田 涛：有可能会从这些基层技术员工中提拔一些到管理层？

李建国：是的。

田 涛：是否统计过员工平均工龄？大概的数字吧。

李建国：工龄平均三四年，长的也有十几年的，有些输出到公司的财务、人事、后勤部门了。优秀的员工大部分其实都留在华为了，包括研发、财务、慧通等，我们输送了很多优秀的人员给它们。

田 涛： 很优秀的员工为什么要输送到其他部门?

李建国： 您这个问题问得很好，新的员工在大量进来，也要给他们一些机会和空间。另外，这些优秀的员工公司也需要他们，从社会上招聘也不太好，在我们这儿经过锻炼和考验，做工作的规范性好，劳动态度方面经过考验也是没有问题的。

田 涛： 他们是发现你的人优秀，要走的吗?

李建国： 他们是定期要，而且我们给的时候也是公正的，因为这也是一种激励。

田 涛： 公司这样的设计出于什么样的意图？定期从制造部门要人?

李建国： 这么做是任总的指示，这些人对华为比较了解，风险小，需求部门也认可。

田 涛： 华为的这套价值观在这里落地和在其他部门是否一样？因为制造是不直接面对客户的。

李建国： 是一样的，但是要具体化，不能大而化之，比如以客户为中心就是质量第一，对出厂质量负责；以奋斗者为本就是讲绩效，多劳多得；艰苦奋斗在我们这里就是诚实劳动、爱岗敬业；自我批判就是全员持续改进。

田 涛： 你有时候会抗上，但是对下面很好。

李建国： 工作中有些不同意见是正常的，一团和气也不一定好，但组织上决定了的事情要执行。推行了这么多年的精益生产，我悟到，最大的精益就是简单、坦诚、实事求是。我们鼓励提不同意见，敢于暴露问题、拥抱问题。

田 涛：把公司的价值观、文化落地到这儿，形成你自己的一套细节化的东西。

李建国：这叫知行合一，我们有制造的知行录，整理成了一些手册，比如《车间主任手册》《工段长行为规范手册》等。

田 涛：这个是谁弄的，你们这个班子吗？

李建国：制造部人力资源部负责组织整理的，包括我们长期积累起来的一些理念和有效的做法，比如一丝不苟、马上就做、不断改进、永不满足，以及质量第一、安全不放松等，结合公司的要求形成了体系化的东西。

田 涛：这些需要公司批准吗？还是你们定了就自己推行了？

李建国：这些东西会给公司汇报，公司没有反对，我们就推行了。流程、IT 类的我会亲自抓，不断完善。

田 涛：我在公司听到了两种声音。一种是很放手，权力都很大；另一种感觉管得很多。你的体会是什么？你的上司对你如何？你觉得你的权力上面都给你了吗？你对下又是如何放权的？

李建国：我认为公司对我和制造部的管理松紧度是合适的。对下我是“大志小行”，关键的事情不放手，不说大话，每周去一次生产现场比在办公室听报告要强。

田 涛：你现在已经在制造部门十多年了，你的成就感如何？

李建国：我们持续改进还是有成就感的，但是与丰田的差距还是较大的。泛网络制造的标杆是丰田，终端制造的现实目标是三星。

田 涛：三星和丰田比也是有差距的吗？

李建国：丰田在精益生产上，目前全世界无人能及。我认为有一个企业接近了，就是德国的博世，做汽车配件的。我们这里有曾在丰田、博世、三星工作过的人，比如一个在三星干了十几年、当过厂长的，制造的专业能力和管理能力都很强，我很尊敬他，直接把他提拔到管理团队。我们还请了一个在博世工作多年的德国专家，来做自动化和生产工艺流程优化的顾问。

田 涛：大概有多少个国家的专家在你这儿？我对你的万国顾问的概念印象很深。

李建国：我们有日本、德国的专家、顾问，也有美国企业的专家、顾问，最近引入了一个韩国顾问，是韩国可靠性协会副会长、韩国总统奖获得者，你下次来可以见见面。因为日本、德国的高端客户对质量的要求比较高，虽然我不行，但是我知道谁行，这是我们一贯的做法。我跟最好的老师学，60 分也可以，跟差的老师学，100 分也没用。老师是我们对专家、顾问最大的尊称，这些人我都很尊敬。

田 涛：你觉得这么多年来，任总安排你做制造选对了吗？

李建国：当时我不太想干，现在看来任总是对的。只要对公司有利，发挥好就行了。做研发、制造、销售等的道理是一样的，如果你不自我批判，老是想着别人的错，是没有结果的。要想获得真正的解放，思想一定要彻底解放。

我把我的梦想与华为的发展找到了一个结合点，在生产一线干世界一流的事业。华为的文化、价值观——以客户为中心，以奋斗者为本，长期艰苦奋斗，坚持自我批判，这四句话要践行。我一直按照这四个方面努力，但是作为一个高级管理者，还要提升。做更大的事情要有更大的胸怀，我一直保持业余时间阅读的习惯，尤其是遇到障碍和瓶颈了，发现有些东西是冲突的时候，挫折也可以通过读书来释放。

田 涛：所以你现在还是在公司的主航道？

李建国：生产绝对是，未来更是，尤其是做到消费者领域。事实证明，把所有东西都外包了，是有风险的。英国、美国，还有中国的一些企业，当它们不行的时候，有些外包厂就抛弃了它们，我们永远要保持自制和外包相结合，聚焦核心制造能力，不受制于人。

田 涛：终端制造回来是你争取到的？还是终端本身就有回来的意思？

李建国：任总提议，公司管理层集体决策的。

田 涛：在你这先出终端样品。

李建国：是的，终端试制验证在内部做，还批量生产一些高端产品和大客户的产品。

田 涛：你觉得任总是对你一生影响最大的人吗？

李建国：是的，绝对是，尤其是在自我批判、无私方面。外面的老板至少要持有公司百分之三四十的股份，没有人能像他这样，不仅任总，任总家里人我也了解，都很和善，这是家风。

孟平最早的时候也在我们生产线上干过，做打包工作，后来听说孟平的腰扭伤了，我有点后悔没有照顾他。还有晚舟，我觉得也很好，她很尊重我，让我觉得很温暖。小任总（任树录）也很好，坦诚待人，他们有一个共同点，就是“善”。

田 涛：我也这么觉得，他们几个都是这样。

李建国：嗯，都有“善”在心里头。

田 涛：对的，这个是根本，当老板也应该是这样，“善”是根本，表现形态是另外一方面。

李建国：我现在想，胸怀很重要，一把盐放到杯子里是咸的，放到湖里面什么味道都没有了，胸怀宽广了，感觉就不一样。我们又有什么委屈呢？曾经有一些是因为我们不成熟。在这个领域我已经干了十五六年，现在已开始找接班人，我们会退休、会死去，退休之后会保留股票吧，从自私的角度想，我就要选个好的接班人，保证我们的股票持续升值。要把质量搞好，因为从华为公司的角度，制造在我手上，制造的作用是什么？制造做得好公司不一定好，但制造做不好，公司就一定不会好。质量不好，客户就不相信我们了，以客户为中心就没有了，产品卖不出去，公司就会崩溃。所以我选的接班人第一要重视质量、抓好质量，第二要管好及时交付和成本。我在华为公司，为了质量，与一些同事有争执，为了工作，也与一些人有争执，但这是以工作为出发点的，只是沟通方式还需要改进，现在我是公司层面的领导了，还要继续学习和提升。

田 涛：质量是铁面无私的事，不能出一点问题。

李建国：它不是矛盾的，质量好，一次性把事情做对，效率就高，交付就及时，成本也会低。日本朋友对我的启发很大，1996 年我到日本访问，日本朝日啤酒的董事长告诉我：品质经营。我当时没想明白，其实，品质好了经营就好了，品质好了百分之七八十的事情就做好了。在新的时代更要抓好品质经营，尤其是海量产品，卖不了几个钱，但客户要求很高，这是个新的挑战，所以这次请了韩国的老先生来帮我们搞定这个事情。

田 涛：现在有多个国家的专家在你这儿吧？

李建国：有德国、日本、韩国、美国和台湾地区的。原来还有新加坡的，偶尔还有英国的。我们内部也有专家，研究所里面高人很多，也不用老盯着外面。开放的制造体系和开放的制造人力资源体系，实际上也是自我批判的体现。

田 涛：公司去年的销售额是 300 多亿美元？今年是 400 亿美元？其实主要是从你管理的五大制造中心发出的？

李建国：是的。另外，全球的备件维修及分发中心的制造行为和质量，制造部也要管。我父亲是种田搞生产的，我也是做通信产品搞生产的，一天出货一亿多美元，是件了不起的事情，感谢公司的信任。

田 涛：备件维修的话，触角就伸到客户了？

李建国：到国家级的维修点了。

田 涛：那维修点也要和客户直接打交道了。

李建国：是的，我们管维修工艺技术和质量管理支持，但人我们不直接管。还是要继续努力，不学习是不行的。

田 涛：你管的人和其他部门有很大的不同，那边主要是知识劳动者，这边主要是非知识劳动者，但也是现代化条件下的非知识劳动者。

李建国：我们有 1000 多名专业工程师及 15000 名作业人员。未来要“如虎添翼”，“虎”就是精益生产，要继续深入推行，“翼”就是自动化、数字化、智能制造。

田 涛：这些是新的概念和新的应用。

李建国：我以前是做开发的，两进两出研发部门，做过产品硬件开发及产品工程工艺研发的管理，还做过中试，负责过 08 万门机试验局开局，产品这条线我差不多都做过了，对新的制造技术还是能同步的。

田 涛：好的，谢谢。

（结束）

访谈 9

约翰·萨福克[①]

访谈时间｜2014年4月24日

访谈地点｜深圳

被访谈人｜约翰·萨福克

访 谈 人｜田 涛

田 涛： 您好，约翰先生。我们先聊聊您的经历吧，您是何时加入华为的？

约翰·萨福克： 我的背景是商业，我是个商人，在银行业待了 20 年，管理过零售银行和房屋抵押贷款协会。离开零售银行业后，我开了一家咨询公司，然后加入英国政府，担任刑事司法改革总监，随后成为英国政府首席信息官和高级信息风险负责人。我在政府机构工作了 8 年，决定离开的时候，我想了想下一步要做什么。技术在不断改变着人们的生活，我对这种改变怀有极大兴趣，同时也担心网络安全问题成为阻碍。因此我的理想工作是促进东西方共同解决网络安全问题。我认为最好的方法就是跨越东方和西方。我在政府工作期间处理过与华为相关的事务。后来华为邀请我加入时，我就想，加入华为是帮助华为提高能力的最好方法，更重要的是能够促进东西方加强网络安全问题对话。但我要先澄清一点，我不是网络

① 约翰·萨福克（John Suffolk），2011 年加入华为，现任全球网络安全与用户隐私保护官。

安全专家，而是转型专家。我擅长让一家公司从 A 点转变到 Z 点，不管是企业业务还是文化或者其他方面。所以我帮助企业解决问题，但我并不是安全技术方面的专家。这一点很重要，因为许多有待解决的问题都不是技术问题，包括网络安全和东西方的差异问题，这些问题涉及的是政治、法律和文化问题。解决这类问题需要技巧和方法，而不仅仅是技术。技术问题比较容易解决。最难的是如何让人们尊重各自的历史、文化、法律和价值观。说实话，在我宣布加入华为的时候，很多人都惊讶于一个曾在政府机构处理安全问题的英国人为何要加入一家中国公司。所以并非所有人都觉得这是一个明智的选择。但是我有自己的想法，从来不在意别人对我的决定有什么看法。

田 涛：在您加入华为之前，头脑中的华为是一个什么样的形象？

约翰·萨福克：坦白说，离开政府机构的时候，我当时并不是很了解华为，只知道华为是一家中国的技术公司。我也听过有关华为的传言，华为相关的报道也看过，了解美国和其他人对华为的看法。其他的就一无所知了。我在英国和华为共同解决一个问题的时候接触过华为的员工，他们给我的感觉是非常专业且客户至上。对我而言，他们非常开放、诚实和正直。其实我是在一个多元文化的社会中长大的，成长过程中遇到的人来自不同国家，他们说着不同的语言，信仰不同宗教，有着不同肤色。也许是这个原因，我从未觉得多元化是一个问题。因此，我关注的是一个人的价值观以及是否诚实和正直。我觉得我当时接触的华为人都很优秀。

田 涛：听说您在政府做首席信息官和安全官的时候，推动英国政府的相关人士到华为来考察过，那么他们当时对华为得出了一个什么样的考察结论呢？

约翰 · 萨福克： 这得从我在英国政府工作时为华为所做的事说起。与其他政府不同，英国政府使用的很多技术都是由世界各地的私营供应商提供。有一次我给企业做宣讲，宣讲结束后，一位来自华为的代表问我能不能安排华为与英国政府进行一次会谈，我当时就拒绝了，说你们是新的供应商，政府对你们的情况不是很了解。后来我召集英国国家安全、贸易、投资、外交和情报等部门的政府官员与华为进行了一次会谈，讨论合作事宜，那次会议是我主持的。前面已经提到我是善于解决问题的人，当时政府对华为想做的事情不太确定，我们在那次会议上解决了这个问题，办法就是华为在英国建立网络安全评估中心。后来我在评估中心启动前宣布将从政府机构离职。陈总（陈黎芳）邀请我和政府官员一起参观华为。我答应她会推动政府相关人士到华为参观，但我不同行，陈总坚持说："如果您不忙的话，请您一起来华为参观吧。"那次参观结束后，我对华为有了很多认识。首先，人们表面认识的华为并不是真正的华为，参观之后才能感受到它的规模、专业性和成熟度。华为给我的印象是开放、透明的，它愿意真诚地与客户和政府合作。但是，我也感觉到，华为员工不太懂得如何与政府打交道。三四年前他们还不太懂得如何跟政府交涉、对话并质疑政府错误的观点。我认为他们当时并不具备相关的技能。

田 涛： 您是说三四年前华为员工没有这些技能吗？

约翰 · 萨福克： 是的。我当时还是以政府官员的身份参加了那次参观。如果我问华为你们为什么这么做，他们不会跟我说这么做的原因是什么，然后说我的模式不太妥。华为会保持沉默，因为他们不懂得如何同像我一样的政府官员打交道，我觉得他们不认为他们不能反驳我的话。但那次参观结束之后，我清楚地知道华为就是我想要加入的公司。

田 涛：您在做英国首席信息官的时候，有没有怀疑过华为和中国政府、中国军方的背景？您现在加入华为这么几年了，在您的头脑中，您觉得华为和中国政府还有关系吗？

约翰·萨福克：我对这个问题的看法跟大部分人不一样。我对华为与中国政府或者其他任何国家的政府是否有关系并不感兴趣。我觉得这一点都不值得拿来讨论。所有大公司都会与政府有着某种程度或某种形式的关系。不论人们是否称华为为国家龙头企业，华为都是一家全球领先同时也是中国领先的技术公司。所以它与中国政府有关系也是很自然的，我觉得这并不是一个问题。我关心的问题是，这种关系是否给华为所做的事情造成了消极的影响，以及有没有证据证明中国政府对华为产品的设计、开发和运营产生了影响。我从未见到过任何相关证据。我在英国政府工作期间没有收到过这种证据，在华为工作的时候也没有看到。这并不意味着我们可以不遵守中国的法律或不执行中国的标准，就像我们要遵守英国或法国的法律，执行它们的标准一样。这并不是问题所在，重要的是我是否相信或有证据证明华为是中国政府的一部分。我从来没有见过也没有察觉到这样的证据。我要澄清一点，我的本职工作是阻止包括中国政府、美国政府、任总和研发工程师在内的任何人在产品或服务上动手脚，做出伤害客户的举动。首先，我要把这件事去个人化，既不针对中国也不针对美国。我只关注风险，识别风险的来源并阻止风险发生。举个例子，以前有媒体报道称（虽然现在已经没有这样的报道了）中国政府可以指挥任总怎么做。我说不要逃避这个问题，让我们心平气和地把这个问题当作风险来处理。我昨天吃午饭的时候跟一家台湾媒体讨论了这个问题，因为我觉得要让别人知道我们并不害怕讨论这些问题，这一点很重要。我说，如果中国政府能指挥任总做事，那他接下来应该要怎么做呢？他要让谁去做这些事呢？因为他自己做不了这些事，他必须得让研发人员去做。华为产品中有70%的组件来自全球各地的其他公司。我们把问题从头到尾梳理了一遍，得出了符合逻辑的结论。这个问题解决之后，我说，有没有更加便捷的方法使中国政府、美国政府或者其他国家的政府达到自己的目的呢？当然有，贿赂呀，这种方法更加行之有效。所以风险不是不存在，只是我们不能用情绪化的方法来处理，你要分析，并找出风险产生的原因，是否可能产生风险以及有没有其他更加低成本或有效的方法。如此一来，大家会觉得之前的问题已经不再是问题了。运用一些常识就可以把问题化解。在美国，人们觉得能为军方工作是很光荣的事。他们觉得美国公民为军方提供支持或在军队工作是为所应为，他们退役后通常都会在美国的大型技术公司工作。那么美国、中国和其他国家之间有何不同呢？为自己的国家服务都是值得引以为荣的事，美国人能以此为荣，为什么中国人不可以呢？所以在思考或解释这些问题的时候，我会从两个方面切入。我会从逻辑上梳理问题，同时也从情感上切入华为在网络安全方面的努力。因为这是个非常情感化的问题，你无法用一个切实的答案来回答。你必须从情感和理智两方面进行沟通。如此一来，大多数人会对这个问题表示理解。

田 涛：那么我想再问一个问题，英国可以通过安全评估中心这样的方式来欢迎华为去英国投资，华为的产品可以卖到英国的网络，为什么美国不能采用同样的方式呢？或者换一个方式说，为什么不管华为用什么方式，美国都要排斥华为呢？您怎么看这样一个问题？

约翰·萨福克：我认为世界上没有完全相同的两个国家。每个国家都有自己的历史、文化和价值观，以及各自的国际地位、经济和技术排名，所以没有哪个国家的模式可以复制到所有其他国家。因为以上因素的不同，一种模式可能利于这个国家，也可能适得其反。政府做决策涉及很多复杂的因素，比如在决定是否允许外国设备制造商进入本国市场时，往往会涉及外来投资、本国公司的出口机会等许多其他政策决策、安全和创新问题，以上所有因素都会影响政府的决策。美国对华为的立场涉及非常复杂的地缘政治之争。中美都是大国，虽然中国无意争第一，但排名也在快速上升。中美两国有着不同的政治体制和价值体系。我认为这些因素都产生了一定的影响。如果一个国家不了解中国，不想被中国超越，不想让中国拥有最好的技术，不想让中国在技术行业超越自己或与自己争夺就业机会，那么它不会欢迎中国或任何一个像中国一样的国家。这个问题本身并不是安全问题。所以我们必须面对现实，斯诺登泄密事件暴露了美国的监听行为，美国很清楚他们对其他政府和包括华为在内的公司做了什么。所以他们会以为，包括中国政府在内的其他政府也会监听美国政府，他们也会收集一些相关证据。因此，他们会做出各种假设（虽然有些假设是错误的）。我认为他们关于华为的假设就是华为是中国政府的一部分，所以他们不允许华为进入美国市场。因为美国政府清楚他们和美国的设备制造商对世界其他国家政府的所作所为。另外，美国很不同的一点是，美国的企业文化注重增长和利润以及高管可获得巨额薪酬和奖金。他们不想让外国公司进入美国市场，给他们造成巨大的竞争压力。这一点上差别很大，他们不想要竞争。

我记得我最近一次查看的数据显示，美国 83% 的财富掌握在 5% 的人手中。这是一种不均衡的财富分配方式，美国大公司的利润分配造成了这种不均衡，这些高管在经营上取得了巨大成功，但同时也拿走了大部分利润。他们不想失去所拥有的这一切。第二点不同在于美国的民主政治体制。我个人认为这种民主更多的是聚焦个人，让别人遵从自己。美国有国会和参议院，两大政党似乎更多的是在互相拆台，而不是共同制定惠民政策。比如说，国会总是在争论不休，迟迟做不了预算决策。他们应该想办法停止政治争论，制定对美国人民有利的政策。我认为这样的体制已经陷入了僵局，这对于美国是不好的、不健康的。他们关于华为的决策事实上只是少数几个人做出的，可能只有两三个国会成员。我觉得任何其他国家都不会出现这种情况。其他国家的决策层更加结构化，他们通过议会或国会更多地基于证据做出决策，有更多的人参与决策过程，根据证据评估该决策是否有利于整个国家。所以美国的政治体制似乎是由少数拥有强大权力的人在推动。

田 涛： 所以，您的意思是美国通常是由少数几个人来做决策，但是其他国家的决策更加结构化并基于证据，对吗？

约翰·萨福克： 是的，其他国家的决策层会更加结构化，一两个人不可能做出抵制某个国家或某家公司这样重大的决定。

田 涛： 假如华为是一家英国公司，美国对华为还会像今天这样排斥吗？

约翰·萨福克： 不会。

田 涛： 为什么？

约翰·萨福克： 因为美国并不排斥英国公司。它只是跟中国过不去，而且把华为当成了中国，就这么简单。美国跟中国过不去，但对其他国家没意见。如果华为是一家伊朗、巴基斯坦或古巴公司，也会遭到美国排斥。反正只要不是来自美国盟国的公司，它都会敌视对待。

田 涛： 所以这还是一个国家意识形态在背后起作用？

约翰·萨福克： 对，因为几十年以来，美国的意识形态与共产主义制度是对立的。无关乎对与错，只是价值观的问题。不管我们是否承认，美国在经济、政治和军事方面都把中国当作威胁。它认为华为是中国政府的一部分。综合上述原因，从美国的角度我们的工作肯定很难展开。我给你举个例子，看看这些观念在美国文化中究竟有多根深蒂固。有一次我从墨西哥飞回英国，因为飞机故障，航班被延误，所以我在得克萨斯州待了一个晚上。我在酒店用餐的时候遇到了同样因为航班延误而滞留的人。我和一对美国父子聊了一会儿，那位父亲问我："您在哪儿高就？"我说："华为。"他又问："哪儿？"我说："华为，是一家中国公司。"他儿子大概 12 岁，说："中国公司吗？我们不喜欢中国，我们觉得应该在中国扔原子弹。"那位父亲并没有纠正儿子的这种错误想法。我当时觉得，这就是一个普通美国人的观念，很多美国人视中国为威胁，这并不只是某一代美国人的想法，而是整个美国的文化。但这不是对或错的问题，这就是他们的想法，或者说至少是某些人的想法。听到这些我们可能会很激动，但同样的事情每天都在全球各地发生。不仅美国和中国之间存在这种问题，英国和爱尔兰也一样。英国人和爱尔兰人因为宗教等问题抗争了几百年。回顾世界历史不难发现，几千年来宗教问题引发的战争从未间断，历史和世界充斥着这些冲突。我认为中美问题并不是个别问题。这是我们生活的世界和生活的常态。这又回到您提出的第一个问题——我为什么加入华为。因为相互指责无济于事，我们要把人们团结起来，让大家意识到我们对生活有着同样的憧憬。我们都希望自己的孩子可以过上更好的生活，希望享受更好的医疗条件和教育，希望过得幸福，希望吃饱穿暖。这些是所有国家、所有文化和所有政治体制共同拥有的价值观。因此我们可以联合更多人，让人们意识到我们有着同样的愿望。我觉得这一点也是我努力的方向。

田 涛：您现在是华为的首席安全官，站在您的立场或视角，您觉得华为的技术和安全性是不是真的会对美国的网络构成威胁？或者对其他国家的网络构成威胁？

约翰 · 萨福克 ： 威胁可以分为两种：一种是恶意的，故意在技术上动手脚，损害客户或某个国家的利益；另一种则是事故性的，因为我们的技术很复杂，出现问题也在所难免。首先说恶意威胁。我从未见过、听到或接触任何事情，让我觉得华为目前或曾经针对客户或其他政府做出恶意攻击。其次，关于我们产品的安全性，世界上任何一家公司都面临安全挑战，包括华为。因为五年前有效的安全系统或技术现在未必仍然有效。所以，世界上任何一家公司，包括华为，都在基于产品面临的威胁不断地提高产品质量和安全性。我由衷地为华为过去三年在各方面取得的进步感到高兴。我们的政策、流程、技能和资源都在不断地改善，这些改善都融入了产品的质量中。过去三年，我们取得了长足的发展。但我们还有更多的事情要做，因为我们是一家全球为数不多的技术创新公司之一。我们发明的技术本身会不断地提出新的安全挑战。安全工作永无止境，我们现在的产品还有很多有待改善的地方，同时我们还要有计划地开展工作，认真考虑未来创新产品所需的安全性能。

田 涛 ： 斯诺登在前一段时间披露了一个信息，说美国的国家安全局在过去很多年都在对华为的网络进行全面的监控，得出的结论就是，可以说从任正非个人一直到整个华为的信息，美国都是了解的。这个是不是反映出华为至少在自己内部的安全管理上是很脆弱的？那么我想问，您作为安全官，第一，斯诺登披露的信息是准确的吗？第二，华为怎么构筑更加安全的管理体系呢？

约翰 · 萨福克 ： 我们要先把政府和像华为这样的私营企业做一个对比。美国国家安全局的安全专家可能是全世界能力最强的，他们有数量最多的专家，具备最强大的技术能力和最雄厚的经济实力，能入侵全球任何系统。华为没有这么强的实力，我们的业务也不涉及最高机密。我们并不需要保护核弹发射密码。我们只是一家商业公司。如果美国能入侵全球最安全的系统，那么肯定也能入侵安全级别较低的系统，比如像华为这样的商业系统。所以对于美国对华为感兴趣并将华为作为其监控目标，我们不必感到意外。我们也不必惊讶于美国能成功入侵我们的网络，因为我们没有什么最高机密。但是至于我们是否有需要改进的地方，我并不负责华为内部安全，不过也会给公司的内部安全团队提一些建议和指导。在防止美国或其他人入侵方面，我们确实还有很多事情可以做。

田 涛： 有一个题外话，美国政府可以这么对一个其他国家的私营公司做网络监控甚至网络攻击，假如换别的国家的政府，比如说英国政府，假如英国政府对美国的某一个私营企业做这样的事情，美国会是一个什么样的反应？假如中国政府对美国的某一个机构或是私营企业做这样的网络监控，您判断美国会是什么样的一个反应？

约翰·萨福克： 我觉得，如果中国真的做了什么事，美国肯定怒不可遏："你竟然敢这么做！这是违法的，你们太可怕了，我们要禁止你们进入美国。"他们会害怕，同时会在媒体上大肆抨击。如果你是美国的盟友，它只会把你当作一个顽皮的小孩，说你不能这么做，要守规矩。媒体也不会大肆抨击你。但实际上任何政府这么做都是违法的。在很多国家，攻击和入侵公司的网络都属于违法行为。美国国会签署了《网络犯罪公约》，该《公约》规定签署之后不得从事以上活动。但斯诺登泄密事件表明美国确实在从事这些活动，英国也是。

田 涛： 您已经加入华为三年了，据我所知，您的能力和您的职业操守都给华为的管理层留下了很美好的印象，通过过去这三年，您对华为是怎么样一个看法？

约翰·萨福克：我做了一些观察。首先我发现除了我，其他同事都很年轻。

田 涛：还有很多比你更老的。

约翰 · 萨福克：他们资历老但是年纪轻，这是我的第一个感觉。第二就是华为在很多方面都还像一家年轻的创业企业。我知道华为员工在学术方面是全球最聪明的一群人。他们像海绵一样，吸收接触的各种知识、最佳实践和理论。但我也发现我们在某些方面还缺乏经验，缺少犯错的机会。我们了解理论和书本上的东西，但书本知识并非放之四海而皆准。我们在某些方面仍然缺少经验。在华为工作的这段时间，我发现华为并不是100% 稳定，我觉得这是一件好事。但我觉得公司下一阶段的发展非常关键，待会儿我会解释为什么。华为的高管工作十分努力，把大量的时间都投入了工作中。星期一晚上我跟胡总说，华为是我工作过或见过的公司中开会最多的一家公司。我并不是对同事和公司高管们有任何不敬之意。他们虽然年纪比我小，但我觉得看着比我老。我觉得在公司目前的发展阶段，他们对工作投入的时间和工作方式并不是最高效的。华为以前只经营运营商业务，在全球拥有 500 个客户，其中 45 家占据了我们销售收入的 80%。这是一种非常集中也相对简单的商业模式。但是现在我们的业务扩展到了企业、计算和消费者业务领域，简单的商业模式在短时间内变得高度复杂化。不仅是华为变得复杂，这个世界也变得越来越复杂，包括法律、安全问题以及国家的经济定位等。华为在日益复杂的全球环境中变得更加复杂，公司的高管每天都要处理复杂的全球环境带来的问题。中国文化以及华为文化都是中央集权制的。我们从总部控制一切事情。任总说我们必须放权，让地区部承担更多责任，掌握决策权，这对华为来说是另外一个巨大的转变。我觉得公司高层需要好好思考什么才是正确的工作方式。企业在日益复杂的全球环境中运营，同时还要经历自身的转型，情况会因此变得更加复杂。因为 1 天只有 24 个小时，1 周也只有 7 天。高管们自身也需要转变。这不仅仅是他们个人的问题。如果不转变，他们的身体健康会遭殃。如果他们身体不好，公司也会受到影响，因为公司将会损失一批天资聪颖的人才。所以，既然我们已经取得了巨大的发展，公司也更加成熟且日益复杂，世界也愈加纷繁，我想，现阶段华为应该停下来思考，不仅要思考自身的组织设计、结构、流程和决策，还要想想个人如何应对复杂的工作方式，而且我们不可能再增加工作时间了，这样会影响自己的健康，更会影响公司整体发展和安全。我认为这是公司未来几年亟须解决的重要问题。我的本行就是促进公司转型。公司高管们要经历的最大变化就是必须下放决策权。如果像任总所说的那样，把决策权下放至地区部或项目组，就意味着削弱我们的 EMT 和董事会的决策权。放权对有些人来说是很难的，但这是必须经历的重大转型。这也将改变我们地区部的文化，那些原本习惯仰仗总部做决策（当然决策的成败也是由总部来承担）的人现在必须自己做决策，对决策成败承担责任。这对华为来说是一个巨大而正确的转变，我全力支持。我们也必须面对现实，这种转变对个人来说意味着什么，我们有哪些想法，我们应该如何应对，其他同事又有什么想法以及他们应该如何应对。

田 涛：您从英国文化的角度来看，华为和英国公司有哪些相似的地方，有哪些差异？

约翰 · 萨福克：我认为英国人能在海外取得事业成功的原因之一，就是英国是一个贸易国家，我们习惯于和全世界各地的人进行贸易，我们习惯于与具有不同文化背景、宗教信仰和语言的人打交道。英国就是一个贸易之国。中国也是贸易国家。从很早开始，中国就沿着丝绸之路进行各种商品的贸易。从这点来看，中英两国有很多相似之处。两国都希望在商业上合作。我们两国的商业和贸易文化非常契合。过去三四十年来，英国一直秉持开放的态度，欢迎各国公司来英国拓展业务。英国政府不管是哪党执政，都允许其他国家的公司收购英国公司。政府不禁止任何国家的公司收购英国公司，包括中国、美国和巴基斯坦的公司，也不设置针对英国公司的保护主义。如果你在伦敦的一家英国公司工作，有来自七八个不同国家的同事是很寻常的事。仅仅生活在伦敦一个区的人们就说着 155 种不同的语言。所以，我认为英国和华为有很多相似之处。华为在全世界做生意，秉承“成就客户”的价值观，这和英国非常契合，因为英国公司也希望与全世界做生意。华为尽心尽力满足英国客户的需求体现了华为和英国在价值观和工作方式上的高度契合。

田 涛：华为作为一家国际化公司，与其他国际化企业相比，您认为华为现在还在哪些方面存在不足，需要进一步改进?

约翰·萨福克：与其他国际公司相比，它们的董事会更加国际化。华为董事会成员都是我们的中方同事，我不认为这是错误的做法，但与英特尔、IBM 或微软等公司相比，甚至与医药公司和汽车公司相比较，不论是从国籍还是行业的角度来说，这些国际公司的董事都会更加多元化。华为董事会成员都是华为员工，他们都来自电信行业。许多国际公司的董事会成员可能有律师，可能来自不同行业和不同国家，他们能从不同角度分析公司动态。这只是华为与其他国际公司在董事会组成上的明显不同之处。并不是说哪一种更好，只是各有不同。因此，华为需要自己做出决策：是否需要转变以采取不同商业模式？这种转变会变得更好，还是只是变得不同？如果只是变得不同，就没有改变的意义了，这种改变必须驱使公司朝着正确的方向发展。我并不是在此提倡董事会吸纳更多的外国成员，我思考的问题是，这种转变是否能切实促进华为的发展。如果不能，那就不要改变。所以这个问题很简单，是更好，还是不同。第二个区别是，当华为与这些业务遍布全球100或150个国家的国际公司进行比较时，这些公司的本地高管，包括在美国公司工作的美国人和在中国公司工作的中国人，他们具备更好的管理不同国家员工的技能。如果将华为在全球各地的中国高管与其他国际公司的高管进行比较，他们不太具备管理具有不同国籍、宗教和文化背景员工的能力。我在IBM看到一名法国人可以管理来自南美洲的高管。其他国际公司的高管在面对不同国家的员工时，更具管理技能和处理经验。我举个例子，当你去地区部出差时，有时会看到这种情况。如果正在召开一个会议，那么主要与会者一定都是中国员工，其他员工则没有参加，因为中国员工在一起时可以讲中文，他们会觉得更加自在，有种文化亲切感，而不会在会议中加入一个法国人、德国人或其他外国人。华为在各个国家对拥有不同国籍员工的团队尚未形成固定的管理方式。这样有一个负面的影响，我在世界各地出差时和工作过程中发现，华为对待中国员工更加严厉，对待外籍员工却没那么严厉。所以我在出差过程中的确发现了一些懈怠的外籍员工，工作不努力不到位。华为不知道如何管理这些低绩效的外籍员工，但是在管理低绩效的中国员工方面却完全没有困难。

田 涛：我听说华为的外籍员工离职率是比较高的，不知道您了不了解这个情况？从您的角度来判断，这样高的离职率的原因是什么？是因为文化差异，还是管理风格的问题，或是待遇问题？

约翰·萨福克：主要是两个方面的原因。第一，我们外籍员工的离职率的确非常高。一会儿我再具体讲讲这方面。第二，我们的本地化率也非常高。我们在全球本地员工的比例是73%。这个数据其实具有误导性。在世界各地出差的时候，我观察了一下我们的办公室。我问道："这个办公室有多少法国员工，有多少德国员工或者有多少美国员工？"他们会告诉我

70%，甚至 75%。但是我看到的全是中国面孔，而法国人、德国人或墨西哥人的数量并不多，我只看到了中国人。因为实际上，我们雇用的很多本地员工都是法籍华人、德籍华人和墨西哥籍华人。当你提到法国或者德国员工的离职率时，说的是非华裔法国人或非华裔德国人。离职率高的原因是融入问题，这其实是个管理上的问题，即管理者如何把大家凝聚在一起，如何让每个人都能融入这个团队，因此第一个问题是融入问题。第二个问题是我认为有些外籍员工怀着错误的期望加入华为。虽然没有证据，但是我感觉有些外籍员工加入华为是因为他们看到了有关华为的媒体报道，认为华为处在困境之中，备受媒体指责，华为需要外国人。他们带着这种想法来到华为工作，认为华为急需雇用员工，所以华为会礼遇他们。但是我们并没有急着招人。他们本以为华为会礼遇他们，因为他们觉得自己对华为来说极其重要。而华为原本以为这些外籍员工会努力工作，所以这就是华为与外籍员工之间的期望不对等。我认为第三个问题在于职业操守。我30% 的时间都在总部工作。我观察到中方员工与许多外籍员工的职业操守很不一样。无论是在总部还是各个地区部，中国员工对于他一天工作了多长时间，一周工作了多少天都没有概念。他们不认为每天下午 5 点或者 6 点就要下班回家。只要有任务，中国员工一定会工作到任务完成才离开。即使节假日或周末需要加班加点，中国员工也毫无怨言，但是西方文化不是这样的。我给你举个例子。本周是英国的法定节假日，而我还要工作。我想要带上尽量多的华为全球安全人员访问罗马尼亚，有些人打电话和我说：“这是英国的法定节假日，我不想上班。”有些人认为，华为是一家国际化公司，不管是不是法定节假日他都应该去上班。而有些人会说：“不行，法定节假日我不上班。”我觉得外籍员工的职业操守与中国员工不同，他们有时不是很适应中国员工的职业操守。外籍员工不习惯于只要有需要就必须在任何时间都工作的方式。很多外籍员工能适应，但是有些不行。华为主要由中国员工组成，外籍员工即使是当地人，也只占很少一部分。有些外籍员工不适应是因为职业操守不同。还有部分原因是外籍员工和华为的期望不对等，外籍员工认为华为急需招人，但实际上华为并没有那么急切。所有这些原因都导致了外籍员工的高离职率。我不认为高离职率是薪酬问题造成的，这不是钱的问题。

田 涛：这三年来，华为对您来说还有哪些吸引力？还有哪些是您不能适应的呢？

约翰·萨福克：我先回答你第二个问题，因为这个问题简单一些。在工作方面，我对华为没什么担心的。任总和董事会都给予了我充分的自由。政策、程序或者体制上，我都不担心，没什么可担心的。我很欣赏华为的一点就是我们对于客户的关注，我也是个很关注客户的人。所以我认为这点非常好。华为的流程非常系统化，我也是个注重流程的人，我知道流程很枯燥，但是我喜欢流程。华为认为没有什么问题是不能解决的。华为非常有耐心，我们不认为美国是一个永远无法解决的问题，只要够耐心、努力就可以解决。华为的文化就是没有解决不了的问题。我觉得这种态度非常好。

田 涛：华为只成立了20多年，已经成为这个行业的全球领导企业之一。华为过去的竞争对手，例如爱立信、阿尔卡特朗讯和曾经的摩托罗拉，它们都有上百年的历史。您认为，华为成功的要素是什么？那些西方公司衰落的原因又是什么？

约翰·萨福克：这个问题很好。谢谢！我觉得，关键的问题不在于一家公司有多长的历史，曾经多么辉煌，这些都不能保证你永不衰落。如果你搜索一下美国道琼斯指数中覆盖的上市公司以及美国建立第一家证券交易所时上市的公司，就会发现只有一家公司坚持到了今天，那就是通用电气，其他美国公司全都失败了。公司成立时间越长，越容易自满，思想上也日趋保守。处理客户问题时也难以变通，愈加注重利润而不是满足客户的需求。我认为正是这些原因导致了许多公司的失败和衰落。我认为华为成功的原因有许多，首先我们致力于满足客户的需求。如果我们能赚钱，非常好！我们也想赚钱，但我们的出发点不是如何赚取利润，而是如何满足客户的需求。我们也知道，我们的客户不会来对华为说："我们需要你们的老技术。"这样华为就不能持续发展了。客户同我们合作，是因为他们需要最前沿的思想和尖端发明。而华为则努力创新，为客户提供竞争优势。其他公司很少能这么做。我认为任总是非常明智的，他说："如果华为想成为一家全球化公司，就必须采用全球最佳实践和流程，真正理解如何持续为客户提供优质产品和服务。"这是非常明智的策略。我知道许多西方公司是如何运作的，而华为的运作方式更加成熟。当我们向客户展示华为在安全方面所做出的努力，我们毫无保留。客户说："我们知道其他公司的做法，但是华为的方式却是令人意想不到的成熟。"他们之所以这么说，是因为对比了爱立信和阿尔卡特等公司的做法。我觉得华为比我们自己认为的更加先进。但是更加重要的是，我们不能因此就变得自满。

我另外还想谈两点。第一，我认为，我们拥有一批真正的专家，学术界的顶尖人才，有一些真是这个世界上最聪明的人。员工持股计划是华为能吸引这些人才的部分原因。我觉得员工持股计划是个非常好的模式，能真正驱动、吸引并且留住人才。最后一点是虽然我先前提到我很担心我们高管的身体健康，因为他们把大部分时间都花在了工作上，但是他们真的非常关注公司的细节，不断与客户、政府和媒体进行沟通，并且很了解我们的业务。所以我觉得，正是这种对于工作的热忱、职业操守和专业知识，帮助董事会做出最正确、最明智的决策。如果我是一名西方公司董事会的成员，我不会去了解工程、制造和某个具体客户的细节。因此，我的决策可能不会那么贴合实际。我喜欢华为董事会全心投入的工作方式。这些都是华为的宝贵财富和真正的优势。我就是有点担心他们的身体健康。

田 涛： 华为的高层一直有个观点，认为在过去 20 年向英国学到了很多的东西。包括英国的历史和文化，包括当华为进入英国电信的采购名单的时候，英国电信帮华为做的认证。这些对华为的管理改进提供了很大帮助。您认为，华为的这个观点正确吗？另外，从英国人的角度来说，您认为华为真正从英国学到了什么东西？

约翰·萨福克： 我认为华为不仅仅从英国学到了很多，而且还在不断地学习。英国是最早张开双臂欢迎华为的国家之一，比如英国电信与华为展开的合作。不过华为也在不断地向其他国家学习。我们必须从两个方面来看待这个问题，你想学，还得有人愿教。

田 涛： 您觉得华为是个开放的公司吗？与西方公司相比，华为的开放程度到底如何？

约翰·萨福克： 我认为华为的总部非常开放，但各个地区部的开放程度不同，这取决于各地区部 CEO 的态度。这与当地 CEO 的自信程度有关。有些人非常害怕媒体采访，害怕站在台上为大家做演讲，因为他们没有类似经历，所以很担心，怕被问及华为是不是中国政府间谍的问题。有些 CEO 当然不愿意让自己陷入这样的境地，承受如此大的压力或被刁难。这与个人的自信程度有关，不是能力问题。但是这个能力是可以培养的。我刚刚加入华为的时候，华为经常带客户参观展厅。而我带领客户参观我们的松山湖工厂在华为尚属首例。我觉得我也是第一个让客户与华为的研发工程师进行交流的人。有些人不理解，问我："你为什么要这么做？"因为我们必须向大家毫无保留地展示华为，而如今大家都这么做了。这些能力是可以培养的。过去三年，华为大幅度提升了其开放程度。地区部在开放程度方面也取得了巨大进步，只是 CEO 在地区部单干的话取得进步没那么容易。我们带客户参观完总部之后，他们对华为所展现的开放、透明和诚实感到震惊，因为我们向客户同时展示我们做得好的地方以及不足之处。

田 涛： 您和公司的高层打交道多吗？比如说任总和其他轮值 CEO？
约翰 · 萨福克： 非常多。他们总是交给我好多任务。

田 涛： 您怎么评价任总这个人？他有什么特点？
约翰 · 萨福克： 任总是个很有趣的人。我认为他是一个哲学家、诗人，很有谋略，而且很幽默。任总同时是个很恋旧、不忘本的人。他从未忘记自己的家庭本源以及在农村成长的经历。任总是个恋旧的人，家庭的变化和中国发生的巨大改变也在他身上打下了深深的烙印。我认为任总的这种品质非常难得。有时候，我们会忘了自己 30、40 或 50 年前经历过什么。有时候，我们会忘了，世界和生活待我们如此宽厚，但是任总从未忘本。

田 涛： 其他的人呢？比如说胡总、郭总和小徐总，他们是什么特点呢？
约翰 · 萨福克： 他们的性格各不相同。加入华为之前，在英国政府工作时，我曾经自己开办过有关个人风格的辅导课程，辅导高管们形成个人风格。我在这方面接受过专业培训。就我的观察而言，郭总、小徐总、胡总、陈总、丁总（丁耘）和大徐总（徐文伟）都有各自的特点。他们的工作方式不一样，从不同的角度观察事情，每个人的个性也不一样。我总是试图了解他们每个人的工作方式，然后用他们喜欢的方式与之合作。例如，胡总非常关注细节，一丝不苟地了解每个潜在风险。你不能催促胡总做决策，他喜欢用数据说话，花时间仔细琢磨。如果你催促胡总做决策，他会拒绝你，因为这不是他的风格。这无所谓孰对孰错，每个人的风格都不一样。我的风格和胡总的风格就稍有差异。华为董事会的优势就在于其成员风格各异。因为你需要不同风格、不同思维方式的人来平衡董事会的决策。小徐总做决策更快一些，而郭总面对决策时相对轻松些。我需要再次声明，这不是对与错的问题。每个人都有自己的风格，而我尽力适应每个人的工作方式，虽然不一定每次都会成功。

田 涛： 最后一个问题，有这样一个说法，从信息安全的角度讲，全球各国除了美国，在信息安全方面都是属于防御型的，唯有美国既有强大的防御能力，又有强大的进攻能力，这当然是基于美国的国家地位和它强大的技术基础。美国之外的任何一个国家，在信息安全方面都是属于防御型的，因为如果它们进攻的话会遭到美国网络攻击的报复。这个观点您认同吗？

约翰·萨福克： 我不太同意这个观点，全世界有很多国家在网络空间也非常激进，你也许只是没有听说而已，其他国家也入侵过别国网络，悄悄攻击和入侵网络以寻找有关政府行动的信息。不只美国和英国，世界上许多政府都这么做。每个政府都清楚这一点，它们不会感到惊讶。中国不会对美国入侵中国系统感到惊讶，美国也不会对中国入侵美国系统感到惊讶。千百年前，政府刚出现的时候，就存在间谍了，这对任何人来说都不是新闻。只是现在的间谍换成了电子设备，而不是人了。我不觉得这应该成为我们讨论的焦点，我们真正应该讨论的是我们如何利用各个公司的技术，把这个世界相互连接起来。因为各个公司的技术正在被广泛使用。那么公司如何在海外运营呢？我举个例子，鉴于美国对思科和微软产品设置监控软件，中国以及其他非美国盟友的国家抵制所有美国技术也是理所应当。如果美国可以这么做，那其他国家也可以。但是如果大家都这么做的话，整个世界只会变得更加糟糕。刚加入华为时我就说过，在某种程度上，唯一让美国重新考虑其对华为所采取的措施的办法，就是让美国认识到，如果它抵制华为等中国公司，中国也会抵制美国公司。只有损害到美国的切身利益，才能引起它的注意。斯诺登事件向全世界揭示的事实是：第一，华为不是坏人；第二，美国技术公司比人们想象中的还要坏。我认为，这个世界重新恢复正常的方式是人们开始正告美国："你做了坏事，所以我们不会再买你的设备了。"利益受损的美国技术公司会向国会施压，让国会改变其对华为和其他问题的看法。现在全世界还是钱说了算。所以中国和其他国家应该就对美国技术公司采取的态度做出决定。但是我们也应该认识到，如果我们停止使用彼此的技术，只会一损俱损，而不是互惠互利。

田涛：谢谢！

约翰·萨福克：不客气！希望我说的这番话对你有用。

田涛：跟您交流我印象非常深刻，这些信息对我们以后对外阐述，比如说写一些文章啊，或出版书籍啊，都是很重要的资讯。

约翰·萨福克：你可以随便使用我刚才说的话，只要我说的不会对华为产生不利影响就好。

田涛：今天的华为已经是一家非常开放的公司了。可以说，几乎什么都可以讲了。

约翰·萨福克：我也这么觉得。

（结束）

访谈 10 张顺茂[1]

访谈时间 2014年5月27日
访谈地点 深圳
被访谈人 张顺茂
访 谈 人 田 涛

一次缺席的审判：从“有罪”到“无罪”

田 涛： 任总说你在拉美有个故事很精彩？我不知道你愿不愿意说？

张顺茂： 这个故事是我在2010年因为一个项目而被公司缺席审判“有罪”，戴了三年紧箍咒，2012年项目结束后，赢利情况很好，再次被缺席审判“无罪释放”。

事情是这样的，T客户是欧洲一个很大的跨国运营商，主要业务是在欧洲和拉美地区。在拉美地区，T客户和A客户一样，是排名前两位的运营商。仅就拉美地区而言，T客户用户数比A客户少一点，但从全球来看，T客户用户数比A客户更多。2009年我们和T客户有一个很大的框架项目，当时T客户遇到了一些困难，在沟通过程中，T客户提出了一个新的商业模式——UFF（预付费），就是我们要先给客户一些钱，然后客

① 张顺茂，1992年加入华为，现任Cloud & AI BG战略与产业发展部部长。

户承诺给我们一些市场。这个模式的框架协议时间周期是三年，我们算了一笔账，假设给他 100 元，那么我们要拿多大的市场才能把这 100 元给挣回来。经过一系列的谈判，我们最终达成了三年的框架协议，包括三年的价格，以及我们所要的产品区域和国家。也就是说，我们先付给客户一些资金，客户则必须在接下来的三年内把这些价值市场给我们，而且在三年内要维持同一价位，不能要求我们降价。这是一个新的商业模式，但公司认为我们这个合同风险太大，感觉我们怎么把公司出卖了，人家没有给我们项目，我们就给了人家钱。

田 涛：涉及哪些国家？

张顺茂：涉及拉美很多国家，如墨西哥、委内瑞拉、哥伦比亚、厄瓜多尔、秘鲁、阿根廷、智利，只有巴西不在里面。这个合同要点是什么呢？是我们通过这个框架协议，拿到了价值市场，拿到了很多合同，但是公司认为我们还没有拿到项目就把钱给了对方，风险太大。

田 涛：你们是经过测算了的？

张顺茂：是的，我们进行过多次仔细的测算，全部都算好了。其实整个谈判过程，除了老板、孙总不知道，其他公司领导都知道，而且项目也按规定走了公司的流程，只是过程中有些小修改、小的合同变更没有汇报。后来，公司追究了一个小修改的地方，连我都不知道，项目组自己就定了。因为我那时是片总（片区总裁），不一定每个细节都要我批准。2010 年合同刚开始执行的时候，遇到了一些困难。虽然合同是和集团谈的，但整个框架合同要到每个国家去执行，在落地的时候，各个国家子网都从自身角度出发，认为利益都被集团拿走了，最后让各个子网来买单，所以各国子网都有抵触情绪，不愿意买单。因此，在各个国家执行的时候需要一个磨合的过程，有点拖沓，我们的销售收入没有按期进来。但是，按照合同要求，2010 年我们要支付一大笔钱，这让公司感觉到我们把公司给出卖了，这个项目的风险太大。所以，以张顺茂为首的骨干人员必须受到惩罚：股票、工资、职级都冻结。

田 涛：冻结到什么时候？

张顺茂：到项目完成。这个合同有效期是三年，2009 年谈的，执行期是 2010 年、2011 年、2012 年，三年结束。

田 涛：这三年期间，你的股票分红有没有？

张顺茂：冻结了，但还在分红。

田 涛：工资呢？奖金呢？

张顺茂：工资还有，奖金肯定少了，股票冻结，不能拿走，万一没把合同执行好，让公司亏损了，就要拿股票做抵押。但是事实上我一直都很有信心，风险在理论上存在，但合同签得很有保障，项目组执行也很有力度。每个月我都会跟各个国家子网的人开会讨论合同落地进展。我是被缺席审判“有罪”，但其实我一点都不紧张。

田 涛：没跟你谈，就这么定了？

张顺茂：谈了，“定罪”的时候我不在场，在“判决”后告诉我“有罪”。我一直认为这个合同谈得非常好，我们测算得很清楚，结果也确实如此。2012 年，合同执行得非常好，很完美，全部完成了，我们要的那些价值市场也全部拿到了。在我看来，这是一个非常具有战略意义的项目，因为这个框架协议，彻底改变了我们在拉美地区的格局，全面打开了拉美市场。

田 涛： 但是公司做出这样一个处罚决定时你怎么想？还有你的队伍里大家怎么想？

张顺茂： 队伍没有受到什么影响，主要是我、王盛青、周信谋受到影响。

田 涛： 情绪上有影响吗？

张顺茂： 我们谈了这么好的一个项目，却被认为“有罪”，认为我们把公司卖了，心里当然会有点不高兴。当然从理论上看是有风险的，钱已经给了客户，万一这个项目不能按照合同执行怎么办？但事实上，我们在合同里面写得非常清楚，从法律上讲我们已经把各种风险都考虑进去了。

田 涛： 假如有国际经济形势或者拉美的经济情况出现突发性的恶化，那该怎么办？

张顺茂： 就委内瑞拉而言是很有可能的，因为委内瑞拉动荡得比较严重。但这个项目不止委内瑞拉一个国家，整个拉美地区的主要国家，如墨西哥、哥伦比亚、智利、阿根廷、厄瓜多尔、秘鲁等都包括在里面，不大可能全部都出问题。

田 涛： 你是对形势有充分的研判、有自信的？

张顺茂： 是的，而且我们把 T 客户在各个国家子网的地图都画出来了，我们的地图是指设备覆盖的地图，哪些地方需要建设，未来几年需要怎么建，我们都很清楚，我们要的这一块是最有价值的区域。

田 涛： 退一万步，如果这个合同真的执行失败了呢？

张顺茂： 那我被绑的这些股票可能就没了。

田 涛：你也心甘情愿?

张顺茂：如果公司做出这样的决定，我也只能接受。当然，如果真的走到这一步，我也可以和公司讨论。为什么呢?因为项目的整个过程是通过公司审批的，符合公司规定的。

田 涛：合同执行得比预期还好，公司给你们奖励了没有?

张顺茂：没有，项目执行完了，这个故事也到此结束了。我再次被缺席“审判”，那天我又不在场，我知道有这个会的，但是并没有通知我参加。公司财委会上做出了正式的决策，会议对这个项目做了一个总结，一切都很完美，把我们的紧箍咒解除了。

田 涛：你们有没有对这个项目做过文字总结?

张顺茂：公司审计部对这个项目进行了三四次审计，以调查项目的决策过程到底是怎样的、项目是否经过公司流程审批。调查结果显示，90% 的流程是合规的。中间确实有一些小的调整、变更，没有向公司汇报。但这属于流程遵从方面的问题，并不是原则性的错误。

田 涛：你在拉美待了多久?当时对于这件事情，你能接受吗?

张顺茂：5 年。这是我从自己的角度看，但是从老板的角度看，性质不一样，所以后来我也理解了。

田 涛：从他的立场，他是一个什么样的思路?

张顺茂：后来我换位思考，站在老板、公司的角度看，理解了他的做法。因为那段时间公司正好在抓合同质量，借此来降低公司整体的运营风险，而我们这个项目，正好成了合同风险太大的典型。

田 涛：他要借你来推动合同优化的事情。

张顺茂：我记得当时老板还专门说了一句话：杀猴给鸡看，不是杀只小小毛毛虫吓唬大家一下，而是要杀一只大的。我就是这只被杀的猴。那些小鸡看到把猴都给杀了，就别干这些坏事了。从老板的角度看，抓个典型，然后把合同质量改进、提升了，让大家重视合同质量的提升。

田 涛：我听好几个人这么讲过，说他（老板）其实有时候批评人，开始没认识到批错了，批的时候是真批错了，后来他也认识到批错了，但他就是揪住这件事始终在说。你跟他这么多年了，你觉得这是不是他的一个特点?

张顺茂：我觉得并没有谁对谁错，只是因为出发点和立场不同。比如像我刚才举的例子，我们更多的是从自己执行的角度来看这件事情，我的合同最后执行效果很好，也遵守了公司合同的审批程序，你怎么能批我呢？从我的立场来看，老板你批我批错了吧！但是从老板的角度来看不是这样，他看待这个合同的出发点不是看流程合不合规，也不是看未来是不是把钱挣回来了，而是看你签的合同风险太大，他批的是这个问题。所以要理解他关注的重点是什么。你认为他批错了，是因为你从你的角度出发。从他的角度而言，其实是借此在说一个问题。

田 涛：好几个人跟我讲，包括级别更高的人，说老板就某一件事借题发挥，持续说好几年，实际上他也知道可能把人批错了，但是他要借这个事情立一个样板，是这样一个特点吗?

张顺茂：横看成岭侧成峰，远近高低各不同。所以说，立场和出发点不同，看待问题的结果也不同。从我的角度看，他说的可能不一定是正确的，但是从他的角度而言，他是在讲一个道理，讲一个问题，通过这个案例告诚全公司应该怎么做。

田 涛：咱们再研判下，回到刚刚那个问题，真要说这个合同执行得不理想，公司会真的把你的股票那么处理吗？历史上有没有过这样的问题？

张顺茂：我不知道最后的结果会是什么，历史上确实有过对错误的事情处以很严重的罚款，但不是针对我这个，我估计如果这个项目真的执行得很差，一定也会有很严重的处罚。

田 涛：也有人讲，他是喊得很厉害，说的时候手高高举起，真要处理的时候，还是处理得很人性化的，就是轻轻打下。

张顺茂：大多数情况下是这样的，也有少量处分得很严重的个案。

田 涛：印象中有哪些比较典型的？针对别人的？

张顺茂：比如员工坐商务舱的事情。按照规定，一般员工只能坐经济舱，但中国区有一大批人经常坐商务舱，他们的领导给他们报销了。因为这个事公司对好几个高级干部，做了很严重的处分。有人被罚了 100 万元，有人被罚了 80 万元，有人被罚了 50 万元。

田 涛：真罚了？

张顺茂：确实罚了，为此公司还发了正式的文件。还有一起俄罗斯的案例，让公司损失很大，处分得也比较严重。相比之下，2012 年“判决”我们“无罪”的时候，我们的这个项目不仅没有任何损失，而且商务状况非常好，后来的格局也非常好。我刚去拉美的时候，你知道老板说了句什么话吗？ 2007 年，我在墨西哥，老板去考察时说：“为什么喜马拉雅山上的水就流不到墨西哥？”他的意思是我们有那么好的产品，那么高质量的东西，连欧洲都流到了，西欧都突破了，怎么就不能突破墨西哥呢？那时墨西哥市场基本没有突破，销售很差，老板批评我们拉美片区是全球最落后的、最小的片区，所以说“为什么喜马拉雅山上的水就流不到墨西哥”。

田 涛：你是2008年去的？

张顺茂：我是2006年年底去的。被老板批评以后，我就在办公室后面挂了一幅巨大的油画，画的是喜马拉雅山的水流到了墨西哥。这幅画是我花了2000元在深圳大芬村找画家画的。我将它挂到我的办公室，是想用它来激励我们，提醒我们一定要让喜马拉雅山的水流到墨西哥来。当我离开的时候，墨西哥，甚至整个拉美地区（除巴西以外），都已经是全球贡献利润最高的地区部之一。

靠近世界首富　全力突破大客户

田 涛：你去拉美地区的时候，当时公司在那里是什么样的格局？

张顺茂：业务基本上是在巴西，其他地方很少。

田 涛：巴西似乎比较复杂，一会儿再谈谈巴西。

张顺茂：2006年我去的时候，华为主要的业务在巴西，除了委内瑞拉有一点，其他地方基本上很少。所以当时我们的格局基本上是一穷二白，无线刚刚突破巴西，只有一点固网。

田 涛：那个区域总共人口是多少？

张顺茂：5亿。我走的时候收入差不多是50亿美元。

田 涛：讲几个故事？

张顺茂：我觉得业务之所以能够成长，最主要的是这几年里，我们在大T（运营商）和价值区域市场取得了重要的突破，让这些客户和区域市场成为我们稳固的产粮区，我离开以后，这些区域还年年都是利润贡献大户。比如我刚才说到的在拉美地区排名前两位的两大巨头A客户和T客户。2006年我去的时候，华为在当地只有一个关系比较好的V客户，其他的基本上没有。但是经过我刚才谈的这次硬仗取得突破之后，形势完全改变。用客户的话来说，我们现在在拉美市场，已经变成monster。什么意思？大怪物。客户说："我们整个市场怎么都被你们给占有了，你们站在我们面前就是一个monster。"说我们份额太大了，而且占据的都是核心的价值区域。还有一个客户就是A客户，是拉美地区最大的运营商。但是我去的时候华为在墨西哥基本上没有什么业务。

田 涛：就是曾经的世界首富的那个？

张顺茂：对。刚到拉美时，我是在巴西驻扎，因为当时我们的业务主要是在巴西。但为了突破A客户，不久之后，我就把片区总部搬到了墨西哥。为什么呢？目的很明确，就是要拿下A客户，靠近他，因为他们的总部在墨西哥。

田 涛：他成为世界首富主要是由电信起家的，是吗？

张顺茂：对，主要是因为电信。在拉美地区，我们如果真的要把业务做起来，就必须要突破A客户，而要突破A客户就必须靠近他，才能了解他、服务好他。所以我很坚决地把片区总部从巴西搬到了墨西哥。片区总部搬过去后，人和资源也就开始聚集起来，为我们服务A客户提供了更有力的支撑。经过几年的积累，我们大大小小做了很多项目，由小到大，慢慢突破，到我离开的时候，华为已经成为A客户第二大供应商，第一是E

公司。我们从原来的一片空白，变成A客户第二大供应商，这一突破也是具有重要意义和价值的。

除了两大巨头，还有两个客户规模相对较小，但对我们也有很大的价值，一个是M客户，一个是N客户。同样，每个客户都有很多故事。M客户总部在欧洲，在拉美地区有六个子网。之前我们和M客户曾经有过一点点合作，但2008年之前因为一个项目跟他们发生了一些纠葛，合作已经完全停止了。2008年，3G来了，利用这个新的市场机会，我们又和M客户开始洽谈合作。通过努力，我们把M客户在5个国家的3G项目都拿下了。还有一个小T叫N客户，在拉美地区有5个子网。2008年到2009年，N客户正在进行转型，它原来是一个专门做集群的运营商，要从窄带集群向3G宽带集群转型，我们跟他们做了一个很好的联合创新方案，在WCDMA上搞集群通话（push to talk）。

当时N客户还想把E公司引进来，但因为这个产业链并不成熟，所以E公司虽然嘴上表态支持，但并没有真正的产品和动作。只有华为真正给用户做出来了他们需要的产品，而且我们的性能也超出了他们的期望，集群通话一按就要发出声音来，1.5秒内这个声音要传到通话的另一边去，而我们做到了1.3秒。起初，我们是在秘鲁开了个小小的试验网，效果很好，用户非常高兴，之后进行全网的招标时，我们全部拿下。为什么我们的市场格局好？可以看到，在拉美地区，“两大两小”打下了坚实的基础：在T客户我们份额第一，在A客户我们份额第二，另外两个相对小一点的也全部都是我们的。我们格局能不好吗？

田 涛：E公司原来在那儿地位很稳固，为什么最后不行了？是什么问题？

张顺茂：我们一个个看，还是以这4个客户为例。T客户因为做UFF项目，E公司基本上没有参与，它没有接受新的商业模式。

田 涛：这种商业模式像 E 公司不会接受吧？

张顺茂：它不接受，所以没有参与。

田 涛：因为它是上市公司？

张顺茂：也不是因为它是上市公司，事实上有十几家公司参与了这个项目，其中也有上市公司。E 公司之所以不参与，是因为它是市场的老大，还是想按原来的方式做。而我们属于新进入者，必须要创新求变，所以我们接受了新的商业模式，最终的结果也证明这一选择是正确的。

我们通过跟 A 客户合作的一些技术创新，得到了其他客户的认可。例如我们的 SingleRAN① 就起到了很大的作用，A 客户非常认可 SingleRAN，我们也因此获得了很大的新的市场份额。另外，在服务方面，我们也大大超出其他厂商，为客户啃了好多硬骨头，赢得了他们的信任，所以后来客户也给了我们不少合同。M 客户 3G 转型那一次，M 客户原来也是 E 公司的客户，但因为 E 公司给他们的服务条款太霸道、太苛刻，所以 M 客户非常生气，放弃了与 E 公司的合作，而我们则把握住了机会，把 M 客户赢了过来。N 客户的项目，则是 E 公司做了口头承诺，但是它没有做出实际的产品，而我们做出来了，所以我们赢得了这个客户。

商业模式创新、技术创新、更好的服务、更及时的响应、独一无二的产品等，可以看到，赢得每个客户的背后，华为都有独到之处。

田 涛：这几个独到之处我看你每一个都总结出来了，但是背后有没有产品的优势，像 SingleRAN？

---

① SingleRAN，华为在业界率先提出的一个移动通信领域的发展方向，为众多厂商所遵循。简单而言就是“一个网络架构、一次工程建设、一个团队维护”。基于单一接入网，实现 GSM/UMTS/LTE 融合部署、平滑演进与高效运营，从而化繁为简地解决运营商面临的带宽增长与赢利能力之间的矛盾。

张顺茂：有。产品的优势表现最突出的在与 A 客户和 N 客户的合作上，N 客户的集群通话全套系统只有华为做出来了，没有别人能做，包括终端我们都做出来了。

田 涛：价格优势呢？

张顺茂：可能有人会觉得我们为了抢占市场，会大打价格战。但事实上，在商务方面我们谈得都很好，保持了合理的利润。为什么呢？因为在拉美地区原来 E 公司市场份额太高，它一直在一个很高的价位上。为什么 M 客户对它很生气，就是因为 E 公司站在了很高的价位上，又很傲慢。我们进去后，谈了个合理价位，客户很高兴，服务再跟上，客户就非常满意了。事实上，包括 T 客户，我们在拉美地区拿到了那么多市场，并没有向公司要一分钱补贴。那一段时间，公司是鼓励搬迁的，有搬迁补贴，但是我们并没有要一分搬迁补贴。

田 涛：这里面有没有一些让你印象特别深刻的故事？

张顺茂：很多。印象最深刻的就是刚才说的 UFF 项目，我脑袋上被戴了一个紧箍咒，而且一戴就是三年。另外，为了 A 客户，我把片区总部从巴西搬到墨西哥，又有一个小故事。把片区总部搬到墨西哥，人自然就多起来了。2009 年，公司正是经营比较紧张的时候，条件不是太好，狠抓人均效益。公司一个领导到墨西哥来考察，就问："你们市场没做开，怎么人越来越多了，你们都堆在这儿干什么？市场做不开，你们能养得活自己吗？"还说："你们墨西哥这块儿不赚钱，还搞这么多人在这儿，你看你们人均效益多低啊，张顺茂在这儿怎么搞的？"但事实上，当时为了突破墨西哥市场，我把片区总部搬了过来，自然就显得人多了，因此就被公司领导狂批了一通。屋漏偏遇连夜雨，那时又发生了一个小插曲，墨西哥爆发猪流感，口罩被抢购一空，十分短缺，在墨西哥根本买不到口罩了，所以就呼唤公司的“炮火”给我们运 800 个口罩来。

田 涛：你当时是 800 人?

张顺茂：你看老板跟你的第一反应一模一样！老板听了这件事以后说：“张顺茂撒谎，他刚告诉我有 500 人，结果要 800 个口罩，原来他们有 800 人。”其实除了自己的 500 人要，有客户要、合作伙伴要、保姆要、司机要，我不能让在 500 人周围工作的那些保姆、司机、合作伙伴感染上了。800 个只是我要的第一批口罩，后来我还要了 2000 个。我那时承受了很大的压力，因为这个市场还没有做开，我把片区总部搬过去是为了靠近客户、把客户做开，没有足够的人，你肯定是做不开的。

田 涛：他直接跟你对话了没有?

张顺茂：没有。

田 涛：那你怎么知道他骂你?

张顺茂：我也没有听到他骂我，他在公司别的场合骂人的时候，有人给我传话的。

田 涛：你也没解释?

张顺茂：我解释了，解释后又被骂了一通。

田 涛：这时候他听不进去。

张顺茂：然后我就写了一个邮件给公司。当时我真的很冤枉，怎么会因为我要 800 个口罩，就说我有 800 个人呢？我就写邮件发给老板，把事实说了一下，说明我为什么要800个口罩，实际上有多少人。结果听说后来老板又很生气，说我还发个邮件过来反驳他，后来我就干脆不理这事儿了。

田涛：这个很能反映出他的个性。那最终你走的时候你们有多少人？

张顺茂：墨西哥500人，整个拉美地区我们有3500人左右。我去的时候拉美地区有2000人。

田涛：2000人支撑的是价值8亿美元左右的合同？

张顺茂：我走的时候是3500人左右，支撑价值近50亿美元的合同。

田涛：现在有多少？

张顺茂：现在我估计他们合同金额肯定超过50亿美元，光巴西的都有15亿美元了，其他地方加起来在55~60亿美元，我估计有这个数。

三千基站入巴西，险些惊动“中情局”

田涛：中午跟老板吃饭的时候我还听他说，巴西做了13年才扭亏。

张顺茂：是的。

田涛：巴西的合同文件，大概一年就9万多份，相当于华为整个合同文件的一半。巴西市场到底是什么问题？

张顺茂：巴西市场最主要的问题就是税制、法律太复杂，老板说巴西的合同文件就占整个公司合同文件的一半，知道为什么吗？在巴西如果要把货拿去安装，从这个州运到另一个州，因为各州的法律不一样，税制也不一样，都得开发票，我们叫作货票同行。比如一个箱子从这里运到那里，就得有一张发票，交一次税。总之，箱子从这儿到哪儿去都得有一张发票。这是一个最典型的例子，能够说明巴西市场为什么要那么多发票、那么多 PO（采购订单），这也造成文件特别多。华为公司全球都上了 ERP（企业资源计划）系统，做合同的自动管理，但就是巴西搞不了，直到我离开的时候，2011 年巴西才开始上线试行 ERP，仅处理这些合同文件都要 60 多人，高峰期有 100 个人，下 PO、写合同文件、写发票，因为你要把货物从这里运到那里，要向政府申报，申报的时候还要把发票拿去交税，发票、税单给了你之后，你才能订在一起，跟着货一块从这儿运到那儿去。这只是巴西法律复杂的一小块。另外各种各样的税务、税收也特别复杂，州税、地税、跨境税等。

田 涛： 总的税率是多少？

张顺茂： 总的税率百分之二十几、三十几、四十几的都有。后来我们为什么要在巴西做本地生产，就是为了解决高税率的问题。做本地生产你还不能做简单组装，SKD（半散件组装）还不算，一定要做 CKD（全散件组装）。CKD 是指要做电路板级的生产，只有这样才可以享受巴西本地生产的那种税率。否则进口税特别高，甚至可以到 50% 以上。

田 涛： 公司在那儿建了制造厂？

张顺茂： 我们是用外包 F 公司做的本地生产。

田 涛： 这是巴西市场的第一个问题，法律或税制是最复杂的。第二个呢？

张顺茂： 第二个是，量大、距离远，距离远就造成了一系列的问题，运输成本、如何满足客户的响应速度等。距离远是现实情况，但客户不管你距离远近，他今天决定了干什么事，明天就希望你把货运过来，国际上通行的是两个星期到货，但是我们走海运要两个月的时间，两个星期根本无法实现。那怎么办？只能囤货！囤货就是成本，而且囤的货也未必是他要的，那就会造成退货、跌价等损失。假设说用户要的东西我们没有囤货，那怎么办？空运，空运成本要比海运高很多。我们2006年不惜一切进入巴西，干V客户那个GSM项目。那个项目对我们来说太重要了，是第一次移动网络突破T客户，所以公司作为一个大的战略项目，董事长亲自挂帅，一定要把这个项目交付好。客户要求的时间就是在圣诞节前放号，业务网络开通，而我们拿下项目的时候是7月。3000个基站中大部分是Turnkey工程①，短短5个月，时间十分紧张，这么庞大的一个网络，而且离那么远，如何在要求的时间内把产品运到巴西，这是一个巨大的考验。据客户后来开玩笑说美军情报系统都注意到了，怎么从中国海运、空运（大部分是空运）了那么多机柜过去，全是到了巴西？这些大箱子里面装的是什么？

田 涛：除了基站还有别的吧，铁塔这些？

张顺茂：铁塔也有。

田 涛：铁塔也是从中国运过去的吗？

张顺茂：基站都是从中国运过去的，但铁塔有的不是，有的是。另外，当时我们的分布式基站还没出来，有大量的馈线。馈线也很重，四五十米高的铁塔，需要很多的馈线。

田 涛：3000个基站总共包了多少艘船？

---

① Turnkey工程，即交钥匙工程，是国际商务方式之一。跨国公司为东道主建造工厂或其他项目，一旦设计与建造工程完成，便将该项目或工厂所有权和管理权的“钥匙”依合同完整地“交”给对方，由对方开始经营。——编者注

张顺茂： 具体数量没有统计过，因为不是一次运的，是分多批运送的。

田 涛： 3000个基站，从中国运过去的这些设备，加起来你估计多少吨？

张顺茂： 不知道有多少吨。因为不仅仅是基站，还有比基站更重的馈线、蓄电池。

田 涛： 如果说是同时要运输这些东西，会不会得几十艘船？

张顺茂： 集装箱同时运的话10艘应该有。运输场面很壮观，在那么密集的时间内，从中国运输了那么多东西到巴西，这就是成本，因为距离远造成的一系列成本。我们在国内或附近很快就能响应，但是在巴西我们响应不了，就造成了成本。阿根廷市场为什么没有这么严重的问题呢？因为阿根廷市场量小，规模小，不像巴西市场规模大。量小我们还可以反应得过来，量这么大就反应不过来。所以，第二个主要的问题就是距离远、运输成本高。

田 涛： 你囤货有没有出现过比较大的问题？

张顺茂： 有，当然有。经常出现这种事，囤了又退，退了又存，发了货过去，货不对板，拆了重新组装，组装完了后不可能100%匹配得上，一大堆拆了的机器放在那儿不知道该用来干什么，对不上。因为来不及，客户急着要，又找不到现成的东西，只能在现场用现场的办法，活人不能被尿憋死，有什么设备在现场就把它拆了。

田 涛： 在现场再重新组装？

张顺茂： 现场重新组装。但马上问题就来了，这几个站点组装完后，发现拆掉的站点无法恢复，这也是损失。

田 涛：E 公司怎么解决这个问题？

张顺茂：E 公司很早就实现了本地生产。我们是后来才开始搞本地生产，本地生产还是我去了以后推动着搞起来的。2006 年我到巴西后，开始推动他们搞本地生产，到 2007、2008 年才开始做起来。后来我到了墨西哥，又在墨西哥推动本地生产。墨西哥也很远，虽然比巴西好一点，但距离也很远。这也是一个故事，当时老板又问了："墨西哥？一分钱销售额都没有，搞什么本地生产？很大的风险吧。"市场都没有突破就在这儿搞本地生产干什么？这又是一个死循环，你不搞本地生产，就响应不了客户要求，响应不了客户要求，客户就不给你订单。这就是一个恶性循环，你想让客户给你订单，你就得给他信心。但是我并不是一下把所有的产品都搞本地生产，而是先搞最容易突破的，我们最主要要突破的 ADSL[①] 宽带产品先搞本地生产。

田 涛：这个也是属于代加工？

张顺茂：也是代加工，同一个厂家搞的。

田 涛：像这样的情况，公司得投入多少？

张顺茂：我不知道，这是供应链去搞的，彭智平去建的，我只给他们提要求，他们供应链就派人去启动了，立项的时候老板质疑了一下。后来，我还是说服彭智平搞起来了。

田 涛：这种现象我觉得很有意思，一方面他发这样的牢骚，但是另一方面他又允许你们干了。

---

① ADSL 是指非对称数字用户线路，可在电话线上同时传输话音信号和高速数字信号的一种技术。——编者注

张顺茂：他这是默许了，要是我们干砸了那就完蛋了。当然，最后的结果是很好的。我们的文化不是快速响应吗？如果我不这么干，本地客户的要求我们就无法快速响应，整个拉美北的客户服务水平都会很低。

田 涛：公司鼓励这种在一线的指挥官的自主权吗？

张顺茂：我是提出了要求，向公司申请，公司收到这个申请后，就开始评估，开始质疑，考虑可行性，折腾了一阵子。当时考虑是放到墨西哥，还是放到巴拿马。如果靠近墨西哥，那么本地的需求量能否满足这个工厂的要求？后来没想到，这个生产线不仅可以供应整个拉美北的需求，甚至可以满足美国市场的供应需求。经过一段时间的评估，项目就立下来了，之后墨西哥市场的量就开始迅速上涨。

田 涛：你的战略、远见，还有运气都好。

张顺茂：运气还是有一点的，但主要的是你把客户服务好，他就会信任你，就会多给你订单。

田 涛：巴西市场的第二个问题就是成本，包括运输成本，还有没有第三个、第四个问题？

张顺茂：第三个就是刚才说的 IT 系统，我们不说人的问题，因为人的问题很难说，十几年来巴西市场换了那么多高级别的干部都一直亏损，不能说十几任干部都是一塌糊涂的。实际上，巴西历任代表都很优秀，像张平安、王维滨、李柯，那么我们就需要找一找客观原因，比如 IT 系统的问题，这个是事实存在的，没有 IT 系统只能低效，就只能靠人拉肩扛。

田 涛：为什么巴西不搞 IT 系统呢？

张顺茂：当地的税务和法律太复杂了，IT 系统上不去，公司的 IT 在当地不适应，满足不了当地的税务要求，票都开不出来，只能靠手开。

田 涛：听说现在有一个改革，让巴西合同量大大减少了？

张顺茂：离开后我就不知道了。我离开的时候系统上去了，在试行阶段时开票的人数从 100 一下降到了 50，至少能开出一部分的票。

田 涛：中国企业在巴西多不多？

张顺茂：不是那么多，但是也有一些，比如矿产、中旅。

田 涛：从你在拉美的经历看，你觉得中国企业的国际化应该注意些什么？

张顺茂：法律，这个是首选；另一个是文化，你要适应，要尊重，要能够跟别人沟通。当然，好产品是必需的，如果把劣质的产品拿去，一下就把自己的品牌给砸了。在好产品的基础上，首先得尊重本地文化、遵从本地法律，否则很难在当地生存发展。

田 涛：你怎么克服本地文化的这个障碍？

张顺茂：我们有本地员工。我去了之后基本上把系统部主要的客户经理都换成本地人，由本地人来做。墨西哥人懂英语的有，是高层的，中基层的基本上都讲西班牙语。当然，我们也不怎么适应，比如我们跟别人一起吃饭，吃饭的时候难免谈一些笑话，别人哈哈笑，我们不知道别人在笑什么。拉美人喜欢跳舞，跳那个 salsa[①]，结果我们也不会跳，人家跳得很欢

① salsa 是指萨尔萨舞，一种拉丁风格的舞蹈。——编者注

乐，我们只能瞎蹦迪斯科，跟别人玩不到一块去。

田 涛：那你跟本地员工怎么沟通？

张顺茂：本地员工是咱们自己人，就好说了，我们招的本地员工都会讲英语。

田 涛：他们能认可华为这套管理吗？

张顺茂：认可，进到华为就得接受华为的管理方式，当然我们也尊重别人的习惯。

啃下两个“硬骨头”

田 涛：前面讲的几个精彩的故事，比如说生产本地化的问题，比如说战略冒险，都是跟公司有关系的，再讲讲跟公司没关系的，比如在当地遇到什么危险，或者跟客户打交道过程中让你印象最深刻的，脑子里一下能蹦出来的最深刻的故事。

张顺茂：那就是交付过程，刚才谈到我们赢得了 A 客户。为什么能够赢得？一个很重要的原因就是我们啃了好多“硬骨头”，让客户认可了我们的服务。A 客户是个家族企业，要赢得他们的信任，是很不容易的。他们最关注的是，我们能不能真的帮助他们干活，而且，不只是听我们嘴上说，还要用实际的项目来考验我们。刚才说到，我们在墨西哥最主要的目标，就是要完成老板交代的任务，让喜马拉雅山的水流到墨西哥去，他们家族是墨西哥市场的老大，流到墨西哥其实就是流到他们家里。但是，别人怎么能随便让你进到他的家里呢？只有赢得他们的信任才有可能实现这一点。当时，A 客户先在墨西哥周边国家给我们一些很难啃的“骨头”，看看我们是否真的能服务好他们。加勒比海上有个小岛叫牙买加，A 客户正好买了一个本地的公司，叫ODJ，是牙买加本地的一个小运营商，买了就有牌照，有频率，就可以建一张网覆盖整个牙买加岛。这也是一张新网，又像V客户那个故事一样，要求圣诞节前必须放号，时间紧，任务重，而且环境艰苦。牙买加虽然是一个旅游胜地，但是当地的条件是很艰苦的。E公司不愿意去，所以就报了个高价，我们当时就在E公司价格的基础上降了一点。

田 涛：这个合同大概价值多少?

张顺茂：那是我们在A客户那里拿的一个很大的合同，一共400多个站，其中有90多个站是已有的站，买的那个运营商的站，还有大约300个新的站点要建，就要建铁塔，而且要在短时间内，在那个岛上建起来。交付也很复杂，我们在那个岛上也没有交付力量，在那里只有一个很小的办公室，三个人，因为我们在D客户有一点固网产品，有人在那里看着，人很少。我们的交付力量显然是不够的，而且签证也不好办，因为没有建交。在准备给我们项目之前，客户COO对我说："Patrick，你要去那儿交付，你有没有足够的人上去?"我说："我是片总，没有人上去，我就从全拉美调人上去干。"最后发现不是有人就能上去，因为签证很难办。当时主要考验的不是商务问题，而是我们的交付能力问题。那确实是一场硬仗。

田 涛：你大概多长时间要完成整个交付?

张顺茂：第一期要把97个旧站利用起来，这个很容易，因为是已有的站，很快就搞完了；第二期要搞150个站，我忘了具体时间，大概是用了6个月时间建起来；第三期慢慢往外扩，朝牙买加岛上其他地方扩。项目有一个时间进度表，但是从第二期开始就延后了，因为之前确实对当地不了解，去建塔的时候才发现牙买加岛上都是山，都是硬石头。

田 涛：工程是外包的还是自己干？

张顺茂：有外包伙伴。山上全是石头，去建的时候山上连路都没有，要想上山就得先修个土路，这又得花钱，但这个钱没报过，所以就开始扯皮。做 Turnkey 工程还有一个很严重的问题，就是你要建站不是想建就能建的，得拿到社区或政府的许可。原来约定的是以他们为主去拿，我们协助。结果因为客户在当地也没人，后来我们从协助变成主要负责的了。他们说反正你们要把这个塔给建起来，搞得我们不得不去跟政府跑许可。要完成这件事，靠我们自己根本搞不定，所以我们就找本地的顾问，他们跟政府有关系，由他们搞定这事儿。好不容易拿到许可，接下来就开始建站了。本以为建站会顺利一些，没想到又横生波折。到那儿去建站的时候，当地的混混又来了，说这是从哪儿来的人，是不是西班牙人，怎么西班牙人又打到这儿来了？就拿着大刀、镰刀、锄头来赶我们。我们就告诉他们，我们是中国人，在帮他们建通信网络，还让客户出具证明，证明我们是中国人。那里非常封闭落后，是一个孤立的岛，当地的黑帮、混混横行，有的要钱，有的抢东西。这样下去项目根本无法开展，后来我们就请警察过来，警察真跟当地的黑帮打起来了，发生了枪战。我们克服重重困难，好不容易把站建了起来，线也连起来了。但无线网络建好以后，要做网优，要做路测，我们的工程师开着车到处跑，看看哪些信号好，哪些信号不好。当地的黑帮、混混又冲过来要抢车，吓得兄弟们赶快开车跑，结果那帮人就在后面开枪，当时我们有很多汽车中弹的照片。

田 涛：你那照片还有吗，你把那照片给我们贡献点好不好？

张顺茂：那照片应该有，应该找得着。蒋旺成当时在无线产品线，他是另外一个项目 PD（产品负责人），也遭遇过同样的事。他在交付 M 客户那个项目时，早晨从宿舍到办公室的路上，被当地的混混用枪顶着脑袋，交钱。

田 涛：公司要求大家把命看得重，该交钱就交钱，你们是这样吗？

张顺茂：是。所以我们出门身上要带一点小钱，因为拉美这边的混混，有个特点，图财不图命，你只要给他点钱，他有钱买个面包，买个可乐，就行了。他并不是为了杀人，只是将你的钱全部抢走。当然，如果你没钱就可能被揍一顿，所以我们身上一般都带点小钱。

田 涛：你部下有没有遇到过这种危险？

张顺茂：非常多，因为拉美地区贫富悬殊还是很大的。我们一般不太单独到工作区域以外的地方，如果一定要去，就是一帮人一块儿走。蒋旺成他那天不知道为什么一个人走，结果在路上被人拦住了。

田 涛：牙买加这个网后来用了多长时间建成的？

张顺茂：最后搞了将近两年才建设起来，那个项目结局不太好，但是我们在整个过程中非常努力，达到了这样一个效果，因此 A 客户集团是认可的，他们的 COO 后来还帮我们说话。为什么不是一个好的结局？因为牙买加本地分公司经营不善，它的网络最后是商用了，商用以后并没有赢得很多用户，过了几年以后，它把网络卖给了刚才我说的 D 客户，A 客户又在另外一个国家买了 D 客户的一个网，他们做了一次交换。这样也减少一些竞争，我的给你，你的给我，两个地方都不竞争了。做了这样一个交易，那个地方也结束了。我们把整个工程做完花了一年半时间。后来 A 客户又给了我们另外一个项目，我们又啃了一个“硬骨头”，在巴拿马。

田 涛：巴拿马更是一个冒险的国家？

张顺茂：牙买加是 2007 年的故事，巴拿马的故事是在 2008 年年底。2008 年 10 月，A 客户给了我们巴拿马项目，那个项目开始也是签证签不下来。

它也是要做一张新网，故事是类似的，就是把同样的“骨头”在巴拿马又啃了一遍，但是后来经营得很成功。那张网络非常好，网络商用了，放号的效果非常好，增长也非常好，客户很满意。

田 涛：这个大概涉及多大额度的合同？

张顺茂：这张网也是有 400 多个站，都是新建站，我们要搞站点，拿许可，那地方人总找你碴儿，我们一样找警察来帮忙。在巴拿马有一点让我印象很深刻，就是机场！要把机场覆盖。我通常是跟 COO 直接沟通，他经常给我很大的压力：“Patrick，机场必须要在 20 天内覆盖！”为什么呢？因为 CEO 要去巴拿马考察，他的第一印象就是机场，他一下飞机就必须马上感受到 Claro（他们的品牌叫 Claro）的覆盖和服务质量，所以必须把机场覆盖，包括机场到办公室沿途这条线也要覆盖。然后我赶紧调集人力把机场和机场沿线的站点建起来。机场那个地方可不是你想干就能干的，那可难了，因此 2008 年春节我都没有回国，一直在巴拿马现场督战。后来公司还特别慰问了我一下，因为年底要向公司述职，我回不去，就在巴拿马通过远程电话向公司述职。我述职完后，领导说了句“你在巴拿马辛苦了”，表示对我的慰问，后来公司因此还给我奖励了 15 万元。我到拉美之后，打了几场交付硬仗，第一场就是 V 客户的交付，完成以后就是刚才说的牙买加的，再一仗就是巴拿马这个，还有一仗是 M 客户的拉美五国 3G 项目交付。这些是交付的几场硬仗，打完之后，我们在拉美地区就有了滩头阵地。

田 涛：在牙买加的时候有多少中国人在那儿？

张顺茂：开始时我们只有三个人在那儿，我就调集全拉美地区优秀的交付骨干，在准备阶段各个主管都上去，我上去了你们都得跟着我上去。有一个哥们儿去了两天就跑了，我立即把他的职务给免了。

田 涛：签证怎么解决的？

张顺茂：签证是找代理办的，比较难办的也能办下来。打了几场硬仗，也为之后的发展奠定了很好的基础。你必须要把第一件事干得漂亮才能赢得客户的信任，到后面客户才放心给你更多的单。所以从第一印象开始，你就要赢得客户的信任，从无到有，从 0 到 1 的突破，交付是非常关键的。

田 涛：你觉得在那儿是客户关系更重要，还是交付更重要？

张顺茂：两者其实是相互关联、密不可分的。很多客户关系是通过你的表现赢得他的尊重建立起来的，而不仅仅是吃喝，在拉美你得把事情办漂亮。他觉得你这个人值得信任、可依赖、靠得住，自然跟你关系好，才愿意把事交给你做。

对数字十分敏感的首富

田 涛：墨西哥这位首富你见过没有？

张顺茂：见过，见过很多次。后来我们墨西哥办公室搬到新地方，这个新办公室就位于首富建的楼里，我在 18 层，他在 21 层。

田 涛：你跟他第一次见面是什么样的一个情况？

张顺茂：我跟他第一次见面其实不是因为生意的往来，而是因为一起参加一个会议，在会场跟他见面。

田 涛：你对他是什么样的印象？

张顺茂：非常睿智的一个老头。他跟老板性格有点不一样，不是那种话非常多、慷慨激昂的人。他比较沉默，总在思考，对数字特别敏感。我们认识之后，我就安排了公司高层，包括老板、孙总对他的访问。后来，每年老板、孙总都要见他一面。

田 涛：见他的时候有些什么事让你印象非常深？

张顺茂：他虽然是首富，但是非常简单。他的办公室非常简单，一个大圆桌，上面全是资料，而且那些资料全是数字，密密麻麻的数字。他跟孙总沟通时都是在看数字。他手上一般有两个工具，一个是计算器，他看到数字就在按，另外一个工具就是他座位旁边有一个呼唤钮，一按按钮他的秘书就进来了，他就说把什么什么资料拿进来，秘书就马上拿更多的资料进来。他后面有一个工作团队，不停地给他提供信息，他要什么，一按按钮，后面工作团队马上把信息拿过来。他的信息量非常丰富，而且特别重视数字，他一般是从这些信息和数字中发现商机。比如有一次孙总和我们一块儿去拜访他，谈到未来物联网有多少连接的时候，我们算的是 500 亿个连接，一般来说 500 亿或是 600 亿这有什么关系呢，反正就是一个很大的数量。但他不这么想，他问："为什么是 500 亿，而不是 800 亿？"他在思考这个问题，500 亿怎么来的？他假设，仅仅以家庭连接来算，每个家庭都有冰箱、空调、洗衣机，那么每个家庭平均有多少个连接呢？他给的数字是平均每家 8 个。那么全球有多少家庭呢？假设全球 60 亿人口，每个家庭 4 个人，然后他得出来的数字是 600 亿，他说："你们的 500 亿是算错了，应该是 600 亿。"来回讨论很久这样的问题。他对数字特别敏感，通过数字来计算商业机会到底有多大，这是他的特点。

田 涛：他是什么教育背景，美国的还是墨西哥的？

张顺茂：他是小时候跟随父母从黎巴嫩搬过去的，是犹太人，他父辈在黎巴嫩那段时间，那里发生了战乱。他父亲是一个中产阶级，带着他们一家人到了墨西哥，在墨西哥市中心开了一个小店，经营杂货铺。他为什么对数字特别敏感？因为小时候他父亲让他做记账员，他从小就在他们家店铺里负责记账，所以就对数字特别敏感，特别有兴趣。

田 涛：任总和他见面，你印象很深的有什么事？

张顺茂：任总跟他见面就不谈数字了，谈战略性的东西。

田 涛：他俩投缘吗？

张顺茂：我看他们谈得挺好，谈得很投缘。在我的印象中，他们见面，我安排的有两次，一次是2009年世界博览会上在上海见过一次，另一次是2010年老板去墨西哥访问，在墨西哥他的办公室又见了一次。

田 涛：两个人有什么共同点或不同点？让你印象深刻的有些什么？

张顺茂：我觉得这两个人都非常有战略思维，看机会看得很准，都是大局观非常强的人。然后两个人对建筑都有兴趣，老板去访问他的时候，他专门把老板带到他的工地，那儿有几栋新的办公楼、博物馆，还没有入住，基本上完工、封顶了。他把老板带进去了，那时的照片我们还有。老板在看工地的时候还戴着头盔，衣服没有换，在那里看工地，看建筑。

半夜鸡叫

田 涛：再谈谈你过去十多年的研发，我看你2/3的华为经历应该是在研发吧？

张顺茂：是的，我从1992年开始到2000年一直在研发。从2000年开始晃了两三年，在用服干了一年，然后又回到研发干了一年。后来公司成立

Marketing（营销）部，又到 Marketing 部干了一年。三年过去了，又回到研发，公司成立产品线，产品线还是以研发为主，从 2003 年到 2005 年，我都在固网产品线。我的背景也主要是在固网，开发 08 机、HONET 接入网、NGN 等。2005 年调到无线产品线，管无线产品线，2006 年被派到拉美地区去了。

田 涛： 多个人都提到你，提到你在研发，看样子你在大家心目中的印象很深。咱们再接着聊，从你 1992 年进公司开始聊，想到哪儿说哪儿。

张顺茂： 其实我进公司跟老板还有关系。当时我并不是到华为来的，我是被分配到深圳罗湖区的一个研究所，但是为什么跑到这儿来了呢？我那会儿还没毕业，来华为实习的时候，发现华为这里工作氛围很好，都是年轻人，晚上还有免费肉包子、骨头汤。

田 涛： 你本来是已经定了去那个研究所了？

张顺茂： 是的，那个地方已经给我发了 offer（录用通知），不过我一天都没去过，那会儿进深圳来还得调档案，我档案就调去了罗湖区那个研究所。

田 涛： 1992 年来的时候就几百个人吧？

张顺茂： 不多，几百个人。

田 涛： 你工号那时是多少？

张顺茂： 157。当时的工作环境、气氛非常好，我非常喜欢。都是一帮年轻人，又热情，在一块开发一些新的东西。那时没这么多规矩，刷卡、考评都没有。一帮年轻人困了就睡觉，累了就休息，醒了就接着工作、干活。

没有上下班的概念，我们可以下午一帮人去踢球，晚上回来冲个凉，又回到办公室开始写程序、编码，一干就干到天亮。我在华为实习那两个月没有租房，就在办公室住。办公室中间是办公桌，前面是测试的机器，放文件柜一挡，像屏风一样，后面就是床垫，“床垫文化”就是从这里开始的。我们干累了就去后面睡觉，睡醒了脸一洗就开始干活，我们的锅碗瓢盆全放在办公桌上。我非常喜欢那个环境，一帮年轻人，在一起很高兴。

田 涛：你那时多大？

张顺茂：24 岁，我非常喜欢那样的环境，做的东西也喜欢。编写计算机程序，写完了马上加载到机器里面跑，机器就开始运行，运行成功了很高兴，运行不成功就拿出来再改，一帮年轻人互相调侃，热热闹闹地把事儿就办成了。到中午吃饭，还有个很好玩的游戏，就是吃完饭谁洗碗呢？转汤勺，我们把勺往碗里一放，然后一转，勺把对准谁谁就去洗碗，大家哈哈大笑而散，今天不用洗碗了！这就是所谓的“work hard，play hard”（努力工作，尽情玩耍）。有时我们在问“work hard，play hard”什么意思，我想就是那时的心境。我们那时加班完了晚上有汤喝，有饭吃，都是免费的。那会儿老板离我们很近，冷不丁会跑过来跟大家聊聊。有一次我印象非常深刻，当时我正在写程序，两只腿就这么翘在桌子上，脑袋仰在后面，我觉得这个姿势很舒服。突然老板在后面拍了我一下，吓了我一跳，老板说吃饭去，我说还没写完呢，老板说吃完饭再写。当时那种感觉非常好，我就坚决不去罗湖区研究所，到华为了。但是我的档案还在那儿，那边催我过去上班，这个事不知道怎么被老板知道了，那时人事部的部长叫曾信富，可能跟老板说了这事儿。老板说：“搞‘五张羊皮’给他换回来。”这是打比方的说法，就是用了五个指标把我换回来了。那时华为作为高科技公司有进人指标，给了那边几个指标。所以后来老板还开玩笑，说是用

“五张羊皮”把我给换回来的。

田 涛：你是学什么专业的？

张顺茂：学的 EE，电子工程。我进来以后刚好赶上一个好的机会——08 机开发，后来它成为华为公司挣钱的主力产品，我正好又参与了比较主要的部分。

田 涛：你是研发哪一块？

张顺茂：08 机的主机软件，一开始进来第一份工作就是开发双机备份。这里面的事可复杂了，它相当于两个脑袋要同时工作，数据要同步，程序要同步，万一一个挂了，另一个立即接替工作，电话不能受影响，我需要把这个脑袋里面的东西都搞明白才能完成平滑倒换。所以我一进公司，交换机里面的代码就都看过了。

田 涛：你以前都没有学过这样的知识？

张顺茂：以前都没有接触过，一点这方面的知识都没有，交换机的专业知识都是工作中学习的。

田 涛：但是你没学过这个，他们让你干这个你觉得能行吗？

张顺茂：这也是一个奇迹，还真给干成了，虽然出了比较多的错，bug 比较多。我们有一个调侃自己的词叫“半夜鸡叫”，因为我们做的第一个版本老死机，过两天电话就打不通了，或者一批用户被吊“死”了，也搞不清楚问题在哪儿。怎么办呢？每天凌晨两点钟，让 CPU（中央处理器）自动复位重启一次。所以我们叫它“半夜鸡叫”，反正我不知道问题在哪儿，我就给你全部清零，总不会有问题了吧。因为转着转着它就转死了，转飞了，也不知道飞到哪儿，我就重启一次，每天都重启。后来时间长了，知识积累多了，解决的 bug 越来越多，交换机就稳定下来了，也不需要“半夜鸡叫”了。我们把交换机搞得很成功，让它成为真正华为自主开发成功的旗舰产品，这一款卖得非常好，从农村走向城市，走向了海外。

田 涛：都有哪几个核心的成员？

张顺茂：当时那些主力人员，现在很多都离开华为了。

田 涛：08 机李一男是总负责？

张顺茂：其实李一男负责的是万门机，叫 C 型机，我们开发的叫 A 型机。

田 涛：当时是谁在主导？

张顺茂：A 型机换了好几任主管，最早是郑宝用，曹贻安做项目经理。阿宝是整个研发的总工（总工程师），曹贻安是 08 机的项目经理，后来是毛生江、张云飞。我从 1995 年开始负责 B 型机的开发。

那会儿我们认识到，如果与国外友商同质竞争，我们肯定干不过人家。1996 年至 1997 年，我们干了一件事叫商业网，在交换机的基础上注入了新的概念，把一些客户的商业需求融合到产品中，比如说当时的大客户需要宽带，当时还没有 ADSL，那时是 ISDN[①]，128K（Kbps，千比特每秒）的带宽，2B+D[②] 就很领先了，因为在这之前只有窄带的拨号上网，速度就几 K，我们一下升到了 128K 提供 ISDN 的能力，那就是宽带，当年的宽带。

① ISDII 是指综合业务数字网，一种以电话为基础，提供端到端数字连接的综合服务型通信网。——编者注

② 2B+D，一种表达 ISDII 基本速度界面的简单方法。2B 指代两个传输通道，D 指代一个数据通道。可实现两个终端同时通信。

田 涛： 你觉得从技术的角度讲，这是不是就可以称作创新？

张顺茂： 这就是创新，而且是一次观念的创新，我们把纯技术的东西，就是盒子对盒子这个层面的竞争，提到了新的层次，上升到商业层面。我们是看客户的商业诉求，运营商要发展大客户，比如把华为公司这种客户吸引过去，用 Centrix① 替代 PBX（小交换机），为客户提供服务。还有一些能够拓展新客户的产品，比如校园卡，对于运营商来讲，是拓展新客户非常有力的武器。

田 涛： 在中国是不是最领先的？

张顺茂： 是啊，我们做得最好。

田 涛： 在全球是最领先的吗？

张顺茂： 在全球不是，欧洲也有 ISDN，不是我们发明的，但我们把 ISDN 用到了数字程控交换机里。

田 涛： 也就是说这个你还是模仿创新？

张顺茂： 不能这么说，在业务上，我们是创新的。比如商业网这个业务层面、运营层面的概念是我们提出的，那些“七国八制”的巨头都没有这些东西，校园卡他们更没有，他们根本没有这个业务能力。所以我们就把这些满足运营商要求的业务和功能注入了传统的程控交换机上，在此之前，交换机的功能就是打电话，但是我们把这些业务能力加上来以后，它就已经不是简单的交换机了，而是叫作商业网、新市话。为什么叫新市话呢？因为它有商业网的能力，商业网最典型的三个特征就是宽带 ISDN、

① Centrix，程控交换机提供的一种群业务，分机短号互打业务。

校园卡、大客户 Centrix。

田 涛：这些观念是怎么产生的？

张顺茂：以客户为中心，倾听客户需求。以校园卡为例，它是怎么出来的？其实就是我们天津市话的客户，发现高校学生宿舍有很多，每个学校有成千上万的学生，都没有电话。如果我们在每个宿舍都装个电话，放号量一下不就上来了吗？但是又有问题了，放号通常是放到每个家庭，付费的人很清楚。但是在学校里面，一个宿舍住了六七个学生，打了电话，谁付钱？为了解决这个业务问题，我们开发了校园卡，201 校园卡就是这样诞生的。

田 涛：据说这个需求，客户也给西方公司提过？

张顺茂：有可能，但西方公司的响应没有这么快，它们的研发都在欧洲、美国，哪里了解天津校园卡这个业务需求到底是什么样的。就算它们理解了，但开发的流程慢腾腾，怎么能反应得过来呢？而我们很近，天津办事处代表温群说客户有这方面的需求，需要我们过去交流一下，我就立即带了几个人过去，跟天津市话的业务员去沟通，跟领导们沟通，了解他们到底要什么东西，我们还跑到学校去，模拟一下业务流程。回来就设计了一个方案，做了一个演示版本，拿去一测试，现场试用，客户说这里需要再改进，那里需要再优化一下，我们回来再修改。那么多学校都需要校园卡，而且这些大学都在大城市里面，2006 年以前我们的 A 型机只能卖到山沟里，商业网在 B 型机上做出来后，就成功地进入了大城市，我们说的“农村包围城市”，走的就是这条路线。

田 涛：就是靠的这个技术把公司的交换机带到了城市，尤其是大城市。

张顺茂：为什么叫新市话？我们从农村的下里巴人，脚上都是泥巴，进到了城市，而且一上来就是大城市。北京的叫集团用户网，主要是发展大公司、大客户，天津的叫校园网，广州的叫新市话，深圳的叫商业网，我们说的商业网是从深圳开始的，包括五洲宾馆这些客户，包括华为本身，包括 Centrix 这些功能。

田 涛：五洲宾馆当年是丁耘去的？

张顺茂：是的，丁耘驻守在那儿，丁耘那时是负责 Centrix 的话务台，负责 08 机话务台的开发。话务台就是用于 Centrix 功能，因为 Centrix 要代替原来的 PBX，PBX 就得有个话务台小姐值班转接电话的地方。丁耘也是 08 机的一员干将。

田 涛：可以这么讲吗？正是由于校园卡的开发，才使得华为从三线城市如县级城市一下子打入了大城市？

张顺茂：应该说是商业网的开发，因为校园卡只是商业网里好多业务特性中的一个，比如 ISDN、Centrix、校园卡。

田 涛：我想听听神州行的故事，神州行的事你参与了没有？

张顺茂：神州行我没参与。

田 涛：无线有人说你是奠基人之一。

张顺茂：我不算是奠基人。我应该算是扭亏为盈、扭转发展方向的人之一。为什么这么说呢？从 1995 年到 2005 年期间，无线产品线开发 GSM、CDMA 一直都不挣钱，一直亏损，GSM 也打不开市场。后来 3G 来了，现在看来很成功，但当时看来，产业链不成熟，也不发牌照，投入很大，也不挣钱。

田 涛：3G 上是说公司投入 60 亿元，一直颗粒无收？GSM 投了多少？

张顺茂：投入是非常大，反正老板批评我的是："张顺茂让我们 GSM 亏损 48 亿元。"

田 涛：他其实只是找个代表，并不是针对你说的，我现在越来越理解他的这种思维方式了。

张顺茂：这期间无线产品线很困难，一直亏损，借钱给员工发奖金。3G 一直不成熟，也没牌照，老板一直想在海外发展，墙外开花墙内香，但是也不是很理想，规模都做不起来。但是为了投 3G，我们 2G（第二代移动通信技术）团队就收缩得很严重，2005 年我去的时候 2G 的团队基本上是个维护团队，就几十号人。2005 年时，我从固网到了无线，干的第一件事，就是把 GSM 产品重新立项，叫作 BTS3012，把 GSM 维护团队重组，并扩大规模，让他们变成一个正式的产品开发团队。维护团队就很少投资，只能维护，网上有什么问题就解决什么问题。我把他们变成一个产品开发团队，重新成立一个 PDT 来开发 GSM 产品，我认为我对无线做的最主要的贡献就是这个。后来我被派到拉美地区去，主要交付的是 GSM 网。当时 GSM 网还在建设，只是我们没有抓到机会，这跟我们市场阶段有关，也跟我们的产品能力不行有关。那一年，我们把 GSM 重新开发起来，开发了一个新的有竞争力的产品，后来卖得还是很好的。2006 年我走了以后余承东来做无线产品线的总裁，在 BTS3012 的基础上，又做了改进，做双密、降成本等，让它的竞争力更强。

田 涛：48 亿元从何说起？

张顺茂：财务的统计，历史上 GSM 累计亏损 48 亿元。GSM 后来卖得很好，很挣钱。直到今天 GSM 的投资才略微有所收缩，现在它的投入产出比都非常好，2G、3G 这两个产品都是非常挣钱的产品。2005 年是个转折点，对 GSM 是个转折点，因为 3G 一直都还在高投入着。

绝望一刻，差点跳楼

田 涛：再回到固网，你在做完 08 机后，后来做什么？

张顺茂：08 机很成功，后来我做了交换业务部的总监，我的前任是洪天峰，李一男走了以后，他升任研发管理办主任。

田 涛：整个固网当年就一个交换机？

张顺茂：还有一个接入网，HONET 接入网也很成功。

田 涛：交换业务部这边有多少人？

张顺茂：800 人左右，是我们那时候最主要的研发团队。

田 涛：你以前有没有做过管理？从学校到公司，在公司开始是在做研发，是别人管你，突然之间让你管一个项目团队，而且这个项目又是公司核心的产品。

张顺茂：以前没有做过管理。我在研发 A 型机的时候，很快就是 2000 门交换机的项目副经理了，因为李一男升任研发老大以后，张云飞升任研发总工，我就成了 2000 门交换机的项目经理了。

田 涛：那时你管多少人啊？

张顺茂：那时洪天峰管万门机，我管 A 型机和 B 型机，李一男是整个研发的老大。交换机的 A 型机和 B 型机两个团队合并了，由我在管，我这个团队那会儿有 200 人左右。

田 涛：你管的人差不多都是 20 出头，你也是 20 出头。一下子给你这么大的担子，而且管的每一个人都很有才华的。

张顺茂：那时确实是我第一次做这么大团队的管理者。

田 涛：怎么管知识分子?

张顺茂：就像我刚进华为时的感受，我们这个团队很和睦，大家在一起工作很开心，其实我并不是靠规章制度来管理他们，那时大家在一起好像真的有一种使命感，虽然没有人提出这种概念，但是我们就有这种使命感。当时 B 型机已经提出商业网的概念了，大家要把 B 型机做好、做稳定，把商业网做成功。所有人都没日没夜拼命干，这帮兄弟之间没有任何钩心斗角，人际关系真的非常简单。

田 涛：你有没有思考过，整个华为那时候，其实人际关系也很简单?

张顺茂：相对简单多了，比外面简单多了。

田 涛：这个简单是怎么带来的?

张顺茂：那时候至少没有任何杂念，我甚至连多少工资都不知道。

田 涛：对，好多人都这么说，不知道自己工资多少。

张顺茂：反正那时候发的工资都是一张白条，真的不知道实际多少工资。你如果连工资都不管，还会想别的什么事呢? 所以兄弟们想的都是，这个交换机到底出了什么问题，怎么解决，市场上又有一个项目机会，我们怎么把它拿下来，干累了怎么放松一下去。

田 涛：这个氛围到底怎么形成的？

张顺茂：这个氛围的形成，我认为和从开始公司对大家没有那么多的约束有关系，充分发挥每个人的主观能动性。公司给了你一个清楚的目标，你努力地去实现这个目标。其实那时我们压力也很大，比如A型机刚开发出来的时候，在义乌第一次开局，后来听说如果我们A型机晚出来一年，如果那个局不开，或者晚开一年，公司的现金流可能就断了。我们那时刚进来什么都不知道，也没有钱，反正工资都是白条。那时不知道公司没钱，就要断粮了。公司说以后你们钱会很多，会有一个大阳台晒钱。我没去想那么多，因为刚来没有家庭负担，也没有结婚，女朋友也没有，一帮小年轻在一起干得很开心，好像在学校一样。大家还没有度过在学校那种自由自在的劲儿，很单纯，而且没有太多的经济、家庭压力，就知道要把这个事干好。兄弟们在一起很愉快，也没有什么钩心斗角的。工作累了，大家出去踢一场球。那时深圳有很多录像厅，晚上没地方去，看场录像回来接着干活，床垫就在办公室后面，困了就打地铺。

田 涛：别人服你吗？你和他们年龄差不多，你也是刚从学校出来。

张顺茂：谁能干服谁，我比他们看上去更能干。怎么表现出谁最能干？看谁能解决问题，谁能把大家组织起来。把大家组织起来相对容易一点，更重要的是能更多地解决问题。那会儿当头儿真不容易，我生平唯一一次有自杀的感觉就是在那会儿。

田 涛：对，我就是想听你这些故事。

张顺茂：当时曾经有一瞬间真的想跳楼了，很着急。那会儿我们人不多，一个项目的头儿要承担什么责任呢？我要负责把每个人编写的程序合到一个版本，把它给编译出来，让整机能够工作。因为一线销售员签了一些单，我必须要马上把版本发过去，要在网上运行起来。这压力多大啊！这些版本都从我这儿出去，开始是张云飞管，张云飞升官以后就归我管了。有一次，发版本的那一天晚上我怎么编怎么错，东西一上去就死机，我就开始 DEBUG（调试除错），跟踪问题出在哪儿，感觉好像抓到它了，下来再去看有什么问题，结果那里什么问题都没有，我就把那里的代码稍微改一下，看它死不死，结果它不死了。不死了我就把这句代码拿掉，因为加的那句代码实际上什么意义都没有。结果机器又死了，我就再去抓它死在哪儿，结果死的又在另外一个地方了，死在一个随机的地方，不知道原因是什么。我整了一晚上，心力交瘁，眼看就快天亮了，而早上 8 点之前必须把这个版本发出去。当时，我一晚上没睡，人又饿，精力真是耗光了，几乎到了崩溃的边缘，有一瞬间就想，从窗户跳出去算了。

田 涛：这是很震撼的事情。

张顺茂：那是最严重的一次。最后还是没解决，直到天亮也没解决。后来我就搞了一个临时的措施把它规避了，先用起来。

田 涛：你怎么从那个要自杀的念头出来的？

张顺茂：就那么一瞬间，太紧张了，压力太大了，几乎崩溃了一样。试了一晚上都没有找到问题的解决方法，只有最后一个小时了，我应该怎么办？要在一种疯癫的状态中冷静一下。

田 涛：完全能想象到那种情况。

张顺茂：对，只有一个小时，不能再按原来的套路走了，找不到问题，就先放它过去，让一线能够动起来。所以我用了一个临时救急的办法，把这个版本给发出去了。

田 涛：所以搞科研像打仗一样。

张顺茂：真的像打仗一样，因为一线已经把这个单给签下来了，那个时间一定要开通，一线都准备好了，就差这个“新娘子”。马上就要结婚，你不能和一线说“新娘子”不能上轿子了。

田 涛：你在去无线产品线之前是在做固网产品线的总裁，管理多少人？

张顺茂：2005 年人就多了。固网有几个阶段：做 B 型机的头儿的时候是有 200 人，洪天峰升官了，我就做了交换业务部的头儿，这时大概就有 800 人，包括接入网的话有 1000 多人。交换机后来做的远端模块出来了，接入网实际上是在远端模块 RSA（机柜式架构）上发展起来的。把远端模块跟交换机接口标准化，把私有协议变成 V5.2 协议，就叫接入网，光纤到路边，其实它是交换机系统的一部分，只是把这个接口标准化了。然后我去用服干了一年，去公司 Marketing 干了一年。后来公司成立产品线，到产品线时管的人就多了，2003、2004 年这两年做固网产品线总裁，有 4000 人。2005 年到无线产品线管的人就更多了，有 1 万人。

田 涛：IPD 变革你参与了没有？

张顺茂：我参与很多。

田 涛：原来在 IBM 没进来之前，整个研发你们有自己的一套。

张顺茂：有，我们自己总结了一套流程。

田 涛：华为是研发文化，这一套东西至少让外人听起来很像今天的互联网企业，是吧？也不打卡，没有约束，每个人的聪明才智都可以尽情发挥，你也可以把腿放在桌子上。突然之间要有一些流程，有一套规则把这些人框住，这个过程怎么转变过来的？据说还是有很大的抵制的？

张顺茂：抵制的人非常多，甚至高层的人，但是我本人非常接受它。

田 涛：我也听说了，我们座谈的时候好几个人提到这个。

张顺茂：我非常接受这样一个新的流程，因为我认为随着人员规模的扩大，你不能还靠这种吼或喊的方式把大家协调起来。最早我们在做 A 型机的时候就是这样一种水平，主机软件一共就几十号人，大家坐在一个屋子里就搞完了。但做 B 型机时我们有 100 多人，大家就坐到几个办公室了，靠这种吼啊喊啊就不行了。那会儿大概是 1995 年，IBM 顾问还没进来，所以在那个阶段，我们自己总结了一套流程，叫"三级五层计划"，老交换业务部的人可能还记得。后来 IBM 顾问带来了 IPD，我一看这比我们自己搞得好，那为什么要用我们的土办法，不要这个新式武器呢？我本人是非常接受这个新式武器的。后来公司是拿无线产品线试点的，侯金龙是第一个试点 PDT 经理。

田 涛：讲一下你在变革这一块的故事。

张顺茂：确实有很多人不愿意离开舒适区，在舒适区很自在。但是我觉得 IPD 非常好，我们就拥抱它。现在 IPD 是非常成功的，这么大的一个研发团队没有一个流程去支持，肯定会出乱子。如果没有 IPD，质量不可能得到保证，效率不可能高。可能你看到它怎么有那么多的沟通协调，一时的效率低。但它保证的是整个大团队、大部队齐步往前走，否则乱掉了，内部扯不清理还乱，让公司效率更低。我在公司 Marketing 的时候领导

MAPA（市场和组合分析）变革，也是 IPD 的一部分，是 IPD 的市场管理这一部分的变革。2002 年我领导这个变革的时候，选了一个比较简单的产品线来试验这个流程，结果那个产品线的人，他们不动，口头上同意会按照新的流程做，但是几个月过去了，没有进展。我在公司 Marketing 领导这个变革，但产品线按兵不动，没法儿试验下去，没法儿落地，我就很着急，找他们领导去谈，这个领导说他们不是不动，也还是在动，说白了就是阳奉阴违，他打太极拳，搞得我就没招了。正好 2003 年公司组建新产品线，我又重新回到固网产品线。他们不干，我们自己干。

田 涛：搞变革是不是还是得征求意见，有些部门说不干就不干了？

张顺茂：他们没有说不干，但是不给你好好干，消极怠工，搞得你没结果，很恼火，做事看不到结果就很郁闷。后来正好赶上又让我回去领导固网产品线，这下我成了固网产品线的总裁了，这帮人都是我的老兄弟，对我还比较信任和尊重，我们花了一个月，就把流程跑通了，IBM 顾问很高兴，他们六个月干不成的事，固网一个月就干成了。但其实那个月我们也是加班加点才完成的，我把兄弟们都叫到一块儿，我不走，他们都不能走，一个月把这个流程给走完。走完流程后，大家感觉也非常好，看到西方管理方式的优点和价值，确实比我们的土办法要有效、规范。

红酒与山顶

田 涛：你怎么评价你自己的领导风格？

张顺茂：我觉得我还是比较强势的，就是“兄弟们我们要干，一定要把这个事拿下”，但同时我也比较尊重大家。此外，我跟团队的关系还是比较好的，不是靠打压、强制的手段，而是跟大家沟通或者引导，让大家自觉、自愿地朝那个方面跑。

田 涛：可不可以具体一点？比如你怎么激活或优化你的组织氛围，比如内部沟通等，有些什么样的方式？

张顺茂：那我就举一个墨西哥的例子吧。我刚到墨西哥的时候条件很艰苦，老被公司骂，市场也没突破，喜马拉雅山的水也流不到墨西哥，还被骂搞800个人，人那么多，市场又没有。那时市场发奖金是，你有多少收入发多少奖金。我们奖金也发不出来，因为没有收入哪有奖金。那时墨西哥属于最艰苦的地方，虽然我是片总，但叫拉美南（拉美地区南部）的人过来他们都不过来，他们都不愿意到墨西哥去。问公司要人也没人愿意来，都说墨西哥那地方不能去，那是个火坑，特别难，还没钱。所以气氛就很差，又累又没钱，气氛自然差，兄弟们干得很苦。我就鼓励大家在这里继续待着，但仅靠口头的鼓励肯定不行，我们或多或少会拿下些小项目，就在办公室准备点红酒。拉美地区的红酒还是很便宜的，不管大大小小的项目，只要搞下一个项目，就把项目组有关的人都叫过来，让大家庆祝一下，大家都很高兴。特别是本地员工，特别认这个，因为他们觉得虽然自己拿下的是个小项目，但老大看到了，老大很认可，还过来给我们敬酒，我们要拿更多的项目，所以每次拿下一个项目，中方项目管理的人都很积极。我们也不去外面，就在会议室，大家庆祝一下，气氛就很好，大家觉得很有成就感，得到了老大的认可。周末在墨西哥也没事，我就组织大家爬山，但是谁有机会跟我去爬山呢？不是每个人都有机会跟我去爬山的，本周销售冠军团队才能跟我去爬山。我们一块儿去锻炼身体，然后把项目名称刻到山顶的树干上。现在去墨西哥，都能听到这些故事，《华为人》报上有相关文章都可以查到。A客户LTE（Long Term Evolution，长期演进）那个项目就有一篇这样的文章，文章中的照片就是在那个山头上拍的，大家拿下LTE项目后，很兴奋，整个项目组爬到山顶上，把名字刻到树上面，整个路上大家欢声笑语，很高兴地上去。下山后我们继续去聚会，吃一顿大餐，组织气氛很活跃，荣誉感、成就感很强。

田 涛：任总这个人你打交道也有 20 多年了吧？从 1992 年到现在，22 年，你觉得他有什么特点？

张顺茂：老板太有智慧、太有大局观、太有思想了，我认为老板领导我们真是靠一种愿景和思想。他改变的是我们的思想，他指引的是一种方向，激发大家沿着他指点的那个方向去努力。我认为知识分子就应该这样管理，对知识分子你不能把他们绑起来朝前走，否则身体往前走了，脑袋没往前走，不行的。

田 涛：展开说一下这个问题，怎么让知识分子脑袋指挥身体去行走，而不是把他们绑起来，把这个问题再说一说。

张顺茂：老板跟我们谈的都是他对未来的看法，对行业趋势、公司目标的设定，这种愿景很清晰，而且这种愿景实现之后带来的美好结果，让人有很好的憧憬，我们应该努力往前冲，朝那个方向奔去。老板会让你逐步认可这个价值观。你认可了，就会自发地、主动地、自我激励地往那个方向去。当然也有人不认可这个价值观，那么他就会变得消极。老板有时也爱骂人，甚至误解别人，有人从此就颓废了，实在受不了，就走了。当时创业的好多人也离开了，对这个价值观不认可，就走了。还在公司的很多人，是非常认可公司的核心价值观的，认可的话就会主动地往这个方向上走。当然也不能做苦行僧，在主动往前走的过程中，肯定会创造越来越多的价值，公司也没把你当苦行僧，还是给了你足够的回报。工作很开心，然后还得到了很多的回报，为什么不继续更努力地往前走呢？自我激励驱动往前进。我认为知识分子不是靠绑架、靠强制去工作，而是靠激励来充分发挥他们的主观能动性，来自主、自觉地工作，这样才能发挥他们的创造力。

田 涛：你有没有想过什么类型的人愿意接受他老人家倡导的这个价值观而留下？什么类型的人接受不了，离开了？没离开的人他们有什么特点？

张顺茂：那就看什么样的人才接受他的价值观，价值观也是一种认可。看你认不认可他说的话，你认可自然心里就很舒服，不认可他说的话、他的价值观，那你肯定就不舒服，最终就表现出来别扭，那大家很快就看出来这个人很别扭，这是一种恶性循环。

田 涛：有人跟我说过，凡是傻一点的人，最后都被老人家给忽悠了，也就是阿甘式的人物，愿意接受这种东西。后来老板他认为自己就属于阿甘式的，华为人都是不太聪明的一帮人，但是大家愿意接受同一的价值观。

张顺茂：我不认为只有傻瓜才能够理解老板的思想，其实老板的思想有时候是很费解的，并不是随便一个阿甘都能理解的。傻乎乎地往前走，就可能走错方向，因为老板有时候讲的愿景并不是那么具象的，例如他打的一个比方：为什么喜马拉雅山的水流不到墨西哥？你要理解他讲的是什么意思，他并没有很具象地说到底什么产品可以卖到墨西哥，不像我们主管，通常会给你设定一个市场目标，如 LTE 要进到墨西哥的九区，老板从来没有说过这句话，老板讲的是让喜马拉雅山的水流到墨西哥。什么水流到墨西哥哪个地方，那就要靠你的理解，去想你要去做什么。所以，并不是一个简单的阿甘就可以理解。

田 涛：你得有自己的理解、自己的创造性在里面，而不是盲目地去追随。

张顺茂：有一些绝顶聪明的人离开了，那也是可能的，因为他们有自己的思想，他们的思想跟老板的思想可能不合拍，他们接受不了。那些人当然也很聪明，否则他们怎么可能会有自己的思想呢？所以他们离开了。那么很笨的人、真的阿甘他也理解不了，就算他表面理解了，也有可能搞错方向，他理解错了，经常做错，也不可能成长得很好。

田 涛： 20 多年来你觉得他犯的最大的错误是什么？

张顺茂： 谁能不犯错误？有可能从我们的角度看他是犯了错误，但是从他的角度可能只是在表达某个希望，某个导向。

田 涛： 所以也有公司高层说，关于 5 年以后的事情，他从来都预测得很准，但是短期的事上他经常失误。

张顺茂： 如果说老板真的有什么问题，从我的个人感觉，就是老板有的时候还是比较冲动，他的这种性格，有可能会让大家感觉在短期的事上他怎么老犯错。他性格里面有一种非常强烈的激情、亢奋。一旦他认为某个决策是正确的，价值在那里，他的这种亢奋的心情有时候会让他马上采取一个过激的动作，而过激的动作在短期内是有可能出问题的。他的内心是希望我们赶快去抓住这个机会，但是这也得有一个节奏。举一个具体的例子——企业 BG，2011 年公司决定成立企业业务 BG，那会儿公司很亢奋，认为这是个有大把黄金的市场，赶快去抢，只要有人就能把市场抢过来。于是大手一挥从全球迅速调集了近 2 万人，包括外面（华赛）并购过来的人。现在看来当时是动作过快，并不是有人就能把粮食抢来。因为企业业务跟运营商业务确实是不同类型的玩法，人家不认可你，你去了就抢粮食，别人连门也不让你进，那你怎么能抢到粮食呢？所以说这需要一个渐进或积累的过程，但是我们一亢奋，就进来这么多人。这个肯定跟老板的决策有关，否则怎么可能一下进这么多人。

田 涛： 类似这样的似乎还是不少的，包括 2002 年备战无线的百亿美元，一下进了 5000 人，突然之间发现无线没机会。

张顺茂：对，那段时间我参与了。那时号称国内要准备发 3G 牌照了，我们要抢点布局，在 3G 牌照发出来之前，我们就要把价值区域先给占住。怎么占住呢？先建试验网。我都参与了那会儿的会战，准备了好多物料。我还跑到惠州去，给中国移动把惠州主城区的网络基本上都建好了，号称只要一发牌照，枪声一响，网络就能运行了，遗憾的是后来给了中国移动 TD。

田 涛：关键问题在哪儿呢？是中间的时间太长？

张顺茂：时间也很长，而且它还拿的是 TD 牌照，但我们给中国移动在惠州建的是 WCDMA 的网。所以有的时候过于兴奋、亢奋，就会在短期内做出过激的动作。

田 涛：而且华为执行力又很强。

张顺茂：很强，在老板严厉的要求下，手一挥，千军万马"哗"的就上去了。

田 涛：谢谢，讲得非常好，很精彩。

（结束）

访谈 11 曹贻安[①]

访谈时间—2015年7月17日
访谈地点—深圳
被访谈人—曹贻安
访 谈 人—田 涛 乌耀中

×

访谈时间—2015年8月12日
访谈地点—深圳
被访谈人—曹贻安
访 谈 人—田 涛

我进了一家“渔民”办的企业

田 涛： 曹总是华为研发早期的主管，这些年转型非常成功，画油画，小提琴也拉得非常好。

曹贻安： 我是在1961年苦日子出生的，一出生身体就不好，医院几乎要下病危通知。我从小就经常往医院跑，有一次全身出血点，发烧、昏迷，医院发了病危通知，我迷迷糊糊地听到我妈在床边哭，好像还围着一圈病友。上小学赶上“文化大革命”，我根本不爱看书，一看书就犯困。我们是属于不爱看书的一代人，写作上的基本功也是很差的，尽管我们凭着自己的小聪明能够理解和领会很多东西，但就是没办法表述出来。

因为从小身体不好，我从小学一年级开始就每天早上5点爬起来跑步，跑完步再打会儿篮球，然后去食堂，把一家人的早点买回来。下午放

① 曹贻安，1991—1999年在华为工作，曾任华为副总工程师、市场部副总经理。

学回来还要洗菜做饭，我妈回来就是炒一炒菜。我从小就必须要做家务，要自己管理自己，所以我的动手能力可能是比较强的，包括当时学拉二胡、小提琴，上手也很快，都可以达到上台独奏的水平。

乌耀中：你从小就学了这些乐器？

曹贻安：对，学习《赛马》《梁祝》这些名曲。后来我拿起一些乐器，什么单簧管、萨克斯、古筝，不需要多长时间就可以演奏简单的独奏曲。

田 涛：他（指曹贻安）的高尔夫球打得非常好，70 多杆。

曹贻安：我最好打过 69 杆。

田 涛：60 多杆啊？

曹贻安：家里的奖杯多得都没地儿放。在体校打篮球也是一样，5 个主力，4 个进省队，我是个子太矮了，进不了。但我当时的身体素质很好，1 米 77 的个子还可以扣篮。我做什么事情都很投入，做交换机也是一样。我没有上过正规大学，是北京邮电大学函授毕业的。

田 涛：但是学的通信？

曹贻安：是的。我 1977 年中学毕业后就下农村插队，国家恢复高考以后，准备考大学了，然后开始学习，在农村也只能自学。我爸在湖南省邮电管理局工作。我们家祖上是书香门第，太爷爷是教私塾的，考中过秀才，在唐生智的军队中担任过参谋。我爷爷是湖南大学毕业的，他自己说是曹植的后代，他和田汉是好朋友，属于出口成章的人。

田 涛：你们家是国民党的官员多。

曹贻安： 对。当时湖南有四大厅，有三个厅的厅长是我们的亲戚，曹家的人。但我爷爷是共产党员，1926 年入的党。

田 涛： 哦，你爷爷是共产党员。

曹贻安： 是共产党员，但他是地下党。这些亲戚都是国民党，他当年是一个处长，由于叛徒出卖被捕了。被抓了以后，家里亲戚多，让他写个自白书就完事了，也没有受过什么皮肉伤，出来后又重新加入了共产党。但是因为这个自白书，新中国成立以后，每一次运动他都挨整。

他本来是教育厅副厅长，新中国成立以后，一个运动就被贬到一个学校当副校长，再一个运动又被整到五七干校，然后就病死在了五七干校。死的时候他唯一的要求就是，在墓碑上面写上中国共产党党员几个字，这也是他留给我们唯一的一句话。我爸最后也只能是拿个小木板，写上几个字，插在那里。在那个年代，我爸有这么一个父亲，是要划清界限的。我记得非常小的时候，去看我爷爷，我手里拿着饼干，我爷爷就直勾勾地看着饼干，想吃啊，管事的那个人就说，我不能给他吃。我爷爷只能眼巴巴看着，而且我父亲还教育他，好好接受劳动改造，出来以后再给他吃。

田 涛： 那是哪一年？

曹贻安： 大概是一九六几年，我很小。

田 涛： 那是在“文革”中。

曹贻安： “文革”一开始他就被抓了进去，没多长时间就病死了，实际上是很小的病，就是脚气，但是五七干校里面没有药，脚一直烂，感染，然后就死了。

田 涛：后来平反了?

曹贻安：对。但平反后墓都找不到了，当年埋葬时，我爸就插了块小木板，后来就在附近找到几根遗骨，和我奶奶埋在一起。我爷爷以前属于家有食客三千的那种人，因为他是地下党，在家广交朋友。所以我们家的人有去国民党的，也有去共产党的。新中国成立前，有亲戚在国民党当空军，开着飞机回来，在我们家附近停下来，结果回去以后就受了处分。我们家的人可能有这种传统，不是很计较个人得失，把名利都看得很淡。即使以前是敌人，你失宠以后再过来找我们做朋友，我们也是从来不计较的。我到华为后也是这种态度，这可能是遗传。

田 涛：这种家庭氛围对你以后有很大的影响?

曹贻安：有很大的影响。因为我是函授毕业的，我的父亲对我说："你到长沙市邮电局来工作，不用参加高考，有函院，你可以一边工作一边学习。"因为邮电局在那个年代是非常好的单位，别人想进也进不去的，所以我就没去考大学。进了长沙邮电局以后，我就考了北京邮电大学函授分院。当时长沙邮电局的局长、总工程师都是函院毕业的。函院学生是边学习边工作，在校生主要是培养学习能力，但在工作中你知道你想要什么，所以反而是函院的学生动手能力更强一些。

田 涛：大学刚刚恢复，各个学校师资也不够，甚至连桌椅板凳都不够，所以那个时候函授大学，包括电视大学很流行。

曹贻安：北京邮电大学的函授在"文革"前就一直有，邮电系统很多领导都是函院毕业的，所以我父亲不让我去考大学，我是没进过大学校门的。

乌耀中：函授也要读几年吧?

曹贻安： 6 年。

乌耀中： 算下来学习时间也不短了。

曹贻安： 6 年以后也只是给一个函授大学毕业的文凭，北京邮电大学校长签发的，不会给学位。

我当时在长沙邮电局进的是最好的科室——传真室。那个时候传真机是很牛的，可能一个银行就一台。当时从日本买回来的传真机坏了，我还能修。后来长沙邮电局引进西门子的交换机，一万门的，安装的机房比这个房间还大好几倍。一万门的网络配置 2.4m × 0.9m 的机架，十几个机柜。长沙邮电局派了很多人去德国、法国学习，他们基本上都是正规大学毕业的，当然也有函院毕业的。他们最关心的是怎么样配置交换机数据，但是并不知道这些板子是干什么用的，人家也没给图纸，只有胶片，一张图纸可能有好多胶片，他们是不会去看这些胶片的。我跟他们的关系还可以，就把这些胶片全部复制成小图纸了，所以我是一个比较奇怪的人。

田 涛： 这些胶片的文字全是德文？你怎么解决这个问题？

曹贻安： 我不看文字，只看图。在一个大厅里，把小图纸放在地上一张张拼起来，这样才能完整地看一块电路板图纸，然后我再研究逻辑关系。当时到什么程度呢？交换机随便拔出一个板子，我就知道是干什么用的，实际上，我也没学过交换机。后来，我和另外一位同事一起承包了一个叫邮电四厂的工厂，是做摩托车配件的。

田 涛： 这是哪一年？

曹贻安： 大概是 1988 年吧，我们是第一批出来的，承包邮电四厂的时候我们就想做交换机，但它是做摩托车配件的。总厂做交换机，但也不会给我们承包，就给我们一个株洲的小分厂。我进长沙邮电局的时候学过半年的钳工，车床、冲床我都懂，去到工厂，摩托车配件我也能做，我们做的是摩托车液压减震器。我定生产任务的时候，工人说："啊？不行，不行！"我说："你下来，你看我做。"我操作下来他们也没得说了，只能按照我们定的那个量来做。开始我们做出了布控电子交换机，也去开了局。但我们还是想做程控交换机，就凑了几万块钱到深圳来买芯片，香港人从口袋里掏出几个芯片给我们，几万块钱就买了几个芯片。这样能做出交换机吗？不可能。所以我们就商量，是不是找一家别的公司做。那时候我们看过西门子、阿尔卡特的交换机，国内九江电子、邮电部十所（邮电部第十研究所）的交换机也都看过，我们就找到在深圳做交换机的长虹去应聘，他们说："我们是国有企业，进人指标很难搞。蛇口好像有个叫华为的，是渔民搞的，他们属于个体户，可能有需要。"我们就这样找到华为，这是1991年。

不让做数字交换机我就辞职

田 涛： 你刚进华为时有几个人？

曹贻安： 没几个人。当时华为在代理鸿年的交换机，郑宝用改进了鸿年交换机的功能，所以销路比别的代理商要好。

田 涛： 可以根据客户的需求做改进。

曹贻安： 必须得佩服郑宝用，两本那么厚的说明，他半个月搞定，就完成功能改进。

乌耀中： 那这个还叫鸿年吗？还是叫华为？

曹贻安： 还是卖鸿年的机器，只是做了一些小改动。后来华为自己开发产品，但那个设备设计上有问题，老掉话。我们来的时候，老板就说："煤是洗不干净的，你不是牛吗？那你就去洗煤吧。"我们就被发配到西乡，张建国是主管，他安排我们维修一堆电路板后就走了，我们大概半天时间就修完了。后来没事干，我们就去装洗澡用的热水器，切管、攻丝，再装上。看到门也是破破烂烂的，我们就重新做了个木门。我们是没事找事干，自己开玩笑说，跑到华为来干水电工、木匠了。刘平后来写文章说我原来是生产线上的一个工人，实际上我没有当过工人，也没有进过生产线。

田 涛：早年进来的人，有技术背景的都去做维修工程师，或者叫维修工。胡厚崑也是这样，可能刘平就理解成做工人了。

曹贻安：后来郑宝用安排我们优化那个设备。有一天，郭平又碰到掉线了，他过来找莫军去研究，我才知道那个设备打着打着电话会常常断线。

田 涛：那是第一款设备？

曹贻安：对，四十几门，一个小盒子，做总机。

田 涛：那是谁做的？

曹贻安：好像是郭平、莫军、张建国做的，郑宝用是总工。这个设备老掉话，当时我到华为没多久，当然他们也不会咨询我的意见。那天郭平特别兴奋地跑进来说这件事，我没事干，就让莫军把他的图纸给我看了看，我告诉他，在某个地方加一个钳位二极管，就不会再掉话了。加完以后，果然再也不掉了。当时莫军就说："老曹，还是你厉害啊！"我一直想做数字交换机，他们做的是模拟机。郭平、莫军、杨明峻做的 HJB48 是模拟用户交换机，郑宝用、徐文伟、聂建林做的 JK1000 是农话（农村电话）交换机，也是模拟的，两方同时在做。HJB48 做出来以后，一年的销售就全靠它了，因为鸿年的饭是吃不了了。

田涛：1991 年的时候，鸿年就不怎么给设备了？

曹贻安：不怎么给了。为什么老板会有忧患意识？因为当时每一年有没有饭吃都不知道。我进华为时就想，只要能赚到 10 万块，我就走人，就退休。

田涛：每个人都这么想？

曹贻安：嗯，每个人都这么想。当时的收入全在公司，股票、工资、奖金都是白条。配股都是看着你的收入配的，你的账户上有多少钱，他就给你配多少股票，反正你别把钱拿走。有些员工会想，是不是公司明年没有饭吃了，我的钱就都变成纸了。每年都会有很多人离开公司，就是马上兑现股票就走人了。这中间有很多很厉害的人，像聂建林，他是做 JK1000 交换机的，徐文伟负责硬件，他负责软件。他负责的软件可以一个礼拜开通，可以打电话。他可以用 0001 二进制来编整个程序，任何一款设备，包括我们的绘图仪出现问题了，他都能修，非常厉害，中国科技大学少年班毕业的。他走的时候，传说老板要送房子什么的，他都不要，就要走。

田涛：那个时候兑现股票、带现金走的人有多少？

曹贻安：反正好的、能干的人大部分都走了，包括做测试的，测试是我们中试中心的前身，研发出来的板子要做一些设备来测试，才能批量生产。最早搞测试的人叫周继国，他以前在一个研究院做机器人。

田涛：那个时候做机器人的很少。

曹贻安：他做出来后，看到自己有十几万的收入，马上兑现钱走了，去新加坡了。

田 涛： 这些人后来你有没有联系？

曹贻安： 没有联系，走了就走了，那时候通信也不发达，不像现在有手机。包括聂建林，也没有办法联系，不知道他去哪里了。

每个时期会有每个时期的困难，但老板带着大家最终都能闯过去，包括 HJD48 销售、JK1000 出来补上农话交换机销售，同时我们 08 机也在做。刚开始因为郑宝用在做 JK1000，没精力做其他的，所以不怎么同意做 08 机，不管我怎么说，如果他反对的话，是做不成的。当时郑宝用在老板心里的地位是谁都可以走，郑宝用不能走。因为老板骨子里是喜欢博士的，对教育背景很看重。

田 涛： 对教育背景很看重？

曹贻安： 后来我手下也有很多博士，包括郑树生、乔小平，老板是打心眼里喜欢的。至于我，他在员工大会上唯一说过一次，“曹贻安是属于自学成才的，以后要把他送到美国去学习”。所以当年我申请做 08 机，郑宝用不同意是做不成的。年终市场部的人回来，老板安排我们做研发的给市场部的人讲讲课，我就讲了一下数字机。我说：“我们为什么要做数字机，数字机简单地说，并不复杂，就像一层窗户纸，你没有捅破这层窗户纸的时候，觉得非常神秘，不可碰。一旦抹抹口水，往里一看，原来不过如此。”然后我就走了。市场部的人就找老板：“曹贻安说了，数字机就是一层窗户纸，我们为什么不做？”第二天又到讲课的时候，因为没见我人，当时老板桌子一拍：“曹贻安干什么去了？扣他的奖金。”有人说曹贻安辞职了。我当时去了珠海，邮电部十所的人介绍我去找珠通，我问他们愿不愿意做数字交换机，人家说做啊。回来就办辞职手续，我记得老板的脸当时特别白，对我说："曹贻安，纪平那里有个入深圳的户口指标，你去找她。"直接跟我说这一句。

田 涛： 那时候有户口指标可真是不容易。

曹贻安： 那时候户口比较诱人，我是工人嘛，公司也小，几乎没有指标。

田 涛： 民营企业，政府也不会给多少指标。

曹贻安： 他说："你去找纪平吧。"这才同意做 08 机，但让我到 16 栋 8 楼去做，不在公司弄。

田 涛： 就是让你单独搞一个小特区。公司那边大家都在做模拟，反对做数字机。

曹贻安： 要是老板不下这个决心做 08 机的话，我肯定会走，因为我的目的就是要做数字机。

田 涛： 是他认识到这个趋势了？

曹贻安： 是不做真的不行了。老板总说邮电部的一步到位是错的，但大趋势就是这样，邮电部部长都发话了，要一步到位，各个省都在喊这个口号，如果还抱着做 JK1000 空分机，肯定是死路一条了。

田 涛： 实际上是市场已经有这种强烈需求了。

曹贻安： 已经有强烈需求了，那些办事处主任回来都在叫唤，销不动啊。

田 涛： 还是来自客户需求。

曹贻安： 我当时跟老板说："你投资 50 万，我给你做个 2000 门的数字交换机出来。”他说：“你研制出来以后，我给你扔到海里去，你 50 万能做成啥？我要的是一流的设备。人，我一个没有，你自己从全国招；钱，你不用操心，公司会想办法。”就这样我从一个人开始做这个项目，后来招了李学峰、任于胜、易兵等人。我们一起去了邮电部十所，听他们讲 2000 门交换机的课。在课堂上，还有其他几家邮电企业的人。我注意到其他厂有技术好的人，就琢磨着怎么动员过来。后来动员了毛生江、杨汉超过来。当时他们住招待所，我们住宾馆，我们每天晚上可以吃羊肉串，喝啤酒，聊天，他们很羡慕这种生活，就被我们挖过来了。

田 涛：毛生江是说你天天请他们吃夜宵，喝啤酒，其实就是在游说他。

曹贻安：游说了 3 个人，来自不同的厂家，我们觉得就这 3 个人技术还算可以。课堂上一交流就知道谁行谁不行，不行的人叫他过来也没用。

乌耀中：当时开发团队有多少人？

曹贻安：有 20 多个人，后来不断地补充。

乌耀中：从开始到做出来，整个花了多长时间？

曹贻安：一年半左右。

乌耀中：完全做好？然后就开始卖了？

曹贻安：实际上只用了一年多就开局了，2000 门局用机和用户机是两个部门做的，分开的。

田 涛：但是如果晚一点就拿不到入网证了。

乌耀中：开发出来也没有用了。

曹贻安：我们真的是最后一批拿到入网证的，后来邮电部就关闭发入网许可证，因为太多了。

田 涛：你们做的交换机与西门子做的交换机有很多技术路径上的不同？

曹贻安：西门子设计的东西是属于它的年代，芯片的技术是日新月异的，几年的时间就发展得非常快。一个万门网络，我用最新的技术做出来，只有两个抽屉大，而他们的得要十个机柜，谁的东西好，一目了然。我们要做农话，农话的环境非常差，防雷设施是必须的，但他们的万门交换机是放在大城市的，尤其是在欧洲，外部环境设计是配套的，在欧洲用起来没问题，但如果放在我们的农话里，肯定不行。

田 涛：适用不同的市场、不同客户的差异化设计。讲讲你们当时研发的一些场景，比如加班？

曹贻安：就像大学一样，反正大家都在一起，很明确，各干各的板子。也没有任何人说不想加班的，因为每个月都在调工资，跟你的实际利益是挂钩的，你做得好，下个月就真调了。当时公司楼下有个证券公司卖股票，是排队的，排队的怕插队，都是抱着的，我们连上班都挤不进来，上班要越过抱着排着队的人，但我们没有一个人去买股票。

田 涛：当年就没有一个人去买股票？

曹贻安：没有，根本就没有眼红过。你们赚你们的钱，你们发你们的财，好像跟我们没有什么关系。没有任何人去过问这些事情，不然我们怎么能一年多就可以开局了呢？

田 涛：你们大概一天工作多长时间？

曹贻安：每天只睡四五个小时。

田 涛：每天？

曹贻安：没有什么工作多长时间的概念，反正爬起来就去食堂吃饭，吃完饭就去干活，困了就睡一下。

田 涛：周末呢？

曹贻安：没有周末，没有这个概念。

田 涛：那个时候的人际关系怎么样？

曹贻安：互相之间都好，哪怕是跟 JK1000 的人。因为大家都在公司，所以我们真不觉得有什么"垫子文化"，是真就觉得公司舒服。因为要我回到农民房，没有空调我难受，在公司有空调，睡桌子底下比回家睡舒服。大家一上班把我弄醒，我刷个牙，洗把脸，吃个早餐又开始工作了。没有任何人刻意叫我们来加班，真正做研发的人不在乎上班时间，能做出东西来是有成就感的，当时如果能够做出来在国内就属于比较先进的，大家的积极性都很高。

田 涛：没有强制性加班？

曹贻安：没有。你不加班，你偷懒，去交女朋友也可以，没关系啊，没人拦着你，只是下个月工资就没见你涨，别人涨了。

田 涛：有个别自媒体攻击华为，说华为过度加班，是血汗工厂。

曹贻安：老板的理念就是不让雷锋吃亏，假积极一辈子就变成真积极，这样也杜绝了很多人打小报告。你咬嘴巴没用，打小报告没用，我就假积极。

田 涛：天天假积极就变成真积极了，也不容易啊。

曹贻安：如果你在，他们就加班，你不在，他们就不加班，那没问题，你天天在啊。

田 涛：这就是论结果。我晚上 9 点在北京研究所跟员工聊天，一个办公室大多数员工都在工位上，大都是 85 后、90 后的，说回去一个是路远，一个是外面雾霾严重，公司环境这么好，也没有雾霾，办公室有空气净化器。当然重要的是，“我手里的工作没有干完”。

曹贻安：也干不完。确实是东西晚了就没饭吃了，没有办法开鉴定会就不能销售了，必须得越快越好。大家天天都在这里做，你要是拖了后腿，自己都觉得不舒服。

田 涛：听说早期很多很聪明的人都走了。

曹贻安：有些能干的人走，是想自己干，把技术带走了。但是他的副手、团队已经掌握了这些技术，所以对公司的影响不是很大。做电源的是陆东文，你别看他像个粗人一样，实际上是很细的。他整一个散热器的流向，就是抽一口烟再吹一下，然后抽一口烟再弄一下，他可以琢磨一晚上，不动。

田 涛：不是靠仪器？

曹贻安：不是靠仪器，散热气体的流向他是靠吹，用人来吹一晚上。那个时候仪表仪器也没有那么先进，所以有一些设计只能想办法增加一点变化。当时研发人员实际上是自己的头儿，就像研究“两弹一星”的人一样，没有谁压你，老板只管加工资。

我把万门机的方案交给了李一男

田 涛：早期这个行业，比如说程控交换机，巨龙公司的老板邬江兴是什么情况？

曹贻安：邬江兴带着我参观过他的机器。

田 涛：他是发明人吗？

曹贻安：对。

田 涛：他是“中国大容量交换机之父”，这是公认的。

曹贻安：对，他是第一个做出万门机的，邮电部十所只做出了 2000 门。但是他的软件继承性不好，只掌握在几个人手里，他又没有编制来招大量的人帮他往下做，所以有用户提出问题，希望增加功能等，都满足不了。

田 涛：编制问题是国有企业的共同特点。

曹贻安：是，他没有办法大量招人，只能招一些学生来帮帮忙。

田 涛：华为为什么能把继承问题解决好？你看你手里有那么多的技术。

曹贻安：我们在公司内是共享的，软件模块化，可以像芯片一样，通过模块组合就可以实现新的功能。

田 涛：为什么华为当时能做到共享呢？

曹贻安：用芯片的概念管理软件的思路是老板提出来的，他也没有深入研究这些东西，只是觉得你们这些软件为什么不能做成像芯片一样的模块化，把这些模块拼一拼，又产生新的功能。

田 涛：把软件模块化这个思路今天都是新的。

曹贻安：当然。我们实际上一直在摸索，怎么把软件管理真正做成模块化，这是很难的，费敏他们当时在这方面做了很多工作。

田 涛：有没有像国企一样不愿意共享的?

曹贻安：没有。

田 涛：早期就能做得到?

曹贻安：这些东西本来就是大家一起做的。

田 涛：本来就是一起协作做的?

曹贻安：对，没有让你一个人包着做，当然也有例外，比如 JK1000 的软件就是聂建林一个人做的。

田 涛：对，JK1000 是徐文伟出的，芯片也是他做的。

曹贻安：硬件是徐文伟负责的。理论上来说，JK1000 做出来，徐文伟应该去销售，你的“儿子”你去卖，但他没去，后来我去了。聂建林管软件，一个礼拜电话就打通了。早期因为容量小，这些软件就抓在某些人手里，但是他们也没有说这些东西就是在我这儿了，聂建林也是写完以后就和大家分享。

田 涛：像这种情况在中国，包括民营企业也很难做得到，就是研发上，大家一开始就是协作。

曹贻安：邬江兴做的 04 机，我全都明白。但我们做 2000 门的模块是没有选择的，必须要做出来，这样 08 机才能向万门机或者十万门，往更大的容量上走。实际上中国没有任何人懂这个东西，邮电局是肯定不懂的。所以当时我说要做万门机的时候已经是不可能了，因为内部的阻力已经非常大了。实际上我离开研发的时候，08 机已经可以开局了。我是做硬件总体的，不做软件，开局的时候更多要调的东西是软件，不是硬件，硬件在做生产的时候已经过关了，该测的、该调的已经过关了。开局的时候实际上要调的就是软件，跟别的机器的配合。毛生江是做软件的，我把项目经理的职责交给毛生江，然后跟老板提出去做销售。我离开研发之前做了一件事情，我说我们一定要做万门机。万门机的模块实际上已经做出来了，但是网络和操作系统还有问题。我们用的小操作系统是邮电局十所的，只能用到 2000 门这个模块，用到万门机的时候，这个操作系统支撑不了。在这种情况下，我当时招人就有意识地招在操作系统上有能力的。我有一个完整的硬件方案，但是软件的配套跟不上是不行的。当时招的几个人，有一个是刘平，还有一个是李一男。

田 涛：刘平、李一男都是你招的？

曹贻安：对啊，李一男是郑宝用推荐的，刘平是我在的时候招进来的。刘平的工作非常明确，就是做操作系统这一块。李一男也是，他进来以后我没有让他干别的，也是做操作系统。只有这一块跟上去，软件才能支撑万门机那么大的一个实时操作与控制系统。硬件方面，也就是万门机的网络构成方案，有复杂的整体方案和很多图纸，我完完整整地给了李一男，当时他刚从学校毕业，实际上对交换机还什么都不懂。

田 涛：学的也不是通信。

曹贻安：他学光电的，根本就不懂交换机，所以我要完完整整地告诉他万门网络应该怎么构成，应该怎么做，我也极力推荐他来做万门机的项目经理。研发技术发展确实是日新月异，我本身就有缺陷，没上过大学，英文很差，快速了解国外的新技术有困难，没办法继续做技术研发，所以我很清楚我能干什么、不能干什么。我觉得2000门能开局了，万门机网络架构我也跟李一男说清楚了，就走了。当然，这件事情只有李一男和我知道，我只有一个手写的方案给到他，其他人并不清楚，人家可能认为那是李一男的，因为没有写一个曹贻安的名字在上面。1991年年底、1992年年初的时候，电信总局的钱总，一个非常牛的人，一般是请不动的，还有个黄处长，两个人从国外回来路过深圳，老板不知道怎么把他们给请来了，请来就说："曹贻安，赶快给讲一下，我们的数字机是怎么回事。"我就开讲了，当时老板、郑宝用都坐在下面。这次交流了很长时间，04机、5号机（美国朗讯的5ESS交换机）、EWSD（西门子的一款产品），他们问得很细，细到这个东西怎么实现的，交换到哪个地方，因为他们是做引进的，钱总又是电信总局的总工程师，是电信这个口在技术上最权威的人。我说04机达到万门以后，再往上扩的成本会成几何级增加，它的拓扑结构使得再增加2000门，马上就要增加一个乘方的数量，再增加2000门又要增加一个乘方的数量，达到万门以后的成本会很高，而且实现起来也很困难。所以在这种情况下，我们会采取其他方式。我们的方案综合了5号机和04机的优点，达到比较大的容量的时候，成本还是能控制得比较好。所以，方案上比这两个都领先。

田 涛：这个想法是怎么产生的？

曹贻安：就是对比。钱总对老板说，他们搞了10年的交换研究，还不如华为两年的成绩大。他知道我们刚搞。

田 涛：业界没有人做过这样的事？

曹贻安：做不出来，04 机做成这个样子已经很牛了。后来怎么做的我也不知道，我只是把方案完完整整地给了李一男，给他讲透了。那时做大型交换机的厂家也很多，我们实际上是最后一批赶上的，再往后邮电部就不给发进网证了。老板要是不做那个决定的话，不让我单独找个办公地点去做，我们就赶不上了。我之所以把万门机方案交给李一男，也是因为其他人都抽不开身，张云飞、白志东、唐新兵等，每一个人都有自己的一摊事，只有李一男是招进来以后，我让他做操作系统，他可以空出来。而且下一步万门机的操作系统很重要，如果操作系统过不了关，等于整个控制系统没有解决，光逻辑上走得通也是没有用的。

田 涛：李一男当时是主导万门机的吧？

曹贻安：2000 门是我主导的，我做项目经理。万门机的项目经理是李一男，他是做数字机出来的，对这一摊慢慢就很了解了，做硬件的做硬件，做软件的做软件，项目做起来对整个公司的技术都会很了解，再主管这一摊肯定没有问题。反正不行也有老板支持，你总能管好。

田 涛：万门机我一直认为是李一男自己做出来的，公司内外很多人到现在还是这么认为的。

曹贻安：是他领导做出来的，我不争这个功劳，没有意义，给钱的是老板，他愿意给钱我就愿意做。后来我只是告诉老板，08 机报奖如果没有我的名字，我做市场销售的时候，恐怕说服力不够。老板这才说："怎么搞的，他们忘了吧？"就把我的名字加上了。当时是我给了李一男万门机设计的总体方案，很厚，自己写的，因为我当时做完 2000 门，就是要准备做万门的。

田 涛：其实就是架构。

曹贻安：对，网络是怎么构成的。因为2000门的模块已经有了，对怎么把2000门、2000门叠加上去，以叠加到万门，叠加的网络思路我是有的，只是操作控制系统、软件系统没有。所以要李一男、刘平做大型、实时、多任务操作系统，否则光有这个理论没有用。

田涛：今天我才知道，做万门机最早是你提出来的，整个结构图也是你给了李一男。

曹贻安：公司没人能做总体设计，我属于歪人。当时有一个信令板，刘启武做了一段时间后还没有通，我问他怎样了，他说差不多了，只是有一大段编码不知道是什么，我说你查查是不是十三折线码，他回去一看，果然是，马上就理通了。

田涛：可能是因为当时这些人虽然学历很高，但都不是学通信的，郑宝用不是学通信的，李一男也不是，真正学通信的可能就你了。

曹贻安：我是北京邮电大学函授分院的。

田涛：最早学通信的就你一个人，公司招不到学通信的人才。

曹贻安：有一些是从少年班招来的，他们去美国是很简单的事情，当然也有人做了一段时间去美国了，后来还是觉得华为好，就又回来了。

田涛：这也是太可惜了，当年智商那么高的一群少年，几乎都没有冒出来，在各个领域都没有，不只是在华为。

曹贻安：唯一一个是李一男，干得名声大一点。公司也有北京邮电大学毕业的，包括杨明峻、袁曦，但他们说北京邮电大学的只能做开局维护，反而我们北京邮电大学函授分院的能做研发。

田 涛： 这个很有意思。第一，学通信的人少；第二，学的都是学校的东西。

曹贻安： 学校的理论加上实践维护经验，包括上海贝尔的 1240 机，我都很清楚，所以我才能做总体设计。其他人都是各负责一摊，做某一块板，只有做软件才能接触到总体思路，但是他对硬件又不是很了解，只知道原理、概念。总体架构做完以后，大量是软件开发工作，但是我的软件能力比较差，编不了软件，只能看懂图。我也不会英文，没办法接触那些新的软件。所以说，我做硬件做到一定的技术程度后，就会被自然淘汰，只能做销售了。

田 涛： 华为 08 机产品的起步就是从你这儿开始的。

曹贻安： 我只是说 08 机。每个时代都会有那个时代的一拨人，后来的无线，包括余承东他们做的产品，我们根本就一窍不通了。

做技术销售没有人说得过我

田 涛： 你是主动跟老板提出来去做销售的？

曹贻安： 是我主动提出的。我不是被别人从研发赶走的，而是本来就已经可以交班了，因为交换机总体设计做完了，每个人的板子分完了，接下来主要就是软件调试，我不做软件的。而当时 JK1000 几乎都积压在库房，我才主动跟老板提出来，我说："不行啊，那个机器卖不动了。"我到市场部后，也是负责技术这一块，但没有明确具体干什么，只明确是一个市场部副经理。

田 涛： 市场部经理当时是谁？

曹贻安： 纪平，或者是江西生，我只管技术交流，老板也知道，去哪儿做技术交流都会带上我。当然，要见政府官员的话，会带着乔小平，乔小平是博士，他任何的名片上都印着工学博士。我们毕竟是民营企业，我很理解老板，出去没有高学历的支撑的话，政府不会相信你。但只要碰到技术交流，老板就会叫上我。或者哪个单攻不下来，老板也会叫我。哪怕就是公司开的会，类似于今天公司 EMT 的会，他都会说："曹贻安，你去吧！"他知道我是一名福将，哪单搞不定，我去了说不定就能拿下来。

乌耀中：当时 JK1000 是什么原因卖不出去呢？

曹贻安：原来卖用户交换机，你只要跟宾馆、单位打交道，现在要跟邮电局的人打交道，邮电局的人是懂技术的。那时候我们的销售队伍，胡厚崑在湖南，王诚在黑龙江，潘峰在长春，苏伟在沈阳，纪平管沈阳，山东是李利，他们要做局用机的销售确实很难，因为人家的交换机都已经在那里用着了。我在主动提出来做销售以后，就到库房把交换机搬出来。一年下来，除了西藏和台湾，其他地方我都去过，最多的时候一个礼拜要飞四个城市。在交流的过程中，我基本上是把样机搬出来，然后对着板子讲。不可能像现在一样找一个很好的地方去做交流，因为人家不来。邮电局的人是很牛的，你得在人家开会的时候拉着他们。你主动做一个技术交流会请他们来，几乎没人来，因为他们有得选择，不缺你这个，尤其是空分交换机，他们那时候已经要数字机了，你还去卖空分的，没有什么特点。我去哈尔滨开农话会的时候，和另一位同事一起，就这么一个人一个人地拽，这个农话会开完，我们一走，就卖了将近三千线。当然，任何人都不会说是你们推销的功劳，而会说是自己销售得好，我们也无所谓，用不着跟别人去争这个功，我们只是做技术销售、技术支持的。那时候我抓住的就是三点：一是我们的用户板抗雷击的能力很强；二是电源抗波动；三是我们的信令系统可以过渡到以后的数字系统。农话对防雷系统要求较高，因为在城市避雷系统比较好，雷电对交换机影响小，但是农村、乡镇就不行了，避雷系统差，所以我说我们产品的避雷系统好、电源系统好，多大的波动都可以承受。那时候，陆东文他们搞的电源也是一流的。

田 涛：华为当时的市场是乡镇，西方公司的设备都不愿意下乡，都在城里，本来也短缺。农村的自然环境比较复杂，比如说响雷，还有农村电力不稳定。所以华为当年不是完全模仿西方公司，是根据客户的场景，响雷多，避雷方面你就得去研究；电力不稳定，你得在电源方面要比较厉害。

曹贻安：他们的机房条件本来就很差，做到这两点解决了他们的大问题，他们才敢试用一下。在交流过程中，孙亚芳看到了，她当年是管培训的，招了一帮新进来的人。她就发现我每一次讲得都不一样，我是完全针对客户来讲的。邮电局的人都很牛，他们自己技术很强，你跟他们沟通，要针对他们强的东西，要超过他们，他们才服你。每一个人的强项还不一样，交流的时候根据不同人的强项重点进行互动。所以我们那时候主张的交流是，不要说太多的大话，不要老说我的有多好。我看你书上写郑宝用说“老板会吹牛，我比老板更会吹牛”，在公司说是没有关系的，但是你对客户说的时候，客户是很不舒服的。

田 涛：所以当年客户不见得欢迎像他俩这种性格的人？

曹贻安：我不说别人的避雷做得不好，我只说我的避雷在哪些方面加强了改进，能适应这种条件。用户会自己判断哪个好，他觉得你说得有道理，就可以试一下。孙亚芳听过我几次交流后，就说：“曹贻安是见人说人话，见鬼说鬼话。”但是她说这样不行，因为她下面带着一堆培训的，他们不是做设计、研发的，没有这个底气。所以她就主张，把我说的做成胶片。

田 涛：最早是用幻灯片去交流，背景是这样开始的？

曹贻安：幻灯片我原来也听过，因为之前看西门子的材料用的也是幻灯片，就是微缩胶片。孙亚芳当时就说这些东西不错，一定要把她的那堆弟子带出来，就搞了一堆的幻灯机，天天在公司模拟讲，我就听，然后指导。慢慢开始，我们分头到各个地方做技术方面的销售，原来基本上是靠喝酒。

田 涛：这大概是哪个年代?

曹贻安：1993年。我做销售是没有人能说得过我的，因为我是做研发的，我到任何电信局去，任何总工都说不过我。举个例子，像汪世昌，他很牛，去德国学习过半年，去法国学习过一年，在长沙电信局技术上算是一流的。他当时调到省里管技术，我去请他做技术交流，他说："老曹，我给你个面子吧，我去5分钟，后面我有事，要离开。"我说："没问题，你只要去一下，就表示对我们的支持。"后来他去了，一直到我讲完他都没有走，因为他在我这里听到了他不懂的东西，比如我们的设备是怎么设计的，西门子是怎么设计的，我为什么强。最后他只说了一句，"老曹，没想到，你就出去两年，太厉害了"。不一样嘛，我是开发交换机的，你是应用交换机的，你肯定是搞不过我的。原理上大家差不多，但我设计的产品是更适合我们市场用的，我去做推销，客户肯定会更喜欢我的设备。我曾经去打一个市场，在门口敲门，管农话的小科长一开门，说："干什么的?"我说："我是华为的。"他一句话就把我骂出来："你乱敲什么门？不能到办公室去找我吗?"但你去办公室他也不见你啊。

田 涛：你是敲他家的门?

曹贻安：实际上我可以打着我父亲的名义找他，我父亲当时是这个省劳资处的处长，但我没有。我就上他家去敲门，没关系嘛，你把我轰出来，骂就骂两下，然后我们还在门口。他骂完，关上门又打开，可能觉得不好意思，然后说："明天到办公室找我。"我们第二天到办公室，他这才听我们多说了两句。他听我一说，就同意搞技术交流。每到一个小市场，我就带着办事处的人，慢慢做技术交流，只要你愿意跟我交流，我就有办法，就有信心打开销售。你不见我，不愿意跟我交流，那就没有办法。

田 涛：从关系营销发展到以技术和产品引导。

曹贻安：因为华为原来是卖用户机的，用户机的客户不太懂技术，比如机关、宾馆等。大酒店肯定是用西门子的设备，你只能做些小宾馆，人家开宾馆肯定是主业，做小交换机肯定是副业，基本不懂技术，我们就是靠喝酒。像潘峰、王诚，人家说："这单你做不做？你不喝我就走人了。"潘峰就喝掉，喝下来他就吐血。

田 涛：潘峰现在离开了？

曹贻安：还在。那时候卖小交换机就全靠喝酒、关系，技术含量比较低。突然要销售局用交换机了，我们的销售人员就变弱势了，毕竟你跟邮电局打交道的时候，是和设备的管理者打交道，而不是使用者。而且人家都已经有产品在用着了，你不能说人家用得不好。

田 涛：不能说竞争对手不好？

曹贻安：你不能说他原来用的交换机不好，你这样说等于是打他的嘴巴。

乌耀中：对，他选的。

曹贻安：他选的，是有传承的，用这个厂家的设备，要扩容等，一直就这么用下来。就像老板原来在湖南说过一句话，"你这个一步到位是不对的"。一步到位是副局长提出来的，这相当于打了他的嘴巴，所以他说：

“你们那个胖子我们不欢迎，以后不要到湖南来。”

田 涛： 早年他们把任总叫作“任胖子”？

曹贻安： 所以说你不能拼命地说别的产品不好，因为那就是他决策的。这跟小交换机不一样，小交换机买下来就完了，买的人可能早走了，换一下也就换一下，没多大事儿。

田 涛： 也就是说，其实早期 5 年完全是关系营销，1993 年以后慢慢变成技术营销。

曹贻安： 早期是代理的，没有多少技术含量。

田 涛： 产品也不是你的。

曹贻安： JK1000 是个空分机，天生有缺陷。实际上推 JK1000 我是违心的，因为我刚研发出 08 机，但是没有办法，设备全在仓库里面，生产了那么多，得销出去。

田 涛： JK1000 最后成本收回来了没？

曹贻安： 那没问题，那一阵子销量还是很大的。一个交流会下来，王诚马上一个月就销了几千线。那时就可以看出，以技术为主去打动客户的话，是会启动这个市场的。再加上我们的售后服务也很好，有任何问题，不管三七二十一人就上去了，不计成本，这是我们售后服务的特点。JK1000 市场打开后销得不错，但是有一块芯片换了之后，一打雷设备就时好时坏，因为模拟是信号都在芯片里头走的，不像数字机已经处理成为数字信号，这一下子就又卖不动了，真的是明年的饭又不知道在哪儿了。当时采购的时候换了一家厂家，那家的芯片质量不行。

田 涛： 国内厂家还是国外厂家？

曹贻安： 国外厂家，只不过换了一家。可能因为它想进入我们的市场，在价格方面就优惠一些，它可能也不知道会产生这样的结果，一个雷下来把芯片打得时好时坏。这一下市场就完了，好在 08 机后来开局成功了，马上就转销 08 机。

田 涛： 那时候 08 机一年能给公司带来的销售额是多少？

曹贻安： 那段时间几乎所有销售都是靠 08 机来做的。首先是做专网的时候，当时我们三个人，乔小平博士，还有尚晋华，我们三个人销售的交换机数量大概是全国办事处里最高的，包括万门机，也是我们在石油和铁路专网最早开通的。后来局用万门机也是我去销售的，在云南。

田 涛： 市场部大辞职的时候你在吗？

曹贻安： 市场部大辞职有个“烧不死的鸟是凤凰”行动，我在。那是我做专网销售的时候，我当时已经是公司做销售最好的，一年销售一个多亿，第二年老板就要我销售 50 个亿。

田 涛： 你当时销售 1 个亿，第二年老板要你销售 50 个亿？

曹贻安： 嗯，50 个亿。

田 涛： 这是哪一年？

曹贻安： 1995 年吧。

田 涛： 就是你那个专网？

曹贻安： 是，他就让我销售 50 个亿。我心想：“任胖子，你又瞎搞，我怎么能销售 50 个亿啊！”

田 涛：什么产品？

曹贻安：专网，什么都销。铁路、石油、联通，都属于专网。第二年他说 50 个亿的时候，我就直接跟老板说干不了，我就交给丁少华了。

田 涛：他当时做了多少？

曹贻安：做了 20 多个亿吧。

田 涛：那也了不得了。

曹贻安：要把一个市场从没有到拱开是最难的，一旦拱开了，华为做销售、售后服务的人是有优势的。我们是儒雅的销售，不是江湖销售。江湖销售讲究喝酒，我们完全是技术销售。所以一旦拱开市场，基础会相对好。

田 涛：为什么当时要做市场部辞职的事？

曹贻安：下一步任务要扩大了，你能完成的你就上了，像我这样完不成的就下，很简单，没有那么多弯弯绕。

田 涛：你是在专网的，不是在代表处的啊，所以辞职不涉及你？

曹贻安：一样的，任务给丁少华，他说他来完成。而且辞职大会上我也上去发言了，只不过毛生江是念稿子的，我是上去随便说的。

田 涛：是 1996 年那次，一起去上台的？

曹贻安：毛生江是拿了稿子在台上念的，我属于落后分子在下面看热闹。最后主持人说：“你们还有谁要自由发言吗？”我就上去了。我上去很简单，我说:“50 亿我完不成，所以主动下来。烧不死的鸟是凤凰，而我是属鸟的，被烧死了。”我干不了这块儿，但我可以利用我的特长，我技术还可以。当时我在北京的书店买了一千多块钱的书学习，重点做技术交流，我去任何一个办事处都很受欢迎。然后，底下就使劲鼓掌。我说:“我对‘烧不死的鸟’唯一的体会，就是公司叫我干啥，我就扎扎实实地干啥。”人家又哄堂大笑，我就下来了。

田 涛： 还有这样一个插曲。

曹贻安： 老板也笑。

田 涛： 丁少华接了 50 亿，真的就按 50 亿去签了?

曹贻安： 做了 20 多个亿，已经很不错了。

他吹过的牛都实现了

田 涛： 李一男直接在你手下干了这么久，他有什么样的特点?

曹贻安： 技术搞完以后，好多人都辞职走了，李一男算是比较乖的人，他经常会到我和郑宝用家里来聊聊天，加上他确实理解很快，很聪明，所以我最后选择把那个总体方案给他。

田 涛： 他进来的时候二十三四岁?

曹贻安： 可能吧。那时候稍微有些情商，加上本身技术好，能力强，很容易起来。

田 涛： 他的技术领悟能力确实很强?

曹贻安： 很强，他和郑宝用是一样的。

田 涛：你觉得他俩在技术上比怎么样?

曹贻安：李一男更谦虚一点。郑宝用是完全不谦虚的，就觉得他是全世界最厉害的。

田 涛：他俩年龄一样大?

曹贻安：郑宝用大多了。在老板那里，谁走都可以，郑宝用不能走。我是无所谓的人，我技术不行我就搞销售了，销售不行我就辞职了。

田 涛：你觉得郑宝用到底有什么样的特点能够让任总当年那么欣赏他?他的技术能力非常的强?

曹贻安：是的。当时我招过来的一些人，干得好的，每个月都会加工资，这些人后来都提上来了，包括郑树生、费敏、毛生江、杨汉超，都做过一阵公司主管。

田 涛：这些人都是公司后来常务副总裁级别的。

曹贻安：徐直军说他也是我招进来的，但是我不记得了。因为他是博士，博士我还说啥呢?肯定是见到就招嘛，还面什么试。郑树生也是，看到简历就招进来了。

田 涛：这些人的特点，能不能描述一下?比如说郑树生有什么特点?

曹贻安：郑树生刚从学校来的，肯定什么都不懂。

田 涛：也是博士刚毕业?

曹贻安：对啊。

田 涛：老郑学的似乎也不是通信专业?

曹贻安：他学信号处理。

田 涛：老郑学的信号处理，那是正规的。

曹贻安：正规的，他一来我就让他跟杨汉超做七号信令。

田 涛：徐文伟说早期不知道什么叫七号信令，生病住院才拿了一本书在研究。

曹贻安：他们都不知道。

田 涛：全公司谁最早懂七号信令的?

曹贻安：你要说懂，我肯定是属于懂的，我知道怎么一步步来做，但是这个项目最早是杨汉超开始做的。

田 涛：杨汉超是学什么的?

曹贻安：他是我从别的厂挖过来的。我不知道他学什么专业，但肯定是做通信、交换机的，他好像也是北京邮电大学的。

田 涛：老郑有什么特点?

曹贻安：老郑谈不上了，他当时属于小兵，一进来就跟杨汉超干。后来为什么提了，因为他是博士。任何的博士，老板都会想办法提的。见到博士，老板的脸明显笑成花了，喜欢带他们出去。

田 涛：杨汉超有什么样的特点?

曹贻安：比较踏实、单纯的一个人，是搞技术的。

田 涛：你们是怎么把费敏招过来的？

曹贻安：很简单，是我去人才市场招的。他首先是硕士，而且是清华的硕士，那时候我们能见到清华的硕士，还有什么好挑的呢？想办法把他挖过来。他还嫌我们这里太远，犹豫了非常长的时间不想来，然后我又去做他的工作，他才来了。

田 涛：这些都是能人，扎堆在一起没有矛盾吗？

曹贻安：名堂搞多了，你的工资不会动啊。我们不提倡闹矛盾，只提倡业绩怎么样，做出来的东西怎么样。

田 涛：结果导向。

曹贻安：你假积极也好，没有关系，就像老板说的，假积极一辈子就变成真积极了，我只认结果。我们早期，包括老板在内，都不知道管理的理论，但实际上就是这么弄的。

田 涛：其实就是简单，简单的一个标准。

曹贻安：搞多了，曲里拐弯的没用。

田 涛：有人这么讲，华为这么多年，脑子复杂的人最后都没能待得住。

曹贻安：对啊，老板也不太喜欢。

田 涛：他喜欢单纯的人，简单的人。

曹贻安：老板说真喜欢你就是真的喜欢，他说我们还是聊得来的。

田 涛：你怎么评价他？讲讲他的故事？一个是评价，一个是讲讲你印象中的深刻的故事。

曹贻安： 必须得承认，几百年也就出这么一个人。老板很多观点很精辟，比如说假积极，假了一辈子就是真积极了。他打肿脸充胖子也是一样的，他每年都会说，我们明年要多少多少销售额，一听绝对就是吹大牛的话，那时有几百家做交换机销售的，你一家根本不起眼的公司，就要做到全国三强。

田 涛： 1991 年就要做到全国三强？

曹贻安： 嗯，当时哪个不说老板在吹牛啊。那时候交换机市场是什么样子，哪些公司的设备好，我们都很清楚。结果第二年你看，就真做成了，打肿的地方就真长胖了。

田 涛： 每年大家都觉得他在吹牛，结果每年都实现了。

曹贻安： 对啊，刚达到全国三强的时候，他就要说要做到世界前三，他没有一刻不往大的说。有一次，有一个邮电局来找投资，他就说了一句话，把本来要投 1500 万的变成只投 5 万，他说："我任正非的名字就值一个亿。"人家说："你太吹牛了。"

田 涛： 你说那时候公司才成立几年，他就敢说他的名字值一个亿，你觉得他是吹牛呢，还是有底气？

曹贻安： 他就这种性格，现在还是这样。你以为他是开玩笑，其实他是认真的。老板很早就说，以后大家要在阳台上晒钱。

田 涛： 阳台上晒钱，现在就验证了。

曹贻安： 那时候是 1992 年。

田 涛： 当时他说:“公司什么都缺，就是不缺钱。你们将来买房子，房子大小不重要，阳台要大，钱要用麻袋装，阳台要用来晒钱。”早年的人都有这个印象，确确实实就是这么说的?

曹贻安： 就是这么说的，但我们就当是个笑话，听一听就算了。

田 涛： 当时没有人信他?

曹贻安： 没有人相信，我就想着赚 10 万块钱退休。

田 涛： 你觉得他吹这些牛的时候，他自己相不相信?

曹贻安： 我觉得他是认真的，而且他确实没有任何私心，每个时期都会有一批员工愿意跟着他干。

田 涛： 所以整个队伍都在牵引，把十几万有梦想的人现在牵引到什么程度。

曹贻安： 包括以前对他有意见的、说他吹牛的客户，现在对他都很佩服。

田 涛： 我见过一些 20 年前的客户，现在已经退休了。

曹贻安： 但当时客户听到他的话绝对是反感的。

田 涛： 很多人反感，口气太大。

曹贻安： 不谦虚。很多客户都是电信局很牛的人，所以我们正常情况下都不愿意安排老板见客户。

田 涛： 老人家那时候吹得那么厉害，你们觉得他真能做到世界前三吗?

曹贻安： 谁会认为他做得到? 明年连饭都不知道在哪儿呢，还世界前三，没有人相信。那时候的心态非常简单，就是我挣了点钱，不开心我就走人了，而且走也是高高兴兴地走，从来不会别别扭扭。

田 涛： 早年严格讲是江湖式的。

曹贻安： 而且收入比我的期望值高啊！

田 涛： 我来就是打一份工，你给我的待遇高了，我自己满意了，待在这儿顺心，就待着了。

曹贻安： 而且每个人都有自己的能力，当时我们确实是有什么说什么，没有太多怕老板。

田 涛： 整个公司的气氛非常自由。

曹贻安： 是啊，我们叫老板任胖子。

田 涛： 公开、当面的？

曹贻安： 背后叫。当年给杨明峻评奖金的时候，有人给他评得很低，当时会上我就说："老板，我们现在吃饭都靠杨明峻的 HJD48，你不能这样。"老板说："对，把杨明峻的奖金加上去。"

田 涛： 当时其实是很民主的气氛，大家想说什么就说什么。

曹贻安： 想说什么就说什么，没有多怕他，我不高兴的话就走人嘛。

田 涛： 现在开会我看也不怕，大家有什么不同看法，当时就蹦出来了。

曹贻安： 那不行哦，现在老板已经改了很多，当年老板会发飙的。

田 涛： 早年你们不是有什么事就说什么？

曹贻安： 从某种意义上说，我们从技术口出来的人，不怎么怕老板，市场口的人比较怕老板。

田 涛： 为什么呢？

曹贻安： 你不行立马就撤掉你的办事处主任，换别人。但是技术口的人撤掉了，他就走人，到哪个公司都能干，所以他对做技术的人还是很迁就的。

田 涛： 很呵护，也很迁就，迁就应该更准确一点。这些人也有个性，说走人就走人了。

曹贻安： 老板刚拍桌子，人家马上就说曹贻安已经辞职了。

田 涛： 然后马上给你个指标。

曹贻安： 我去问纪平有没有指标，她说哪有什么指标。

田 涛： 就很像江湖。你觉得郑宝用能吹，是学的老板还是他自己也是这个天性？

曹贻安： 天性。他俩吹到一对去了，还能互相欣赏地吹。

田 涛： 大多数人还是默默干活的，你吹你的牛，我干我的事。今天想想，没有这样的结构可能也没有公司的今天。

曹贻安： 是，那就是短视了，所有垮下去的公司都是这样。

田 涛： 没有远大的理想，或者没有吹大牛。

曹贻安：他吹牛实际上是给自己压力，要朝这个目标去做。有些企业有点钱就收手了，不想投入研发，珠通是非常典型的例子。珠通当时的条件绝对可以比华为做得更好，有产品，有钱，而且也是在特区，条件也一样的。

乌耀中：也是民营企业？

田 涛：是，珠海通讯设备有限公司，早就没有了。

曹贻安：就是把钱存入银行，以后吃利息就行了，不投入研发。

田 涛：鸿年后来的命运怎么样？

曹贻安：早就不行了，它做用户交换机，只能做到一定的市场规模，局用机起来后，各个机关都不用小交换机了，所以那个市场肯定是要萎缩的。

田 涛：华为曾经也是珠通的代理商？

曹贻安：不是代理商，它有设备就给到我们卖一些，人家一不供货就完了。

田 涛：后来发现你们又在做研发，就更不给货了。华为与珠通比较，一个是吹牛的，一个是觉得自己的日子过得很好。

曹贻安：是，珠通当时还被奖励了，奖励了一辆奥迪、一套三室一厅的房子。

田 涛：它是什么时候没有的？

曹贻安：很快，大概两三年就不行了。

田 涛： 就是后来“巨大中华”一起来就不行了。

曹贻安： 因为电信系统设备的继承性是很强的，用户有新的需求它满足不了，很快就跟不上了。华为是成千上万员工前赴后继，研发就是不断地在朝前赴。老板是从什么都没有开始的，而且每一年都在打肿脸充胖子，每一步都会提早做，下一年的发展都会提前铺垫。我们的目光就比较短浅，看不到未来，总认为他在吹牛。

田 涛： 有人跟我讲，20 多年来，他吹的牛没有一个没实现的。

每个月都在涨工资

田 涛： 你当时管理怎么管呢？

曹贻安： 我没有学过任何管理，但是我们的人是非常齐心的。我每个月都会调工资，而且我就睡在公司。租的房子空调都没有，怪热的，公司凉快。

田 涛： 调工资是你说了算？

曹贻安： 对啊，我和老板。

田 涛： 但基本上是你定？

曹贻安： 对啊，就是你愿意定多少就定多少。所以我们的人非常齐心，没有任何人搞名堂。而且只要你出来活儿，马上工资就上来了，不会委屈你的。

田 涛： 那时候像你这个部门，大概人均每年提工资多少次？

曹贻安： 只要干得好，每个月都有提。

田 涛： 加工资是凭感觉还是凭结果？

曹贻安： 我不知道，我拿着名单跟老板讨论这个人这段时间表现是怎么样的，东西出来是怎么样的，我必须要加他工资。每个月都加，基本上也是你说了算，他签字，他相信你。李一男来也一样，我说这个系统必须解决，否则交换机做不出来的。他聪明，第二个月就做出来了，工资马上就从 1500 元提到 3000 多元。

田 涛： 老板也是每个月给你加工资？

曹贻安： 不一定每个月，经常会加。我刚进公司的时候 300 块钱一个月，第二个月老板给我加到 800。跟我一起来的哥们儿只加到 500，我不知道，开会的时候我说："老板，我啥也没干你就给我加到 800。我受宠若惊，无功不受禄啊。"老板说："你别来这套，以后给你 8000 你都会嫌少。"那哥们儿听了不高兴了，怎么只给他加到 500，给我加到 800，后来他离开了。他就是和我一起承包邮电工厂，一起做交换机，一起又来华为应聘的，但没有做研发，公司直接让他到市场去做销售了，他不太愿意，不久就离开公司了。

田 涛： 到公司一年以后你的月薪是多少？

曹贻安： 不记得了，只记得 1995 年陈黎芳认识我的时候，是因为看到我的一个罚款。我在市场做销售，有位领导要用我的车，开到内蒙古去，我北京的车不想让他开到内蒙古，我就自己开走了。当时公司规定是不准员工自己开车的，老板说扣你一个月工资，9000 块。我这个人无所谓，我跟老板笑笑就完事了。

田 涛： 真罚了？

曹贻安：罚！老板对我毫不留情，该罚的时候一定罚。老板实际上是很喜欢我的，他罚我不是说非得整我，而是有教育别人的意义——连曹贻安都罚了，其他人还敢怎样？是这个意思。

田 涛：早期你们住的房子在哪儿？

曹贻安：房子是公司分的。那个房子对我没有什么好处，还老要还钱，当时又还不起，还了钱又没钱买股票了。

田 涛：那个房子当时有多少套？

曹贻安：一共有 7 层，一层 4 户。

田 涛：也就是一共不到 30 套。但是一开始就不是给你的，是欠钱？

曹贻安：不是给我的，就是你有住在那里的权利。

田 涛：但是房产不是你的？产权是公司的？

曹贻安：是集体的产权，给你分一套住，总不至于住农民房。

田 涛：华为今天的整个改革思路跟 20 年前是一脉相承的，所有都是货币化。他自己都没有专车，也没有专职司机，但是孙总不会开车，自己买车，自己雇司机，自己掏钱，公司不提供这个福利，一切货币化。

曹贻安：给你的工资、奖金、股票已经体现了。

田 涛：这个在二十几年前的中国是不能想象的。聊聊过去艰苦的事。

曹贻安：都是苦的，就没有享受过太多好日子，没有哪一天不是苦的。

田 涛： 讲几个让你印象深刻的。

曹贻安： 每一天都是苦的，只不过我们觉得苦中有乐。就像我天天背着幻灯机，拿着板子满世界跑，我没有觉得多苦。你把市场打开了，产品销售出去了就有成就感。待遇问题不用想，老板天天在那里考虑你的待遇。

田 涛： 就是你永远不去计较钱的事，不用计较怎么跟公司讨价还价的事？

曹贻安： 不用的，老板看着的，他会给你涨。而且我觉得收入可以了，也不会去打听别人的收入是多少，不要自寻烦恼，自己就快乐了。我觉得人这辈子这么一晃就过去了，想那么多烦恼事干啥？只要得到应该得的，期望值达到了，就会很舒服的。

田 涛： 似乎华为有一个特点，就是员工互相都不打听对方的待遇多少？就这一点，绝大多数公司都是做不到的，为什么呢？

曹贻安： 实际上老板给的收入已经超过期望值了，如果你横向和社会上的人去比，比他们都要好，那你想那么多干什么呢？早期的人走，基本是因为压力。

田 涛： 走基本是因为压力，不是因为互相比较？像你说的那个人是极个别的情况？

曹贻安： 对，我无意中说了一下，他在旁边听得不舒服了。老板给人待遇差别很大，能干的拿得多，就更死心塌地跟着干。当时听说莫军一个月能拿 1500，我们 300 多，我心想，要是每月能拿到 1500，干 10 年我能拿到 10 万，就可以退休了。

田 涛：很多公司早早的，里面的人际关系就很复杂。

曹贻安：对。关键是待遇比期望值高了，大家的心思就不会用在这上面。

田 涛：对，这可能是根本的原因。

曹贻安：如果都抠抠唆唆，没有达到期望值的话，就会有很多计较。我觉得任老板的管理理念非常简单，没有那么复杂。

田 涛：对，就是把钱分下去了。

曹贻安：对，没那么复杂。

田 涛：我访谈了这么多人，不管大家有什么样不同的故事，但是最终都能发现最简单的两点，第一是把钱分好，第二是很放权，我觉得这是两个根本。当然你获得的钱的多少，获得的权力的大小，都跟你的贡献相关。

曹贻安：所以不会对老板有任何意见。你会碰到有些喜欢计较的人，他可能会把其他人都排挤走。

田 涛：他们本身大多数也待不住。

曹贻安：大部分人实际上心智都是很单纯的。

田 涛：就是复杂的人待不住，简单的人留下来了。

买股票就是赌明天

田 涛：你一进来就有股票吗?

曹贻安：刚进来没有，没几个月就给我配了，因为就要到年底了。那时配股票，完全是看你的收入，没有任何理由可讲，你的奖金、工资有多少，就给配多少钱的股。

田 涛：其实他是没钱给你吧？没现金。

曹贻安：当然，买不买还是你自由决定的。你如果觉得公司靠不住，股票配了，可以不买。

田 涛：有没有人不买的？

曹贻安：有。

田 涛：好多人不买？

曹贻安：好多人不买，拿钱走人啊。

田 涛：少买是可以的？

曹贻安：可以，你爱买多少买多少。

田 涛：从你的角度看，当时配股到底是出于什么原因？

曹贻安：我觉得当时主要就是缺钱，当然，激励也是一个方面。公司本来就贷不到款，大家把现金都拿走了，公司受不了。

田 涛：其实这是大实话。

曹贻安：就是缺钱，很简单。

田 涛：就是看你账户上有多少钱，然后给你配股，这个配股是年底配吗？

曹贻安：就是年底，年底分红嘛。那时基本每年都百分百地增长，一块钱的股，第二年就分你一块钱的红。

田 涛：其实是每年都有分红。

曹贻安：假设你有 10 万股，分红 10 万块，他就再给你配 10 万，你就变成了有 20 万股，分红的钱也拿不走了。

田 涛：不是因为表现什么的？

曹贻安：不是因为表现，就是你这钱别拿走。

田 涛：杨汉超跟我讲，有一次老板说："出门在外，把钱带够，带 5 万块钱。"然后杨汉超到财务那里去领钱，财务说公司整个账面上都没有 5 万块。

乌耀中：现在不是了吧？

曹贻安：现在就完全根据你的贡献、表现等各方面情况来配股了，早期不是，就是希望你把钱留着，省得公司到处去求爷爷告奶奶也贷不到款。如果公司垮了、完了，我们就一分钱都拿不到了。我们就是赌徒心理，看你敢不敢赌公司会接着往下发展，因为每年公司都是这么翻倍地给你配股。

田 涛：早年你们似乎都不在乎股票，因为那时候拿不到现金。

曹贻安：就是这样的。

田 涛：后来拿到现金了，才觉得股票很重要。

曹贻安：我们就是赌。实际上我们搞技术的人很清楚，公司有什么样的产品能卖，有可能接不上，股票就是一张纸。为什么那么多人走？赚了十几万了，就不少了，赶快走。

田 涛： 杨汉超已经是常务副总裁了，有一年配股他没敢要。他说他好不容易这么多年攒了一点钱，万一公司垮掉了，他的股票全变成纸了。

曹贻安： 他觉得已经有那么多股了，够了，还是拿点现金出来稳妥一点，要不然出问题了就什么都没有了。

田 涛： 会有人谈吗？是我给你配多少股就买多少股，还是无所谓？

曹贻安： 配了你自己买不买他就不管了。

田 涛： 也可以不买的？

曹贻安： 对，他给你配了股，买多少自己决定。就是一个心态，周继国就是拿了十几万就走了。

田 涛： 他一看自己股票值十几万，就赶紧变现走了。我听说历史上所有的人走的时候都能够马上得到现金？

曹贻安： 对，没有谁拖欠你的。我是属于不爱买股的人，有钱就拿来花，跟我父母、爷爷一样，我们长沙话叫“餐归餐，一顿是一顿，没有吃就早点睡”。

田 涛： 对，跟你们家的生活方式有关系。

曹贻安： 所以给我配的股，我老是不全买。

田 涛： 大家其实也不把股票当回事？

曹贻安： 不当回事。明年的饭都不知道在哪里，股票说不定就是一张白纸了，当时大家都是赌的心理。

田 涛：假如公司在 2002 年困难的时候死掉了，股票都变成一张纸了，你们怎么办？

曹贻安：那也没有什么办法，再去找别的地方打工咯。

田 涛：大家都这样吗？

曹贻安：我不知道。

田 涛：你是这种想法我理解，这跟你们家的渊源有关系。

曹贻安：我们也不会讨论这些，说真的，我们那一拨人不太想这些不开心的事。

田 涛：你判断一下，你觉得多数人会不会闹事？

曹贻安：没有人闹事，都是愿打愿挨。

田 涛：我听说，有人曾经鼓动过其他人，说："公司股票不能这么发，不能人人都有。外国公司都是给技术骨干和高管，老板这么干不对，咱们一起找老板去。"我不是听任总说的，这件事情是别人说的。这些人到了任总办公室去谈，谈得还不高兴，他们坚持认为股票不应该这么发，应该就只给骨干发。

曹贻安：那我不清楚了。

田 涛：还是有人很在乎这个股票的。

曹贻安：那是后来了，早期没有发生过这样的事情，大家都不会干涉公司的决定。要是不高兴，觉得今后收入不保险，就走人了。

田 涛： 对公司的前途没有信心。

曹贻安： 或者是觉得不开心就走了，而且他所有的钱都会拿走。

田 涛： 退股的时候该退你的钱都给你了？

曹贻安： 拿了那么多钱，那就高高兴兴地走，这是你自己选择的啊。

田 涛： 关键是拿这个钱的时候没有打过折，都拿走了。

曹贻安： 反正该你拿的钱老板一分不少都会给你。

田 涛： 那时候人员的流失率多少，你大致判断一下？

曹贻安： 还是很高的。

田 涛： 30%？

曹贻安： 具体没算过，不会这么高。

田 涛： 从你的部门看？

曹贻安： 10% 左右吧。

田 涛： 那跟今天差不多啊？

曹贻安： 每年陆陆续续都有人走，我们早期的人基本走光了。

田 涛： 你在公司做到最高的职位是什么？

曹贻安： 市场部副总裁，然后是副总工程师，郑宝用是总工程师。也做过公司副总经理，相当于现在的副总裁。

田 涛：任总最早的名片就是总经理。你在研发做过什么？

曹贻安：做过副总工程师。

田 涛：排在公司第几？

曹贻安：排在第七。

田 涛：第七是按工资排的？

曹贻安：按工资排的，按职位也是第七，工资就是跟职位挂钩的。我在华为的工号是 007，所以我走到哪里，人家问我工号，我都说 007。

田 涛：所以你去英国是合适的。007 指你是第七个人呢？还是后来给你排的？

曹贻安：后来排的，1993 年按收入排过一次，我排在 007 号。

田 涛：1993 年你的月薪是多少？

曹贻安：应该有五六千了吧，横向去比，已经非常高了，你不会去想别的事情的。

田 涛：跟社会上比已经是非常高了。一个月 6000 块，一年大概 7 万块。你真正拿到手的现金是多少？

曹贻安：没什么钱，每年股票配了。

田 涛：你总是还有点现金吧？

曹贻安：没有，在公司也用不着钱。

田 涛：那基本上你的工资都用来买股了？

曹贻安：也不是，刷卡花掉了不少。

田 涛：你估计一下一年花出去多少？

曹贻安：大概花出去一半吧。

田 涛：你能花掉一半，剩下一半买股票了？

曹贻安：对。那时候我就买一万多块的西装，做市场销售，我就是穿着名牌西装去见人，技术、形象、交流、谈吐等各方面都行，才能得到人家的信任。

他信任弟兄们，但从不讲哥们儿义气

田 涛：你觉得任总早期是什么样的领导风格？

曹贻安：很放权，他用你就相信你，即使有人告你的状，他骂你几句就过去了，不较真。我做项目经理的时候爱干什么就干什么。住在哪儿，吃什么，甭给他报告，直接过来报销就行了。他不会过问，充分信任你，当然你也不会滥用职权。但是他不用你的时候，一脚就把你踢跑了。这大家也理解，人家是老板，做生意，不可能跟你讲哥们儿义气。

田 涛：早年就不是讲哥们儿义气的那种？基于结果，而不是基于人情、关系这些？

曹贻安：如果基于关系的话，你能混就留着，但是提不起来。

田 涛：待遇也不会明显增加？

曹贻安：不会增加，就维持你的待遇就行了。而且那些人的待遇从理论上来说已经足够了，因为股票收入已经很高了，与新进来的人一比，股票收入占了一大块。

田 涛： 大家服他的管吗？

曹贻安： 那没得说，谁都服他，不服的就走了。有的小孩年轻，跑到这里来做出一个东西，觉得自己能干，就出去做，另起一摊。刚开始出去的时候好多人都雄心壮志，做得很大，一搞就租一层楼，也像老板一样大手大脚的，结果一弄，发不出工资了。

田 涛： 就都学了个表面，对吧？

曹贻安： 对。就发不出工资了，很难的，华为出去的我没有见过有很成功的。

田 涛： 真的很奇怪，20 多年来出去了那么多人，似乎没有一个人是真正成功的。

曹贻安： 没有学到老板的真谛在哪儿。而且我觉得老板不只是管理，还真是每一点都能够接上，万一 08 机没赶上趟儿，没有拿到入网证，公司就没有任何产品可卖了。

田 涛： 对，我也听别人说，每一个节点的命运很好。

曹贻安： 早期如果像现在这么复杂，什么都搞不了了。老板这个度把握得非常好，到什么时候该引进什么样的管理。公司要向国际化大公司发展，没有这些管理流程跟上的话，也发展不了。所以每一步老板都看得很准，该干什么就干什么。他看了大量的书，每天会接受大量的知识，过目不忘，一目十行，一本书，他一两个小时就看完了。

田 涛：我跟他出去，就发现，同样厚的一本书，我看三天，他在飞机上就看完了，看一页撕掉一页。

曹贻安：他绝对能把核心抓得紧紧的，我们开技术研讨会，他就坐在旁边听，但他能用他的语言总结出来。

田 涛：对，他用他的语言去讲技术。

曹贻安：他在不断提高，大量看书，并没有坐在那里天天沾沾自喜。那些书看完以后他会灵活应用，毛泽东的书他也看，毛泽东的思想他都很清楚的。

田 涛：真正的《毛泽东选集》，他应该在部队期间看的。

曹贻安：对啊，他早就看完了，当然现在不会再看了。

田 涛：你觉得他的管理更偏中国的还是西方的？

曹贻安：我觉得就是他自己的管理思想，他不会把自己划分到哪个流派。

田 涛：有些人就认为他学的这个，学的那个，其实对他来说，就是对他有用的，就是实用主义。

曹贻安：这么多理论，对他来说，想吸取的就吸取，不想吸取的对他没用。当然他会学习人家很多管理方法，但不会照搬任何一个东西，他的性格决定了他不会照搬。

田 涛：你经历了早年时期，还认为他伟大吗？

曹贻安：当然，毫无疑问。你别看现在有些人学他的管理，其实学不到他真正的精髓，那是他天生的，骨子里就有很多灰度的管理直觉，当然他也在大量阅读和不断改进。

田 涛：尤其是灰度，很难把握。

曹贻安：这就是艺术。

田 涛：艺术就是靠感觉了。

曹贻安：科班出身的，你来管两下？马上就死了，不是那么回事儿。老板动不动就骂人，你光学他这个是没有用的。

田 涛：有没有碰到过把谁骂得翻脸的？

曹贻安：有啊。

田 涛：你跟他翻过脸吗？

曹贻安：有过，他骂我的时候我当时就翻脸了，我说我不干了，翻过脸他反而不骂了。

田 涛：这是哪一年的事？

曹贻安：早年的事了。

田 涛：他骂你的次数多不多？

曹贻安：不多，搞两次就不骂了。

田 涛：惹不起了？

曹贻安：不是，没有什么好骂的，我们都在玩命干活，你骂我什么？我很简单，你不让我干，OK，我不干了，我玩儿去了。有段时间，我每天一看没啥事，就打高尔夫球去了，他一看我晒得漆黑漆黑的就知道我玩儿去了。

田 涛：公司不是不让打高尔夫球吗？你还打？

曹贻安：那是后来不让。

田 涛：你最早是哪一年开始打高尔夫球的？

曹贻安：1993 年吧。

田 涛：1993 年就开始打高尔夫球啦，中国第一批。

曹贻安：老板知道我喜欢玩，知道我喜欢打高尔夫球。

田 涛：所以他尽管有规定，也有例外的，这就是对不同个性的人也有例外的。

曹贻安：从来没有规定不让打高尔夫球。

田 涛：规定了啊？

曹贻安：没有，那是后期了。各个办事处开始打球的时候，孙总说我们不务正业，才开始规定不让打高尔夫球。早期没规定，哪有那么多规定，就是规定不让开车，罚了我一下。

田 涛：打高尔夫球之前是没有规定的？

曹贻安：没有规定，我还去跟他打过几次呢，他就是打 9 个洞。他买了一张会员卡，叫我陪他打过几次。

田 涛：实际上坚持不下去。

曹贻安：打不起来，他的目标是走路，锻炼身体，对打球兴趣不是很大。所以很简单，你不让我做，我就去玩儿，你让我干，反正我能干好，我在华为属于另类。

田 涛：像你这样另类的人也不少啊，有一批，很多人有个性。早年有没有人挑战他？

曹贻安：没有，想挑战他的人都走了。

田 涛：为什么能做到这一点呢？很多公司都有这个问题，做到一定阶段，能人挑战一把手。

曹贻安：那个时候机会也很多嘛，我到别的地方也有机会。

田 涛：合不来就走了？

曹贻安：对啊。那时候机会很多，如果是硕士，又做过研发的人，到哪儿不能做研发？

田 涛：知识分子不好管。

曹贻安：对，知识分子很多时候只是要得到认可。

田 涛：早期离开的那些人最后发展都怎么样？

曹贻安：没有一个好的。

田 涛：你觉得是什么原因？

曹贻安：他们哪有老板的管理能力啊？他们没有任正非这样的本事，这个本事就是把这些人都拿捏得恰到好处，每个时期总会有人拼命干活。

田 涛：他的管理水平你能给他总结个一二三吗？

曹贻安：我要是能总结得出来，我就是大学毕业，有理论水平了，就能写了，我没有这个水平。

田 涛：为什么这么多年离开的人，包括十多年前离开的，没有人怨恨他？

曹贻安：没有什么可以怨恨的。老板对你各方面能力的认可，已经体现在薪酬上了。老板不是那种小里小气的人，所以离开的人不会对老板有任何的想法，可能确实感觉不舒服，那就走了。而且都是自己要走的，出去的大都也混得不怎么样，还是觉得在公司好。

田 涛：有意见主要是对主管有意见。早年有没有开过人？你有没有印象？

曹贻安：基本都不主动开人的，能力弱的得不到重用而已。当时每个人都在升，如果你老不升，感到不舒服就自己走了。只要你有能力，都会得到提拔的，任何一个部门都缺人。

田 涛：这确实是管知识分子的一个办法。很多公司员工离开的时候都对老板怨气很大，华为的人很奇怪，离开的众多人，包括高级干部、基层员工，都没有人对他有怨恨。

曹贻安：都是自己走的，因为我们确确实实是提拔有能力的人，你跟老板拍马屁没用，跟我们那一层拍马屁也没有用，明摆着，东西要出来。

田 涛：天天表忠诚没有用，要的就是结果。

曹贻安：结果好，提工资、提职位，哪个部门缺人就调你。能力不行，老是提拔不上去的，如果你不愿意走，也可以留下来，那你的心态就要能接受，就只能干好手头这份工作。老板是不看关系的，所以离开的人怨不到老板身上，跟他拍马屁，经常一脚就被他踢回来了。

田 涛： 所以不了解情况的人去拍他的马屁，他完全不理你。

曹贻安： 有一个云南的老板，搞 BB 机赚了很多钱，在当地很火，有一次碰到老板，他就说之前差点进了华为，他就是想表示一下华为好，结果老板说："你到华为来干什么？你到华为来早就死了，没饭吃了。"根本不理你这一茬。

田 涛： 这两年我看别人拍他马屁的时候，他客气多了，但是也表现出不高兴，过去经常把别人喷回去。

曹贻安： 对他就是工作好就行了，其他东西对他没用。

田 涛： 早期老板和你们聊天多吗？

曹贻安： 和老板聊天也不多，他偶尔会光着脚，提着鞋，到我们那儿聊会儿天。

田 涛： 送汉堡，好多人说有这个印象。

曹贻安： 我没有印象他买过什么汉堡，反正你想吃什么你出去吃就行了。但是我们用不着出去吃，不用花那个钱，食堂很好，犯不着出去。当然我们经常去外面吃大排档，尤其是我们在 16 栋做研发的时候，没有食堂，每一餐都在外面吃。

田 涛： 他请你们出去吃吗？

曹贻安：发票拿来报销就行了。他偶尔过来吃一顿，不太干涉你，你爱干啥干啥。

田 涛：不干涉，都是这么说的。

曹贻安：嗯，你爱干啥干啥，也不会审查你的发票，你报销就行了。

田 涛：闭着眼睛签?

曹贻安：对啊，会有人告状，但是他不审的，从来你报多少就多少，我们也不作假。

田 涛：下面定薪水，都是你定的吗?

曹贻安：定完之后还是要老板签字，他不签肯定提不了。只是进人、招人不用他签字，人事部只认我的签字。

田 涛：其他部门也这样?

曹贻安：其他部门招人也由经理签字确认。

田 涛：过去你招人有没有现在那么复杂?

曹贻安：没有，你看得顺眼，签字就进来了，而且我们也没有招过自己的亲朋好友进来。

田 涛：你招了他也不管吧?

曹贻安：不管，招进来就得干活的啊，能招到人都不错了。

田 涛：有没有招进来很后悔的人?

曹贻安：没有，每个人都有他的能力和特长，我用他的长处。

田 涛：早年有没有招进来有些很难缠的人？

曹贻安：没有，我没有碰到过。有小心眼的，觉得不舒服就走了。像我们这些人一看到“芭蕾脚”广告，就会觉得很震撼。因为我们是拼出来的，现在刚进公司的小年轻肯定是不理解的，怎么要把我折腾成这只“烂脚”，肯定不干。

田 涛：理解的人现在是越来越多了，刚开始的时候那个画面太刺激了。同样两个经济学家，一个经济学家看到那个画面就说：“怪不得美国怕华为。”另一个经济学家说：“哎呦，看着有点害怕。”同样是害怕，一个是视觉上感觉不舒服，因为是烂脚，另外一个是震撼，这两个经济学家说的时候我在现场。

曹贻安：我在的那段时间，感觉大家的奋斗是发自内心的，因为你通过努力做出成绩，马上就可以得到提拔，收入、待遇马上就提升了。是不是现在收入、待遇跟不上了？

田 涛：现在员工收入在全球范围内比还是很有竞争力的，现在的人可能觉得是理所当然的。

曹贻安：我们那时候，根本不用想这些事。

田 涛：还是跟每一代人不一样有关，那一代人单纯一点。那时候家里都穷，在中国华为的收入相对是最高的，年纪轻轻 20 多岁就被提拔起来了。像你这种还算少的，你还在其他单位工作过，过来被委以重任是可以理解的，当时你也很年轻啊。

曹贻安：是，30 多岁。

田 涛：很多人就 20 多岁，从学校一毕业就被委以重任，那是不一样的。

每到一个国家，就弄丢一个人

田 涛：你没有学历，怎么管理手下的博士、硕士呢？

曹贻安：他们遇到的问题你能解决，他们就佩服你。很简单一个例子，我和一位清华的硕士去埃塞俄比亚，我安排他给我当翻译，他当时跳着跟我说："我清华的，提笔能写，张口能说，给你当翻译？"然后我们去见一个部长，这位部长是埃塞俄比亚人，但他是北京大学留学的博士，会中文。这位同事进去后自己说了半天，人家没理他，后来我发现部长能说中文，我用中文直接跟他讲，他马上就说，他不是管通信的，但可以介绍管通信的部长来跟我们见面，建议那位部长来安排技术交流。从这以后，这位清华硕士才我说啥他翻啥，否则的话，他看不上你的。

田 涛：你最早是什么时候去海外的？

曹贻安：我是属于想得开的人，我不争。我就做我能干的事情，能干就干，干不了就离开。我 1997 年就开始在国外跑了，公司把我放到拉美，但我不会英文，做什么事都要通过翻译。

田 涛：我知道到海外去，很多人英文都不行。

曹贻安：是啊，我更差。当时我带着七八个人去拉美，跑一个国家就丢一个，因为各种原因回国了，最后就只剩两个人了。

田 涛：你是第一个去拉美的？

曹贻安： 不是第一个，但是像我这样大规模带着人去做技术交流的，是第一批。当然前面像刘学敏他们已经派出去了，但他们不是搞技术的人，只是建一个办事处，连运营商是谁都不一定知道。

田 涛： 见不着人？

曹贻安： 见不着，你跟人家怎么交流？

田 涛： 刘学敏是去拉美的第一个？

曹贻安： 是去巴西。

田 涛： 是巴西代表处的。1995 年？

曹贻安： 1997 年吧。

田 涛： 你不是去代表处，是去做技术交流？

曹贻安： 不只是做交流，我是负责拉美地区的。

田 涛： 常驻巴西？

曹贻安： 对。

田 涛： 待了多久？

曹贻安： 半年多吧。我们七八个人，去一个国家走一个，最后就剩俩了。当时巴西有世界杯，巴西人全都看球去了，然后又遇上我们的春节，我觉得没什么事干，就要回来，但老板不让我回，我把手机一关，就直奔机场。

田 涛： 什么叫“到一个国家走一个人”呢？

曹贻安： 他们找出各种各样的理由回公司，不想在那儿待，苦嘛。比如说家里有啥事啊，必须要回，各种各样的原因。

田 涛： 你作为领导也跑了？

曹贻安： 我作为领导也跑了。

田 涛： 全球化早期有多难？

曹贻安： 连运营商的名字都不知道，找谁去做技术交流？

田 涛： 在所有国家都没有见到客户？

曹贻安： 后面都慢慢见着了。

田 涛： 那几个月都见着了？

曹贻安： 对啊，后来慢慢开始做了。

田 涛： 回来怎么办？

曹贻安： 回来老板让我写检讨："你手机都敢关？我不让你回来，你居然把手机一关就跑回来。"臭骂我一顿。

田 涛： 回来干什么呢？

曹贻安： 回来就给他交辞职书了。

田 涛： 回来就辞职了？

曹贻安： 没多久就辞职了，因为要跟陈黎芳结婚。

田 涛：当时公司规定夫妇两人不能同时在公司。为什么陈黎芳不辞职，而你辞职呢？

曹贻安：我不辞职我得在拉美干啊。

田 涛：在公司没有谈判的余地？回来以后在国内干？

曹贻安：哪有谈判，派你去拉美你就在拉美干，除非辞职。

田 涛：结果可能感情就吹了。辞职以后没有自己干活？

曹贻安：怎么可能干？不会再干了。我1999年辞职，2000年我们儿子就出生了，接下来全是我带儿子的经历了。公司每年都有非常多的麻烦，加上竞争对手一直没有消停过，每年都在应付这些事。儿子2个月大的时候，我们就带着他去了北京，陈黎芳在上面见客人，我带着儿子在下面玩，在商场里转。儿子饿了，打个电话，陈黎芳下来喂喂奶，喂完奶，我带着儿子继续在商场里转着玩，困了就让他在小婴儿车上睡一会儿。

田 涛：这都是很感人的细节。

曹贻安：就这样。

田 涛：孩子一哭陈黎芳就要喂奶？

曹贻安：陈黎芳就喂个奶，喂完奶她该干吗就干吗去，我就带着他到处转。

田 涛：我知道那时候有很多不容易的事，很多都是陈黎芳处理的。

曹贻安：对啊，她跟我的性格有点像，也不抢任何功劳的。

田 涛：她永远是做完事情躲在闪光灯后面。

曹贻安：对，做好该做的事情就行了。

田 涛：最艰难的是 1998 年……

曹贻安：没有最艰难，每一年都艰难。

（结束）

访谈12 吕克（第二次访谈）

访谈时间｜2019年12月30日
2020年1月2日
2020年1月3日
访谈地点｜深圳
被访谈人｜吕克
访谈人｜田涛

田涛：吕总您好，感谢您接受我们的访谈。请先讲讲您当年加入华为时的情况吧。

吕克：我是浙大（浙江大学）光科系的，原来叫科学实验仪器工程学系，后来改名叫光电与科学仪器工程系，简称光科系。1993 年时我刚完成研究生一年级的学业。由于研究生学习周期一般是两年半，第一年是课程学习，后一年半主要是选修课和做毕业研究课题，中间暑期有一个社会实践的阶段，我是在社会实践阶段通过同系的师兄联系到华为实习的。

田涛：读研一年左右就来华为实习了？

吕克：对，就是在硕士生第一年年末。当时我本来准备出国，20 世纪 90 年代初出国对于学生来说是热门的出路，但是我来华为实习，因为实习，后面就没有离开华为。没有离开的原因是什么？虽然当时华为办公条件还是一般，在一个半旧不新的 6 层办公楼的上面两层，但那时候自己对办公条件也没有概念，反正觉得这家公司很像一家科研机构，跟学校的实验室差不多，一大堆人在那儿干自己喜欢的科研工作。对待遇、条件也没有什么要求与想法。其实说真的，实习时的住宿环境还是比较差的，住的是公司在宝安区西乡的工厂顶楼一个没有窗户、用车间改造的屋子。早上从那里坐一个小时班车到南山区的办公室，然后晚上回去休息。

田 涛：当时工作地在南山区科技园吗？

吕 克：工作在南山区南油区域的深意工业大厦，我们实习生晚上就住在公司西乡的宿舍。那宿舍还没有窗户，就是楼顶上一排用砖搭起来的房间，最早公司的条件就是这样的。大概两个星期后，我们的项目经理觉得太费时间了，我们也觉得来回太费时间了，因为来到团队后，他不把我们当成实习生，就当成项目组正式成员来要求和安排工作的。而且项目组经常三日一小聚，五日一大吃，项目经理经常到一定时间就拉着大家去楼下大排档一起吃个饭、聊聊天，我们住得远就不方便。后来项目经理建议我们不要回去住了，就住在南山的登良花园。那时候很多同事来深圳打工，都是几个人租一套两室一厅或者三室一厅合住，他们住在房间里面，我们这些实习生就借住在客厅里，在地板上或者瓷砖地上随便铺个垫子、盖上毯子，就不回西乡住了。

田 涛：大家都是一个部门的？

吕 克：对，都是一个部门甚至一个项目组的。我当时来深圳也没什么家当，就是一些换洗衣服，一个行李包，因此，就借住在师兄租的公寓里，在地上垫子一铺就睡觉了，完全没觉得有什么不妥当、不舒服。

田 涛：比起在学校应该还是差一点吧？

吕克：那是，住宿肯定差一点嘛。但是有一点好，就是来了以后项目组没把我当成实习生，一下子就让我干活、参加项目。从项目设计到编码，到测试、开会，再到开局，做某个模块就完全信任我，全部由我自己一个人负责。那时候也没什么正规的业务培训，培训就是给本书、几篇文档看，那些文档也没那么规范。但是我觉得非常好的就是，这个项目组里面你随时都可以向那些老员工提问，大家很开放，相互很帮忙，然后就了解了自己承担的任务，这个任务跟别人的接口是什么，要完成什么样的功能，到时候自己想办法集成。我其实就是一个“即插即拔”的样子进去工作了。

田涛：当时接得起来这些工作吗？

吕克：一开始我做的主要是交换机的后台软件，负责后台的界面开发、处理软件这些东西。它跟交换机核心功能来看还是有距离的，更多的是一些后台的数据处理、网管设置、配置这些系统，有点像现在的 BOSS（Business and Operation Support System，业务运营支撑系统）。那时候去参加会议，只要他们讲到电信行业的信令、网络啥的，我基本上都听不懂，比如说“一根 E1 线”“32 个时隙”，什么都不明白。但是多听几次，平时问问，很快也大概知道要求做什么东西出来。话单[①]也还是明白的，话单要做的各种处理、哪些故障的标号是什么……一开始是很蒙的，也很艰苦，但是有一个特别大的好处，就是很有带入感、成就感，来了以后马上可以参与真实的开发工作，做完之后放到整个系统里，能看到自己做的一个东西在一个系统里运行。

田涛：当时您做的东西就直接可以用了？

① 话单是一个通信术语，指原始通信记录信息，也可以称为详单、CDR（Call Detail Record，呼叫详细记录）。——编者注

吕 克：对，可以用的，不是实验室的试验品，而是要拿到公网上去运行的产品。来了以后，我做的软件界面或者里面那些管理程序就起到作用，比如说加载，虽然不明白这些东西，但软件加载，软件里边的运行、故障的诊断和显示，还是让人有了粗略的感觉。整个项目只有我一个人干，客户界面就展现在这儿，而其他人干的所有活儿客户是见不到的，这是第一个。第二个，我觉得组织气氛特别好，大家就是实实在在、简简单单地干活，一门心思想这个问题怎么解决，什么地方要开局了，什么地方要拓展了，因为也没有行销人员，拓展都是我们自己去跟客户解释。

田 涛：研发人员自己去见客户？

吕 克：当时公司运作很大的特点就是价值创造链很短，研发人员自己面对客户，自己去了解客户需求与期望，去定义产品的规格和要求，就能感受这种需求和压力，而你本身又是做研发的、交付的，所以这个链条很短，你很清楚端到端是什么东西。然后你看到这些开发出来的东西在局中安装、运行了以后大家的感受，也非常清楚地知道自己做的一个模块在整个大系统中扮演什么角色，个人成就感特别强。第三个是我觉得研发条件还是很好的。因为一九九几年的时候，学校里研究生所有的研究费用都来自导师的课题经费，你要查资料就先要有导师的经费折子，要向导师要复印券去复印。电脑房的机器也就是三四台 386、两三台 486，很多师兄师姐做课题要用，低年级同学上课培训也要用，我们想用的时候用不到。而到了公司一看，386、486 随便用，一个人还占用两台机器。每个人都成了拆装计算机的高手，把板子拔来拔去随便搞。复印机就在旁边，有什么资料拿过来就复印，让人觉得条件非常好，尤其是跟学校对比，真是很自由、技术资源支持很好。我也觉得自己长进很快，有成就感，团队又比较团结，大家一起玩，一起开发，一起面对挑战，觉得就跟大学宿舍一样。当时，公司实习生待遇每月给 800 块钱，虽然也不算多，那时候我在学校里大约每月就能赚 1000 块钱，有帮助老师做项目的，有帮外面一些小公司写写通用程序的，但是我觉得公司给 800 块钱还是可以的，因为稳定啊。最关键的是在管理机制上，公司没有把实习生当成实习生，就当是正式员工，所以自己锻炼得很好，感觉公司没有论资排辈的弊病，这样的开发机会是难得的。

田 涛：当时实习了几个月?

吕 克：实习了三个月，从 6 月一直到 8 月末，然后我们那个小组实习生都回去了，那时候我们浙大一共来了 5 个人实习。回学校以后，我跟另外一个叫陈世俊的同学，他擅长做硬件，我擅长做软件，我们两个不太安分，就开始觉得学校的生活有点无聊，一心想着还是去公司做事。因为当时比较喜欢那个环境，而且回学校的时候，项目经理也说非常欢迎我们回来，如果我们能够在学校里想清楚，想过来就过来。现在想想，那时候我们那个项目经理的用人权力真大。回去以后我觉得在公司做具体的开发很有意思，还可以提前工作，而且公司又在深圳，20 世纪 90 年代初深圳还是一个机会遍地的地方，所以慢慢我自己就倾向于来深圳，而不是去考托福出国了。其实后来有人告诉我，当时老师们也是内定要我直接攻博的，但我觉得这个公司很有意思，若在公司干不长再回去读博士也行。另外，在研究生一年级的时候，我已经把所有的课程都学完了，必修课和选修课都修完了，学分够了，也给我到深圳来提供了必要的条件。所以我就跟导师商量了一下，由公司将我做的项目定位为导师指导的毕业研究课题，公司提供一些科研经费，一并解决了研究生毕业课题选择和经费问题，这样导师也很愿意支持，我就又来到华为，一边做项目开发，一边完成课题研究。到 1995 年毕业的时候，开发项目正好是很紧张的时候，我特别忙，还推迟了半年回去答辩。过程中请导师过来看了一下、交流一下，没想到最后答辩还拿了个优秀。毕竟因为我做的东西已经产业应用了，而且产生了一定的效益。这样，我就一直在公司没有离开，伴随公司一直在成长，属于公司的“学生兵”吧。

说实在的，那时候其实大家心态也不是很稳定，因为公司还是在创业阶段，工资经常发一半白条，就是每个月只发一半的工资，另外一半工资说是在公司寄存着。后来又开始发股票，你又得拿工资和奖金去买。那时候最明显的就是，感觉一年的奖金发下来，给你配的股跟它基本上是对应的，基本上一分钱的现金都拿不到，甚至还要贴一点。所以，基本上我们就是名义上开始有些钱了，但见不到。只是有了这机制后，好像人也傻了，每月发的工资就经常花光，总是觉得公司那里还存着另一半的薪水。现在想想，当时还是很简单的。

田 涛：当时来的时候有没有想华为为什么是这样子的？除了您看到的那几个吸引你的点。

吕克：有。那时候，第一是公司的物质激励，也就是名义薪酬是很高的，很快我的薪酬就超过了父母、亲戚以及同在深圳的一些不在华为的师兄师姐，所以还是有点物质待遇方面的优越感的；第二是公司里的项目开发团队虽小但很团结，大家觉得真正在做有意义的事情，一个一个项目，而且市场的压力透传过来，与研发过程又很紧密地结合在一起，主动性能够被激发出来，做的东西实用后自己也有很强的成就感；最关键的还有一点，就是大家的自豪感，比如当时公司参加了通信业在北京的展览会，那时候的北展有点像现在的巴塞罗那展览会（也称巴展，即世界移动通信大会），甚至比现在巴展对公司内部整个组织的影响还大。一般来说，主要的研发人和销售骨干都会去北展参展。我们当时都觉得能去参展是一个很大的激励，因为一是难得的学习机会，可以去看别人的产品，洞察一下产业的变化与发展；二是我们要介绍自己的产品，接待客人，展示自己的成果。所以每年能去北展参展就是一件非常重大的事情。我记得一开始的两年，公司还给去参展的人员做服装、做西装。1993、1994 年的时候国产机还很少，但是在北展，我们设备展出的馆都不是在中国馆，一开始就要的是国际馆，跟国际大公司同台展出。公司提出“从来就没有什么救世主，也不靠神仙皇帝。中国要富强，必须靠自己”，这让我们这些热血青年很有一种民族自豪感和责任感，有一种要杀出一条血路、为国争光的感受，有一种憋着一口气、为公司打出天地的决心。而且当时整个团队管理又很会搞气氛，到了晚上大家都很热情，去喝喝酒、聊聊天、讲讲故事。以前有句话说华为人“喜群居、爱杂食”，我们在精神上是非常充实的。

田 涛：所以这个是最吸引你们的。

吕 克：那是很吸引人的。接下来是为自己开发的产品去开局。1993、1994 年开始，我开发的一些产品都处于市场销售初期，研发人员都要去开试验局。开局的挑战就更大了，刚刚开发出来的产品，稳定性或多或少还有些问题，面对客户又要不断地进行调整和功能改进，而且产业发展重点从原来模拟机变成数字机，我们搞数字机也没什么经验，后来从数字机又要转向开发智能平台、智能网等增值业务，每个客户的需求都不一样。那时候公司各地销售办事处自身的营销能力还没有建立起来，他们有机会就带客户回公司，让研发人员直接与客户交流，交流技术、方案、运维。所谓交流就是我们答应、承诺客户的需求，那时基本上客户讲什么，要求什么，我们就拍着脑袋应对，拍着胸脯答应，只要是机会，我们就去抓。我们最多就讲讲现有的系统，然后客户问这个能不能做、那个能不能做，我们都说可以，甚至说已经做好了。没办法，在创业阶段，整个公司都有点打肿脸充胖子的感觉。然后客户就把合同一签，要求两个月或者三个月以后交货。交流回来以后，我们就立马开始组织开发。我记得最深刻的是，当时我跟许国平一起做智能平台产品，他是经理，我是副经理，我们一边要到处飞去做营销，一边就组织开发。那时候，我们设计的产品就是一个业务呼叫程序、后台管理程序，然后不断地让这个平台去做各类客户化工作。这个智能平台就是为了满足各个邮电管理局的增值业务，比如 160、168 声讯系统，都是用我们这个系统来做的。每一个地方的拨号流程、播放声音都不完全一样，所以要做大量的定制，跟客户交流。因为客户有需求，一个是做增值服务，就是信息服务，这也是商业收入；第二是提高网络的接通率，如果打电话没接通，电信局是收不到费的，但如果打过去没打通，接到了一个语音邮箱，让语音邮箱给你播音乐、播信息，就是接通了开始收费，提高了运营商的收入。所以，我们的客户是有这样提高接通率的需求的，但各个客户的需求都不一样。

我那时候既要做研发的管理，又要跟着市场人员跑，可能因为我的沟通力比较强吧。我记得当时徐直军是智能平台业务的销售主管，盛弘毅是智能平台的销售经理，他们全国各地跑，我也跟着他们全国各地跑，今天早上在长沙，晚上有可能在海南，然后第二天就飞到长春去了。见到客户，盛弘毅就指着我说这是我们的总体（总体技术）专家，谈完需求以后他们去休息了，我就一个人在招待所开始写文档、做方案，晚上还跟客户一起喝酒，尤其在东北喝得很厉害，喝完了以后上飞机，飞机上肚子里翻江倒海。第二天中午稍微眯一会儿，飞机到了海南，下午就去见客户，晚上又是一顿酒。然后次日早上又要坐飞机回深圳，因为要去搞开发。我记得喝酒喝得厉害以后就特别上头，很难受，身上全是酒味儿。那怎么保持清醒？在海南早上起来就吃椰子。海南办事处的人送我们去机场的时候半路停下来买了两个椰子，我们在那儿狂喝椰子水后上飞机，虽然在飞机上也是很难受，但飞机一落地就好了，回办公室就开始干活。我当时还负责主机程序，也就是交换主机的呼叫管理程序。我记得那一年长沙办事处12月签的合同，来年2月要交货，我跟张治国两个人一合计就不回家了，春节都闷在实验室干活。整个春节期间公司有很多人加班，但是除夕夜就我们俩在办公室加班编程序。我记得很清楚，那时编呼叫程序，只用两天就把程序编出来了。因为平时要接待一大堆客户、做各种交流和协调，没时间搞开发，春节时正好别人都走了，我们就用了两天，除夕和初一那两天，两个人在那儿把整个呼叫程序做了出来。年初三很多人回来了，就接上呼叫器呼叫跑流程、做测试、做后面的网管等，然后就交货了。作为主管，对团队与个人的管理我都是在晚上搞，白天都在讨论技术问题和编码，剩下的时间基本上是在接待客户、陪餐。那时候幸亏年轻，比如深圳的"世界之窗"，我一个礼拜能去8趟，陪着客人参观，一边参观一边交流产品和技术需求与问题。

田 涛：当时有没有觉得太辛苦了，这么忙?

吕 克：没有，觉得很有成就感。首先合同签下来，就有了产品交付的压力。因为做定制，智能业务走过这种弯路。我们当时没有产品架构的概念，没有组件化、模块化的概念，所有东西都是在机器里做死的。在一个局，呼叫流程是这样的，到了另外一个局的流程，就把程序打开，在里面加东西、减东西。后来发现开了十几个局以后，版本管理整个就乱了，那时候公司研发还没有文档管理，也没有软件架构管理，基本上什么都没有。我记得，有一家公司给我们演示它升级的硬件系统，搭载了一个给我讲述功能的软件，我发现他们做的一个 demo 软件，在软件界面上只要把呼叫流程一改，上载到硬件后，硬件马上就能够配出新的声音、新的业务流程，也就是通过后台软件的直接模块化调整，就可以修改主机中的业务逻辑与管理程序。演示以后我们非常震惊，因为当时我们最大的挑战是每个客户都要定制，每个客户定制完了以后程序就不稳定了，定制需求要在原来程序里加来减去，很多时候都不知道会出现什么问题，完全要靠后期的严格测试。我们的项目组只有二三十号人，后面还有二十几个局要开，若没有突破性的做法，估计整个团队就崩掉了。当时也想不到什么好的方法，突然看到那个东西，我觉得特别好，我们就想到如果把我们程序里的业务逻辑模块化，形成一个个插件、组件，那客户定制需求时，我们就可以在后台进行模块编组与组装了，组装完了上载一下，机器就能按新逻辑运行。而且这种配置性修改不用把主机程序、源码打开来修改，只要把一些组件重新摆摆位置，重新连接一下，把参数定义一下，形成一个逻辑图，软件自动生成一个呼叫程序，那不就很好吗？我力排众议，坚定地上马这个改革，最后很成功。

田 涛：这个也是您最先感觉到的?

吕 克：对，因为我感觉到别人的这个概念很好，嫁接过来一定能够解决我们当时的研发困境。所以我们安排了一个刚刚招过来搞 C++ 的高手，我记得他叫周坚，让他把我们的呼叫程序分析以后，重新设计成了组件化的软件运行架构。他还做了一个界面，能够将这些关键软件组件随意定义和拼在一起，导进去看，竟然成功了，修改的程序跑通了，而且也挺稳定，效果很好，我们看得很开心。后来，我们就不断地完善这个模块与软件功能。

田 涛：这是不是算公司最早的模块化设计?

吕 克：是，它实际上就是一个基于软件平台的组件化设计，支持组件进行按需编排，解决了我们对海量客户的个性化定制问题，且内部实现又很简单，提高了效率，解决了阻碍业务发展的矛盾问题。后来这个产品变成了公司早期非常赚钱的一个产品，那时就是 INtess（Intelligent Service System，智能业务系统）增值业务系统。这也给我一个非常深刻的教训：做软件产品，先进的软件架构设计和找到合适的专家非常重要，甚至会改变产品开发的命运。

田 涛：当时公司的研发队伍稳定吗？

吕 克：当然一开始是很不稳定的，包括现在已经成为公司高层领导的一位同事，当时也跟我在一个项目组里，他也想走。大家都是年轻气盛，喜欢指点江山的，所以经常也说一些对公司的不满。所有人都处于一种分裂状态，一走进公司工作就精神抖擞、玩命地冲，而休闲或者是坐在那儿聊天时就开始谈一些东西，公司有点问题，心里有点打鼓……就是这样一种“精神分裂”的状态，在公司就拼命为公司卖命，回宿舍就拼命骂公司太乱。但现在想来，很多人没有走，其实还是觉得公司有希望、挺好的。因为，一是公司对大家都是信任的，你来了不管你是什么就给你一个任务，你能立即参与到公司的整个主战部队里面，非常清楚地知道客户要什么，因为是直接跟客户在交流；二是你也非常清楚地知道自己这块工作没有完成会对整个项目造成多大影响。所以那时候我们有一句话：市场压力无衰减地透传，这句话我是理解非常深刻的，因为那时候能不能交货，不是经理告诉我的，是我自己心里都清楚，合同签了，所有的情况我都知道，自然就努力完成交付了。还有就是不断地挑战自己极限，不断地去挑战一些不可能，结果发现干成了，就往上走一走，那种自豪感和满意度是极其高的，成长得也很快，尤其是看到这个产品在应用。

田 涛：您刚才说的那个分裂状态，有些人如果看到的是问题多他就走了。

吕 克：很多，公司在创业期间其实离职率很高的。

田涛：您觉得您为什么能够看到正面的多？

吕克：傻吧。那时候我最初的想法是先在华为干两年，然后回去读博的。在公司待不下去，回学校读博也没有任何问题。但我觉得这个公司还是有希望的，而且给了我一个发展成长的平台，年轻时并不追求很快就致富，更多的是追求在这个平台上能够干什么事情。那时候我爸妈都在事业单位，他们有时候说起论资排辈的氛围，我也在旁边能听到，所以我在内心深处就向往一种比较自由的、凭自己努力有发展空间的单位，我觉得那时华为在这方面是非常不错的。从我自己的发展看，1993 年到 1995 年那段时间，我一开始是做一个项目里面的一个模块，其实就是一个基层软件人员，做些系统的辅助工作，也不需要对电信技术有多少了解，只要话单来了，按照一个设定模式去处理就行了，算法也是总体组初步定下来，我把它实现，只是实现得漂亮不漂亮的问题。到 1994 年下半年时公司有好多试验局要开，往往是一帮有经验的员工带着两三个人就去了，开完局以后那个局稳不稳定还要观察、还要守局，那时有经验的员工都跑到别的地方去搞了，就把我这个没有经验的人留在那儿。当时我只是懂后台软件，对前台的电信网络软件还完全不懂，但一旦出问题解决不了，局方的脸色就很难看，有时候也会给我压力。那时候打电话没有现在方便，又不能天天打电话给专家师傅，或者去问别的研发人员，甚至有时也不知道那东西到底是谁开发的。逼得没办法，我就到上海的新华书店买了一本程控交换机的书，淡黄色封面，北京邮电大学的一位老师写的，书名叫《程控交换机原理》。利用空闲时间和晚上，我就开始学，一边学基本的原理，一边将机器的代码打出来，打了大半个晚上，厚厚的一叠，到哪儿我都背着一个包，包里面就是程序代码纸件，当时公司没有代码管理制度，现在这就是信息安全违规了，哈哈。然后我就开始看这个程序，一开始完全看不懂，就是花苦功夫，拿一支笔，一行行看、一行行理解，按照语句“if”“else”

条件在哪儿，往下顺着找，顺着理解。通过这样的笨办法，我把整个程序的流程图先画出来，流程图画出来了以后再看，有些明白，有些不明白，不明白就对照那本书去理解，才明白了原来这段程序是呼叫处理，那段程序是收号处理……因为看完书以后就大概清楚了整个电话呼叫的基本步骤，而我画出的程序流程图基本上符合这些步骤。这样就有了整体的概念，包括电信呼叫的概念、软件的总体架构概念，然后再去看程序中具体是怎么设计操作的。看完程序框架以后我就开始看信令处理，看它里面字段怎么处理，判断什么地方有问题，其实是它通过收到 DTMP（Dual-tone Multi-frequency Signal Process，双音处理机）来识别拨号音，知道用户拨的哪个数字，然后再跟某一个指令相结合，看完这个以后我就明白了 DTMF（Double Tone Multi-frequency，双音多频）。后面有些走的是七号信令，就再学七号信令。总体上，基本上是没日没夜地看了大概一个礼拜，终于看明白了，那时候真是有点玩命了，没办法，被压力逼的。

田 涛：反正您就一直在局方守着？

吕 克：对啊，就守着局方，白天黑夜地看，一个礼拜我就看明白了我们交换机里面的程序到底是怎么回事。后面一旦白天看到机器出了问题，晚上等呼叫量下来以后，我就把那个代码再下载下来，觉得可能在哪个方面有问题，就在某个程序行里面加一个打印字段，当那个问题出现时它就会在屏幕上打印一行字出来，通过设置一个问题观察点，果然就发现了问题。这样发现一个就改掉一个问题，又发现一个又改掉一个问题，花了两周时间把这个程序整体上改好了，其实也不能说改，因为大的程序逻辑我肯定不敢改，我就是加了一些保护、一些修正，这样这个程序运行就稳下来了，机器运行也稳定下来了。这个过程，还让我对整个上海电信局的网络都慢慢清楚了。因为我们的系统是一个声讯系统，各个其他网络系统都会接到这上面来，比如说阿尔卡特的 5 号机、富士通的设备、大唐的设备、巨龙的设备，都通过这个网络接过来的，我就跟局方请教，那条线上是从哪儿来的信号，我会定点去看这个信号。实际中，不同厂家对信号和标准的理解是一致的，但是做法不一样，所以出来的波形或者信号也有所不同。那我就去看，去理解，一个多月以后，我基本上对网络也有了很多的理解。记得当时有一次，上海邮电管理局把整个网络做了一个结构的调整，发现徐汇区的声讯怎么也过不来，我们的机器总是接收不到信号。我就开始分析，分析完了，跟局方说可能是阿尔卡特的机器哪一个信号不太对，要么是它的机器有问题，要么就是配置上出了问题。一开始局方肯定不相信，说你一个毛头小伙怎么知道，先去查你们自己的机器问题。过了一些时间，由于实在查不出来，我就跟局方说，要不我们做一个测试，试一下我说的问题。局方也没办法了，他们压力也很大，就说测着试试吧。测出来果然就是那个问题。从这个过程看，前后不到一个半月，我就从一个完全的门外汉，变得对整个上海局的网络都基本清楚了。这种情况下，我会觉得自己成长得非常快，能力和专业水平大涨。后来我再参加项目组讨论，下个版本的总体设计任务就直接交给我了，我从助理工程师变成了项目的主要设计者。记得半年后我就从助理工程师变成了工程师，一年内从工程师变成了资深工程师，三年不到就变成项目的主任工程师了，后面又变成项目副经理，四年左右就到整个部门的副总经理，负责技术与方法设计了。你看这个过程升得有多快啊，而且每个季度都会涨点钱，今天涨个 200，明天涨个 300，到年底涨个 1000，“哗啦哗啦”眼看工资就涨上来了。所以，这段时间我成长得快，成就感非常好，干劲冲天的，每天都不觉得累。

田 涛： 晋升与涨薪那时候经常都有吧?

吕 克：都有，涨得不同而已。一般来说项目经理经常是过两三个月涨一次，涨一两百元，那时候一两百元还挺多的，然后到了年底涨个一两千元。当时我们有一些同学和熟人在安科公司，他们觉得每月 1200、1300 很多，而我工资开始是每月 800，不到一年就是每月 1300，跟他们差不多，两年后我每月 3000 多，不到 4 年就 8000 多了。

田 涛：那是到了 1996 年左右？

吕克：对，1996、1997 年我每月工资是 8000 多，后来朋友聚会吃饭喝酒经常都是我请客了，当然那时候物价也确实便宜，大排档吃一顿也就一两百块钱。

田 涛：后来就想在华为可以长期干，也就没有别的想法了？

吕 克：对，因为成长快、成就感爆棚，就没有别的想法，觉得还可以干下去，也坚定了决心，硕士毕业以后就准备留在这儿。后来公司就把我调到总体办（总体技术办）的对外合作处，主要负责技术对外合作和设备入网鉴定会。在过去，任何销售的网络设备、厂商开发出来要进入国家的网络，都要首先进行鉴定，鉴定通过后获得入网证才能入网。鉴定会由传输院（电信传输研究所）、电信科学院（电信科学技术研究院）、邮电部等来组织，后来是由信产部（信息产业部）科技司等单位来组织。组织鉴定会要准备什么呢？第一个是要开局，有实际运行良好的报告；第二个是国家鉴定机关要派专家到公司现场来测试，测试以后专家们要结合测试过程及指标结果、局方的反馈，审视公司提供的技术报告，来决定这个产品属于什么水平，给不给入网证。我当时的任务就是两个方面，其中一个是跟外部鉴定机关接口，确保鉴定工作顺利开展，保障公司能及时获得入网证，支持销售工作。我调过去才一个月左右，就面临公司传输设备 155M SDH 的鉴定会。当时完全搞不明白，就边尝试边总结，建流程、连接关系，组织鉴定会的准备，支持各类证件的获取。一个产品做完，接下来做622 SDH传输设备的，然后是2000门交换机的入网鉴定等，总之，一般2~3个月就要鉴定一个产品，连续进行。

田涛：做第一个155M SDH鉴定会的时候您多大？

吕克：1997年时我29岁。30岁的时候我组织了公司的第一个GSM产品在内蒙古的开局和验收，那时候邮电管理局、联通这些单位开始拆分。我们请了60多位各局的专家，公司花了很多钱租直升机送专家到分隔很远的两个局点去看现场，因为那两个实际安装设备的地方交通特别不方便，公司就用直升机把客户送过去看。怎样组织安排这样复杂的过程？每个局怎么值守保障？现场会要准备什么材料？谁来答辩？这些都是我跟同事在安排。过程中还出了个纰漏，给鉴定会的材料中存在一些问题和漏洞，结果会议上鉴定组就给出意见，说我们的东西可能存在问题。当时老板组织公司高管把鉴定组先安抚住，而我们项目组就连夜重搞资料，那些资料每套至少有三四十厘米这么厚，晚上酒店商务中心关了，我们就一家家去敲开呼和浩特的复印店，到早上7点钟才重新搞完，第二天拿上去重新更换材料。鉴定组看到我们这么快就完成了资料的重新准备，很惊讶于我们的战斗力，所以第二天的议程就很顺利。然后他们就给了华为无线GSM入网证，开启了我司GSM设备在国内的销售历程。

就因为这个事情，我还被公司处理了一次，因为这么重要的事情，竟然中间出现了工作失误。后来研发的领导说："你就别在公司眼皮底下了，到印度去吧。"我就到印度去组建一个软件研究所了。我当时在总体办对外合作处有两个责任，除鉴定会外还负责在全国的高校建立合作关系。公司看到哪些学校的教授或者研究方向与我司的研究开发有关，就跟系里老师去谈建立联合实验室。所以与各大学的科研联合实验室是我推动建设的，当时跟常朝旭、白熠、廖月明、兰涛等，我们六七个人就开始做。用一年时间就跟北京邮电大学、南京邮电大学、东南大学（那时候叫南京工学院）、清华大学、复旦大学、北京大学、成都科技大学联合，大概建了12个联合实验室，开始各类项目合作。在学校设立的联合实验室，是老师带着学生，我们派一个人在那儿一起做一些研究管理。

田 涛： 项目是谁提供的?

吕 克： 项目来源于研发需求，我们搜集了需求后，就跟各大学的老师去讨论，如果觉得某位老师的项目挺好的，也有积累，我们就资助这位老师和学生继续做，给学校奖学金、奖教金，来开展研究。项目结束后，知识资产就会转移到华为，很多时候一些毕业的学生也会到公司工作。比如东南大学无线电系一个国家移动通信重点实验室里，有位尤老师，对于3G技术研究得非常深入，他的重点实验室已经打通3G电话了。而我们那时候3G的开发才刚进入发力期，东南大学无线电系就成了我们一个重点合作对象，我们与其开展了一系列深入的技术及研发合作，同时它的无线电系也成为我们无线开发队伍的重要人才来源。我记得建立联合实验室前，我们在这个实验室的招人情况非常差，比不上外企，也比不上我们的同城友商。但通过联合实验室的多层次项目交流及合作，以及针对优秀人才的一些实地走访、邀请互访交流等活动，在第二年暑假我们组织的夏令营活动中，公司一下子就签约了近20名优秀学生，给公司的3G产品研发提供了一批非常重要的骨干。后来，我们在各个学校都纷纷建立这样的实验室，包括中国科学技术大学等。

田 涛： 那跟人力资源部的招人有什么关系?

吕克：当时人力资源部直接放权给研发体系了。我们技术体系合作，针对发现的优秀人才招聘，项目经理说了算。那时候公司人力资源部根本不管我们，没有什么编制、HC（Headcount，人员编制）的限制，什么都没有，你自己要就要了，觉得好就招了。其实就是谁用人、谁招聘这样的做法。

田涛：那时候是依靠业务部门自己去挖人？

吕克：对，都是我们自己去识别人、吸引人和招聘人。招来优秀实习生，实习生们再回去一传十、十传百，然后师兄师姐们都来了，还是挺快的。我记得1997年公司第一次开始大规模招应届生，一年就招了1000多，也为后续公司大发展提供了人才的来源基础。

田涛：您在合作这块干了几年？

吕克：从1997年开始干的，1998年年底就被派到印度去设立新的软件研究所了。那时公司觉得软件管理不行，要到印度去学CMM，也就是比较先进的软件过程管理机制。

田涛：那时公司已经知道有CMM的要求？

吕克：这个知道。

田涛：那时就觉得公司这方面差距比较大？

吕克：当时的差距非常大，就如同手工作坊与机器大工业水平的差距。我们原来的程序开发都是自己编码，很可能连文档没有，更不要说管理流程了，而软件开发人员已经占到研发总人数的60%~70%。所以，当时公司领导提出一个观点：没有软件的过程管理，哪有软件及产品必然的成功？每个产品都依赖工程师个人的能力，成功就是偶然的。成功要成为必然，就要建立完善的机制与体系。所以当时公司决定要建软件开发的管理体系，就看上了 CMM 这个体系。最早研发体系有一个部门叫软件工程研究室，这个部门负责人的个人软件水平还挺好的，但他在负责推 CMM 的时候，是按照一个一个管理动作来推行新的管理的，推了半天，大家感觉好像效果不太明显，担心工作方向有问题。这时任总就想去印度建个软件研究所，在那儿学习印度的软件开发管理，后来我们叫作“西天取经”。而我原来是软件开发出身，又正好有对外合作的经验，所以当时研发就将这个任务交给我了。

田 涛：那时候是 1998 年？

吕 克：1998 年年底、1999 年年初吧。我是先去考察了一阵，在德里、班加罗尔、马德拉斯（现称金奈）、孟买跑了一圈，调研印度的一些高科技企业、软件开发企业，看看有没有什么项目可以合作的，因为过程改进的引进不能空对空，要有载体，所以要从软件项目的合作开发开始做起来。看了大概一个半月，回来以后我跟研发领导确定就在印度的“硅谷”——班加罗尔市建立研究所。我回来大概一个星期以后就又出征了，准备了一些东西，我、柳涛、胡力耘我们三个人去，带了大概十个皮箱，其中有三个箱子都是吃的，还带了便携打印机、便携投影仪等，基本上是武装到了牙齿，满身大汗地折腾到了印度的马德拉斯。我们制定了一个策略叫“干中学、学中干”，同印度马德拉斯的一家叫 FUTURE SOFTWARE 的 CMM 四级认证公司合作，大概安排了 2~3 个通信协议的软件同那家公司合作开发，当然商务上我们没有怎么谈，只是要求联合开发，由印度项目经理来管理过程。最后通过艰苦的谈判和交流，确定了一个 32 个人的项目组，其中项目经理是印度的，一半人是印度的，另外一半人是我们国内派去的。

田涛：这个项目搞了多久？

吕克：大概搞了半年，那个团队的兄弟确实很辛苦，他们真是很伟大。后来我们依葫芦画瓢，又搞了两三个类似合作项目。当时在马德拉斯的团队是最全的，有十几个人，而且这十几个人原来全是项目经理，不仅仅是普通的开发工程师，都是骨干，但他们到了印度，身份就是研发人员，也得具体做编码，这些人技术上也挺强的。学了大概五六个月，项目整个周期做完了，我们就有了做成一个软件项目端到端的流程及管理经验。然后，这批人回到班加罗尔休整，边休整边总结、分享，形成了印度所自己的软件研发管理流程，这其实也是华为公司整个软件开发管理流程的1.0版本。当时我们还定了一个原则，就是先复制出来，再理解、应用，最后再优化，也就是任总谈变革时说的“先僵化、后固化、再优化”。我们当时是即使搞不明白为什么，也要先整个写下来，先去执行再说。当然，这个新流程还涉及组织的变化，为此，我们完全按照流程的要求去设计研究所的组织。通过合作阶段的“干中学”，以及自我发育阶段的“学中干”，将流程不断地迭代开发出来。后来，公司不断放一些项目到印度所去，招了不少优秀、资深的本地员工来领导开发，又招了几个水平很高的印度籍质量经理。当时听说班加罗尔有五六个在软件质量管理上非常牛的专家，我们花了很多代价请了两个加入队伍。公司也从中国派遣了大批优秀研发员工去印度所，一边按流程做产品，用自己的产品做一遍来验证这个流程；一边学习流程知识，掌握软件开发过程管理技能。一批人把项目开发管理学习完后就回国去了，成为各部门软件开发管理的种子，另一批人又被派过来学。我们就是采用这种方式，培养了两三百名优秀人员，这些人再分散到北研（北京研究所）、上研（上海研究所）、南研（南京研究所）、深圳……到公司各个地方的研发中心去。从开始建印度所算，我在那儿待了大概三年时间，第一年主要是做合作方面的一些事情，从我们自己开始建设流程，到通过国际认证机构的CMM四级认证，时间只用了两年。我们成为中国企业中第一家通过CMM四级认证的，后来过了一年半，印度所又通过了五级认证，而一般印度公司从建立机制到通过CMM认证要用10~12年时间。最后认证通过了，就说明我们的软件管理流程已经成熟了。然后我们从印度所派遣一批批项目经理回到北研、上研，他们不再去干研发了，就干流程管理工作，接管了那里原来的流程部、质量部。像李山林就是这样的，他从印度回去以后，到了北研就去做质量经理，后来慢慢成为所长，当时很多人都是这样，自己得到成长，也帮助公司各个研发中心快速地建立软件开发管理能力。

田 涛：当时我们是不是要求国内这些流程都按照印度所的方式来匹配？
吕 克：对。国内研究所就是由在印度所锻炼后的人员去做质量经理，我们再把那几个高水平的印度质量经理派过去，帮他们去推进，相当于内部顾问一样。以派回去的中国质量经理为中心，加上这些印度质量管理的老杆子，一个所一个所去建立CMM管理流程和认证，帮助它们一个一个过了关。不到两年时间公司所有的研究所都通过了CMM四级、五级认证。整体上，公司只用了5年就从软件过程管理完全不行，到建立起成熟完整的管理规定。我觉得那段经历还是蛮有意思的。

田 涛：您当时做第一个项目合作的时候，同时在筹建班加罗尔研究所？
吕 克：对。我们经历过印度所的建设过程，还有很有意思的暴乱、水灾、炸弹、战争威胁等故事。我就讲一个炸弹的故事。记得那是在2001年，我们在班加罗尔的一个奢华酒店LEELA Hotel建立了研究所的新办公场地。LEELA Hotel是印度一家非常富有的家族酒店，他们在班加罗尔新建了这个酒店，酒店马上要开业了。因为酒店业竞争激烈，据说是他们的竞争对手使坏，有一天打电话给 LEELA Hotel 说："你们那边有炸弹，你们要出钱，如果不答应这个条件我们就引爆。" LEELA Hotel 的经理马上就给我们打电话，让我们疏散。这时候我正好在接待一个来访的合作企业，正聊得开心，行政经理跑进来和我说 LEELA Hotel 刚刚通知这个楼里有炸弹，要马上疏散。来访的公司好像是德里的一家美资物业公司，他们一听，站起来就要跑。我说："你们也听到了，非常抱歉，我现在安排你们迅速撤离，回头我们再联络。" 于是就让行政经理带着他们第一个撤走了。接下来马上通知我们的 Office Boy（办公室勤杂员）去跟每一个员工讲酒店要组织一次紧急撤离，没有讲有炸弹，因为我们两层楼里面只有一个电梯厅，我们有近 300 人，一挤的话很容易出踩踏事故，所以就说组织疏散，两层楼里每层安排一个经理，让 Office Boy 指引大家撤退，有走电梯的，有走楼梯的，大概五六分钟很快全部人都跑了出去。我在那儿就没走，因为我知道我一走，大家人心更慌了，我就一直站在电梯口看着大家撤退。其实那时候我的腿也在打抖，我不知道什么时候会爆炸，但是我知道我不能慌，一慌就更麻烦了。大家走完了以后我还跟行政经理看一看办公室，把测试机器关掉，免得出问题，然后我们再下来。走出大门口的时候，我跟行政经理两个人是硬着头皮一步步地踱出来，显示出镇静的样子。现在想想很好笑的。

田 涛：好有画面感。

吕 克：真的，那时候的情景是终生难忘的。其实我的腿也有点抖，心里在发慌，但还是得一步步走，真是感觉到什么是身心不一致，因为当时作为主管我绝对不能让别人看到我的惊慌。人家一看也都议论纷纷，因为我好像没事儿人一样就出来了。过了一个小时，酒店打电话来说警察来了，排查了没有炸弹，判断基本上是竞争对手恶意制造的谣言。这时很多员工要求回去工作，或许也是因为我刚才的假装镇静吧。

田 涛：公司很多人都经历过这么多危险的时刻。

吕 克：嗯，还有一些诸如城市暴乱、水灾漫延、核弹攻击威胁的故事。比如那时有段时间都说印度和巴基斯坦要打起来了，巴基斯坦可能要用核弹攻击班加罗尔。这时中国领事馆的官员都来看我们，让我们准备撤离，撤离计划也给我们交代了，说要撤离到100公里以外的海港，中国有艘船来接。现在想想，有没有点像电影《战狼》？

田 涛：是有点像。但是最终还是没发生？

吕 克：后来没发生。我觉得当时的环境是很考验人的，也很有意思。

田 涛：这个心理的压力有些人承受不了，可能会觉得凭什么自己要在这儿，是吧？

吕 克：是啊，那时环境给人的压力很大。比如水灾的事情是发生在1999年夏天，那时候印度下了特别大的雨，雨一大整个城市下水管道就堵了，然后市内就发洪水。我们有一些同事因为在印度公司做合作项目，都回不来。他们在那儿没有地方住，也不可能到印度人家里去住，所以我要把他们接回来。印度司机说不行，雨太大，员工也打电话来说天快黑了，不知道怎么办。我跟司机说必须去接，你去一趟给5000卢比。

田 涛：司机是咱们的司机？

吕克：对，那时5000卢比相当于1000人民币，因为确实雨下得很大，有点危险，说给5000卢比后我们的司机像打了鸡血一样往前冲，有些司机还去接了两趟。由此，我也第一次感受到什么叫重赏之下必有勇夫，原来物质激励要这么用，也深刻理解了任总说为什么过去上战场的时候就要给几个银元，这件事情让我真正理解了物质激励的作用和用法。

面对战争风险与核弹威胁的事是发生在1999年。开始我们觉得是胡扯，后来有一天中国驻德里大使馆的一个参赞来了，通知我们做好转移准备，他们说得到消息这次可能会打起来，而且可能会大打，所以要求我们做好准备，中方员工随时撤退。

田涛：那时候中方员工有多少个？

吕克：有100个左右，撤退要从班加罗尔向西南走，到一个叫门格洛尔的地方，那个地方有个海港，有一家航运企业会派船去，然后在那儿上船撤退，他们和航运企业已经说好了，只要形势危急就往那个地方开，然后我们就去那个地方等待上船。

田涛：那个城市离班加罗尔多远？

吕克：远，它是一个西南的港口城市。

田涛：计划是先坐车？

吕克：那时候开始准备，也不知道什么时候走，怎么召集人。因为开车过去要十几个小时，平时车上就准备有食品、饮料、蜡烛、饮用水，然后让家属先走，家属没必要待着。那时候正好是研发项目关键时刻，还不能跟研发员工讲，包括中方员工，不然大家心都散了，但是我们在暗暗地、紧锣密鼓地准备。我们只是跟中国员工说注意安全，这段时间就别外出了，只要在班加罗尔就好办。后来没打起来，事情就平息下来了。

田涛：当时是要时刻盯着这个局势？

吕 克：对。那时候还有暴乱，印度人其实是很平和的。记得那时因不同信教徒之间的冲突，整个班加罗尔爆发了游行，游行很快就变成了打砸抢。我们刚好有不少员工在外面跟几个印度公司合作，他们就在印度公司的办公场地。而我们的研发总部在班加罗尔的新加坡工业园里边，相对比较安全。所以，当时我们就决定将所有人员集中到那儿去。本地司机开车去接员工回来，回来时看到车上全是砖头砸的痕迹，可以想象暴乱的时候群众可能过于激动，根本就没底线。

田 涛：最终我们的人有没有受伤？

吕 克：没有，去接的司机说那时候不管了，拼命地冲回来，一路就是猛冲猛开的。那种经历让我觉得，面对危险，一是指挥员要镇定，二是一定要以员工的安危为第一考量。

田 涛：那时候您也才 30 出头吧？

吕 克：31 岁，那时候我就只有一个想法：不能让一个人掉队。现在看也就是因为这种环境，使得大家的凝聚力都爆发出来了，大家都很团结，团队的力量激发出来是很大的。

田 涛：对，大家团结在一起的时候才会更安全一点。

吕 克：绝不丢下一个伤兵，不丢下一个陷入困境的人，还有一点就是我深刻理解了什么叫重赏之下必有勇夫。当时在印度基本上每半年就会碰到一些类似的事情，现在回忆起来还是挺有意思的，人生也算是充满了一些奋斗的回忆了。

田 涛：那时候在印度的生活环境、条件怎么样？

吕克：班加罗尔环境好一点，但因为印度很多地方还是采用火烧稻田的方式来做耕种准备或者给地增肥，所以空气中经常充满了植物焚烧的味道，空气不是那么清朗，卫生条件也不是很好。我们的人员一般就租住民宿，也不可能有很多回家的机会。我记得那时在印度吃饭，尝试吃印度餐但感觉很不习惯。往往印度饭菜里会掺很多香料，还有将酸奶或者椰汁跟饭混在一起，用手拌在一起吃的。蔬菜一般也都搞成了糊糊状，绿的一坨青菜泥、黄的一坨胡萝卜泥、白的一坨椰青泥，各种香料佐餐，吃饭的时候，他们就把这些放在一个芭蕉叶上与米饭一起搅着吃。我记得我第一次出发去印度时，飞机从香港到新加坡转机到马德拉斯，从香港到新加坡时飞机餐是中餐，从新加坡到马德拉斯时就是印度餐了。

田涛：坐的是印度航空？

吕克：不是，是新加坡航空，但新加坡航空供应印度餐。当时我想既然要到印度常驻，就吃点印度餐吧，但是才吃了第一口，就感觉香料佐餐太怪了，完全不习惯。所以，当时第一个感觉是，要在印度工作下来，要过的第一关其实是饮食关。

田涛：那时印度所没有建立食堂吗？

吕克：没有，因为只有几个外派人员，公司不可能在当地建食堂。所以我们工作时，就在路边上买一个油饼或者直接去吃肯德基。晚上回住处，我就设法做做中餐，一起去的胡力耘，挺能做饭的。后来发现印度烤鸡蛮香的，再稍微放点柠檬汁，口味还是可以的。还有就是印度馕，干干的一块大油饼，味道还是挺好的，也顶饿。所以我们往往穿得西装革履的，但是随身都带着一个馕，在外面饿了就啃一下。时间长了也还是觉得不行，胃受不了，大家都有点吃不下。我们第一次去印度时带了两箱食品，主要是方便面，还有一些罐头和红肠。所以，大家经常泡点方便面解解馋。一开始我们在班加罗尔的新加坡工业园商务中心租了一间办公室作为通信、联络基地，开展各类合作和研究所筹备工作。中午工业园里供应的都是印度餐，我们吃了几次后受不了，中午泡方便面解馋。没想到没多久商务中心的经理就来找我们说，有不少印度人抱怨方便面的味道太浓了、不好闻，影响了他们的食欲与环境，我们就只能改为点外卖的比萨或肯德基了。晚上回家顿顿方便面，吃了大概两个月，也坏了胃口，我现在闻到方便面味道还是恶心，可能当时吃得太多，吃"伤"了。回到宿舍，一般来说已经晚上 9 点、10 点了，当时也没有时间去买菜，就是拿一些米、蔬菜和罐头来做。后来第二批外派的李山林他们要来了，来前我们跟他们说一定要带些老干妈、榨菜等中国食物来，我们还调侃说不带就不欢迎他们来。他们来的前两天，晚上要炒菜了，胡力耘拿出最后一根香肠说，要不要把它切了放进去呢？然后说切了吧，反正李山林他们来了又可以补充了；但想想又说，李山林他们来了招待他们吃饭什么也没有也不好，还是算了，又把这根香肠留下了。所以，当时主要靠往来出差人员带些国内的食品来支撑我们的胃。后来任总去印度调研，看到我们这个情况，极力推动派遣了中国厨师来为我们这十几号人做饭，我们就过上了幸福的日子。所以任总说要在海外扎根先要解决胃的问题，真是一点也没有错。

田 涛：是国内派过去的厨师？

吕 克：任总推动找的，而且好像是一个国内的二级厨师。他来了以后，我们一个多月就把食堂办了起来，但有些食材与佐料，比如老干妈、榨菜，还是一定要从国内带，在印度买不到。后来慢慢地印度变得越来越国际化，中国人越来越多，有些超市也能买到这些东西，就很少带了。

田 涛： 研究所注册是您去办的还是公司这边派人去办的?

吕 克： 当时是我自己亲自去办的，公司派了一个叫 Peter 的财务经理过来协助我们，准备了一些信息材料。当时我们让胡力耘管钱，因为他是上海人，比较仔细。他负责去换钱、买菜、买办公用品，每天记个账。一年多以后，外派的财务经理 Peter 跟胡力耘对账，我记得核对一年的费用，最后好像只差了几百卢比，相当于只差了四十多块钱，这个家伙管钱真是太厉害了。

田 涛： 大家一门心思工作，也没想自己搞什么小动作。

吕 克： 对，没想。我们没有财务的那一年，最后费用核算时，所有的账单，包括买各种各样的用具、日常开销费用，还有各种各样的通信、租赁、交通与交际费用等，加起来只差了几百卢比。我们到了当地，要完成在印度“西天取经”的使命，必须要解决签证的合法性问题。我们首先抓了在卡纳塔克邦（班加罗尔市所在的邦）的政府关系。一是向邦政府汇报清楚，说我们是来设立研发中心的，要做通信的整机，要做系统软件，而不是像西方公司只是来做软件外包和软件组件的，我们是有利于当地产业发展和人员培养的。这个道理反复说，也邀请他们来参观介绍，慢慢邦政府就接受和支持了。比如邦政府的科技处处长，在理解我们的业务实质和对当地软件产业的贡献后，很热心地帮助我们。

2001 年以后，由于中印关系改善，印度政府特批给我们 100 张工作签证，这个问题基本得到了彻底解决。

田 涛： 早期出去打拼这么不容易。

吕 克： 是啊，以前在国内开展业务时，这些问题都是不会想到的，但到了海外，可能签证问题就能让我们举步维艰，还有各类政府机构的关系处理、资金往来、税制与劳动用工遵从、设备清关进口等很多工作。比如设备清关问题，我们在班加罗尔建立研发中心就要从公司总部运来设备，从法律上看就是进口设备，比如我们需要的交换机、路由器、测试设备等，这样才能在印度所搭起一个研发科研环境。若采用普通进口方式，进口税非常高，运营成本就很高。这时我们了解到印度政府为了鼓励软件行业的发展，专门制定了一项鼓励政策，就是 STPI（Software technology promotion park of India，印度软件技术产业园促进）计划。在这个计划中，中央政府批准在海德拉巴、马德拉斯、班加罗尔和孟买这 4 个城市设立 STPI 园区管理机构，任何开展软件研发的人，都可以到这些机构里去注册，获批建立一个软件开发企业，它们会颁发证书，软件企业就可以凭证书去免税进口硬件。进口的硬件只能安装存放在企业办公室里，不能离开办公室，更不能卖出去，而且用完了以后要再通过原进口通道退回去，这样就不收税。一家印度合作公司告诉我们这个计划后，我们就去办理注册手续，先去拜访了班加罗尔的 STPI 主任，记得第一次去见他时预约了两个多星期终于预约上了。他的办公室在班加罗尔的一个软件园里，我们找了半天，而且当时又是夏天，特别热，我们穿着西装，打着领带，带着投影仪，这时租的印度大使牌老爷车（就是大家在电影里经常看到的 20 世纪四五十年代上海滩用的那种车）过热，水箱冒烟了，我们就只能下来推车，不巧的是从天上掉下来一坨鸟粪，又不偏不倚落在我的西装上。我们把车推到一个阴凉的地方，司机去要来冷水给发动机冷却一下，车才又发动起来，我的西装也脏了，只好穿着衬衣去见 STPI 主任，跟他解释我们是来干什么的。为了帮助他了解公司，担心他认为中国没有高科技公司，我们除了带去公司的介绍资料，还给他带了中国的图片册，图片册是专门介绍现代化中国的风景照片，比如北京宽阔的长安街、上海外滩视角的浦东高楼群、深圳高科技园的风景等，我们先要介绍中国的发展、深圳的变化以及华为是怎么样的，生怕别人误解中国公司没有实力。介绍了大半天，他和蔼地说可以注册，你们就按照清单准备材料，他们后续审核。后来我们邀请他来我们办公场地参观指导，我们的申请也就顺利地获批了。我回国后，在 2008 年还是 2009 年，这位 STPI 主任随着印度一个高科技代表团访问中国，也来华为公司参观，我参与接待。在晚上的欢迎宴会上，他跟我说："现在可以说实话了，当时你跟同事到我这儿谈公司注册的时候，我还以为遇到了两个中国骗子。"因为那时中国在海外很多国家的人眼里，就是一个穷困落后的国家，你到海外中餐馆去吃饭，看到环境都是暗暗的，屋顶挂着昏暗的灯笼，墙壁上贴着一些 20 世纪三四十年代老上海的照片，那种破破烂烂的市井照片，让人家对中国是这样一个印象，认为中国就是一个贫穷落后的国家，怎么可能会想到中国有高科技呢？所以，我们当时去见客户、合作伙伴、政府官员等，都是要带上三大件：第一大件就是一本很厚很重的中国图片册，里面是中国的几个大城市上海、深圳、北京等地方的新风貌，让他们看看新中国、新城市的状况；第二大件是华为公司的详细介绍；第三大件一般是我们一些项目的意向书。每次汇报沟通都要一个一个讲下来，因为我们要纠正别人的一些偏见或误解。

我记得很清楚的是，我们当时招聘人也是，因为没有品牌，就只有一个方式来招揽优秀人才，就是给予高薪酬，所以，很快业界就给我起了一个名字，叫 Mr. Double（"薪酬翻倍"先生）。后来确确实实招了一些比较有经验和优秀的本地高端人才与项目经理，他们来了以后，就被我们当成宝贝一样，因为这些人才有经验，能够帮我们建立和运作软件管理体系。我们在印度所的基本运作模式就是让优秀的印度籍经理带着中国人来开发，来经历软件管理过程，所以，能招到几个优秀的人，我们觉得简直是太宝贵了，捧在手心上。为了保留好他们，增强他们对公司的归属感与荣誉感，他们在印度所工作一段时间后，我们就会安排他们来中国一趟，感受一下总部，并到各地研究所参观交流，建立与公司研发组织的个人对接。

我一般会亲自打电话，跟研发体系和研究所的领导联系，定他们的行程安排。他们一般的行程都包含深圳总部、上研、北研等，顺便让他们在中国看一看。

田 涛：他们回来主要是参观？

吕 克：一是参观，还有就是我们有项目与国内对接，我们在印度所的项目，有的是属于深圳产品线的，也有属于上研无线领域的，也有一些是属于北研数通产品线的，所以也是让他们回来跟公司内部的需求部门对接、讨论。我记得第一批有三四个人，在他们要去中国之前，我晚上请他们吃饭、聊聊天，跟他们讲一些要求。过程中有个印度经理说很期待这样的安排，说中国这两年发展太快了，都快赶上印度了。我听了以后，都不知道怎么回答，只好说你们去了以后能实地看看中国，看看公司的能力。然后他们这一批去了 20 多天，回来了我又请他们吃饭，他们也报告一下交流情况、项目的情况等，其中有个印度经理叫 Kamishi，我问他去中国的印象怎么样，他直接说："New York（纽约）！"他对中国的看法完全改变了。我感觉那次活动，真正让印度这些优秀的人才认识了华为的实力，认识了中国的产业发展，真正安下心来跟我们一起建设印度所，一起做贡献。

再说说本地化管理。我们去印度创建研究所的时候是三个人，三年后我离开时整个印度所已经有 700 多人了。除了几个主要的管理者，比如研发的主管、财经的主管和所长，其他的都是本地员工，甚至 QA（Quality Assurance Engineer，质量保证工程师）、质量、行政、人力资源全是以本地员工为主。研发队伍里除了几个公司派去的主要干部，大多数也都本地化了。为什么能在两年半内实现了本地化呢？我认为最核心的是我们设立的建设思想。去建设研究所的时候，我们心里就很清楚，印度所作为公司软件开发与队伍训练的组织，一定是铁打的营盘流水的兵，不可能指望中国员工长期在那里驻扎，中国员工过来都是任务型的，一两年就一定会走。那谁会在印度所真正安下心来建设呢？谁会是印度所稳定发展的基础呢？我想只有印度人，因为对他们来说，印度所就是家，他们一定会对印度所的日常管理、体系搭建更热心、更积极。我与我的团队达成共识，就是一定要把印度所建设成一个铁打的营盘，而铁打的营盘一定是由印度员工来构成。

田涛：这是您刚去就有的想法？

吕克：1999年我就是这么想的。所以后来在整个印度所的建设过程中，当中国员工和印度员工出现工作矛盾或者意见不一致的时候，我内心的尺度是有点偏向印度员工的，虽然总体上会客观处理，但如果说大家要各打50大板，我一定首先会打中国员工。这也是一种工作的策略，一种短期管理需要服从长期战略的选择。我需要更尊重本地人才的意见，发挥他们的才智，识别其中的优秀人才，发动他们帮助华为在印度建立软件开发管理体系。这个管理体系是由本地人才建立的，也必须由本地人才来建设，这样才能建设好铁打的营盘。

田涛：公司当年有没有说要在印度长期扎根下去？

吕克：没有，我不知道公司在研发的“洗血战略”要洗多少人的脑子。一开始有印度员工在沟通会上也直说研究所的房子是租的，车是租的，都是短期的，没有在印度长期投资的资产。我说：“这样的问题我确实没法儿回答，因为这是整个公司当时的全球政策。但是我能做的是把你们这些人用好，你们自己感受到信任、发展空间和工作的氛围，这点你们自己是清楚的。我的承诺就是要发挥你们这些优秀的员工的作用，来和我们一起建设公司在印度的运作体系，你们不仅是华为在印度的雇员，也是公司在印度机构的 founder（创立者）和建设者。”我就跟他们这样讲，任何一个印度人给我们提改进意见，只要是总体上有利于目标达成，我基本上都回答“Why not”（为什么不呢），你去做，我来支持你，这样他就有被信任的感觉和自我的驱动力。

还有，我们规定在印度所日常必须说英文，无论是印度员工还是中国员工。我记得当时洪天峰、陈朝晖、丁耘等去印度所交流，我也要求他们说英文。我就讲，任何人来这儿必须说英文，我听到谁说一句中文就罚款 100 卢比，大约 20 块钱人民币。因为我认识到，若允许中国员工说中文，那印度人就自然说印度当地语言，最后整个组织与队伍就成了两张皮了，而我要看到的是一个融为一体的组织。我跟所有人讲，在印度所这儿，没有华为印度人、华为中国人，到了这儿全是华为员工，所以第一个规矩就是大家到了办公室请说英语，被我听见就罚款 100 卢比。后来有些员工学精了，躲着我说中文。我就想了个绝招，只要被我听见说中文了，就戴个红袖章，直到找到下一个说中文的，再把红袖章给别人，这其实就是“发动群众斗群众”。另外，本地化管理要求主管要有足够的耐心，因为一开始要求说英语，一定会影响到效率，这就需要主管坚持住。我记得当时有一个员工叫江克斌，是公司派去印度所研究和实践质量运营的，他在来以前完全不能说英文，年龄也相对比较大了。原来一般我们开例会，一个下午就能开完了，但是他参加我们的会议，由于讲英语讲不出来，憋来憋去的，沟通很费劲，往往会议要开到晚上。其实这时就考验主管是否有这个推行语言管理的决心，说不出来，我就等你，但你一定要讲。因为这种压力，以及这种组织的引导与信任，江克斌自己也感觉到了给组织带来的低效，所以他拼命学习英语，能力提升得很快，一个季度就基本能开口讲英语了。后来他离职，开了一家外贸公司，他就是与外国联络的业务员。所以，语言问题的解决不是技术问题，本质是决心问题。

加强语言管理的另一个重要因素是什么呢？其实是我用语言为案例，给印度所全体员工一个明确的信息，就是我是一视同仁的。大家都说英语，哪怕影响了效率，也请你说英语，坚决执行。最后很快语言就不是问题了，所以第一条铁律是不能说中文。当时我们还建立了另一个规矩，称之为“第二条铁律”，也就是不论中国籍员工还是印度籍员工，都必须尊重汇报关系。因为印度所的组织层级是科层式结构，一层层的，每层的责任者有可能是中国员工也可能是印度员工。可能一个项目的经理是印度员工，然后公司派来了一个中国技术主管做中层，下面又是印度员工。我们给所有人下的指令就是，你该向谁汇报，就向谁汇报，不要因为你是中国员工就越级汇报。因为如果一个印度经理，第二天突然发现中国下属在给他布置任务，说上面中国领导要求是什么，你说这个印度经理的感觉是什么？所以当时我们就是没有国籍区分，中国员工也没有特权，该向谁汇报就向谁汇报，不要越权。这尤其针对中国员工，因为他们日常的宿舍在一起，吃饭在一起，很容易出现高级经理图省事儿，要求一个中基层中国员工给自己的印度上级经理传递要求的情形，若不加管理，就会破坏组织既定的管理秩序，无法建立一个本地人都认同与尊重的组织运作体系。

关于本地化建设最后还有一个要点，就是强调彼此尊重。我们发现，中国员工在一个环境中工作久了，很多时候对沟通或者协同就比较容易不耐烦，所以，我们安排所有被派到印度的中国员工，一开始就接受两三天的培训，培训内容叫“Welcome to India”（欢迎来到印度），将印度的历史、文化、礼仪、沟通要点介绍清楚，让大家不要无意去踩坑，比如说不要主动去谈政治敏感问题等。这样中国员工在当地生活、工作就知道哪些是禁忌，哪些东西不能碰。我们要求大家学会换位思考。我同中国员工沟通，说可以换位思考，一个印度员工加入华为，他的感受或者他对个人的期望，跟你一个中国人加入中国某外资企业有什么区别？应该是没有区别的。如果你作为在中国的外企的雇员，你期望什么？肯定第一个是希望能够做更重要的事情；第二个是，重要的事情做好了，需要得到公正的评价；第三个是，如果一两件事情做好了，希望有更好的机会做更重要的事情。我认为这就是一个人在一家企业里真正的心理需求。这个心理需求其实也是一个印度人在华为工作的心理需求。所以我在印度所做好本地化、做好团队融合，最核心的是做好了三点：第一个是工作语言的统一；第二个是尊重汇报关系；第三个是让大家相互理解，相互尊重各自的文化。

田 涛：当时这些措施是公司提的要求，还是自己想出来的？

吕 克：我们自己想的。

田 涛：会不会觉得当时公司对于一线指挥官授权很大？

吕 克：是，那时候公司对于一线的放权是非常大的，基本上是结果导向的，只要你的方向对，你能取得成果，过程怎样搞没有总部的人来干预。有时候回去汇报一下工作，领导最多给一些建议和要求，说一下改进方向，然后就把钱拨来了。我们在那儿具体怎么搞，包括组织设计怎么搞、员工怎么管，都是由自己定。当然不是我个人定，是拉着印度员工一起来定。

田 涛：那时候公司为什么这么放权？

吕 克：我想，第一个是当时公司发展太快，总部管不过来；第二个是公司当时在海外也没有组织管理经验，所以就放出几只小老虎去试验试验。

田 涛：那现在总结看，印度所对公司开创海外研究机构是不是也是一种探索？

吕 克：我觉得是一种大胆的探索。第一个，怎么样从外部的合作开始，找到软件开发管理模式，然后在内部复制；第二是如何培养出一批熟悉管理流程的人；第三就是如何建立一个本地化运作的研究所。我后来做人力资源与干部管理工作，对比了很多成功与失败的案例，感觉在海外岗位上一定要用对人。这个人应该是心态开放的，有比较强的战略思维能力、沟通能力，否则这个干部就当不好，因为他要理解非常复杂的环境和当地人员内心深处真正的想法，这样才能对症下药，做好管理，激发各方资源。

田 涛：研究所后面这么多年发展情况怎么样？

吕 克：后来由于工作繁忙，我就没回去了，虽然印度所一直希望和邀请我回去看看。印度所后面换了几任主管，一直延续着自身的管理机制，当然一些细节上肯定改进了，但整个管理的模式还是基本稳定的。通过这段经历，我认为本地化和全球化不是技术问题，也不是政策问题，而是一个主管在内心有没有意愿去做这个事情，因为做这个事情要花很多工夫的，这是关键的。

田 涛：您一开始去就认为本地化是非常重要的一件事情？

吕 克：对。从另外一个角度来看，我过去就是先取经，我要建一个训练基地，中国员工源源不断地来，我的问题是这个池塘不断有水进来、出去，那池塘本身用什么来建？不能用水来建，我只能用本地员工来建，这样的话它的运作是很本地化的，谁来都可以，进来、出去都没关系。就是这样的一个考虑。

田 涛：回公司后您是负责人力资源？

吕 克：我当时回来就到研发干部部（属于人力资源部），做研发体系HRD（HR Director，人力资源部部长）。回来任职后，最重要的一个工作就是，组织老板进行与各个研发组织的沟通，给大家打气，稳定队伍。因为当时外部各类资本基金很热，高科技行业出现了很大的泡沫，不少高科技公司追求快速成长，也就加强了对公司的挖角，我们有不少高层干部出去创建公司并反过来挖骨干，队伍很不稳定。虽然公司采取了加强沟通、加强关键员工激励等防御性措施，但对于公司的信息安全还是不够的。我记得当时研发的主任费敏请我们一起去吃饭，商量对策。我当时就提一个观点，就是将软件变成组件化，各组件源码不开放的方式来管理代码。这个主意是根据我做研发时的经验来的。我之前做后台软件，需要与多个数据对接，那时数据接口软件都由同事孔令柏做好了，封装成一个接口，做成一个 Lib 库。后台软件在操作交换机时，不需要去了解它里边是什么东西，只要调用这个接口就可以操作它了。我想到了那个概念，就跟费敏讲，现在最核心的危险是被挖人，而挖人的本质是获取知识产权，所以当前我们公司真正的保卫战，保卫的不是人，而是公司的知识产权。那么知识产权怎么保？尤其是软件代码的保护，我认为就要搞 Lib 库。什么是 Lib 库？我们不允许各个开发小组进行代码源码的共享，每个组把代码做好以后，都编译做成库，这样别的软件组调用你这个模块软件，看不见源代码，都是二进制码的 Lib 库。这样，每个模块组都只有局部的编码，无法获得全部代码，即使被拿走了，拿走的也不是源代码，而是一个二进制库文件，如果把它破解了，里面的编程注释反而是知识产权盗取的呈堂证供。我基于过去的实践经验，跟费敏提了这样一个建议。费敏非常高兴，他觉得这是个好办法，因为他原来也是搞后台软件的，我一说他就明白了。所以在 2002 年至 2003 年间，公司就开始在研发推行代码隔离、封装、库调用等管理模式，防止外部对我们程序源码的恶意盗取。

田 涛：所以是否可以说我们研发的信息安全管理就是从那时开始的？

吕克：是的，我认为研发信息安全管理是从那儿起源的。

田涛：这么做经过多久对信息安全就起到作用了？

吕克：一年多时间。因为推行了软件组件化，建设 Lib 库，还建了很多配套的制度，很快我们的程序被外部整体获取、知识产权被盗的情况就减少了。当然现在来看，任何机制都有腐化的趋势，那时机制非常强有力地阻止了外面来盗取我们的知识产权，但现在也成为内部信息共享、软件代码质量改进的阻碍。所以我认为机制是有生命周期的，组织一定要保持不断审视过去的机制并优化的能力，与时俱进地改进。

接下来 2005 年我就被任命到人力资源部工作了。当时老板给了我一个任务，2003 年左右公司已经很大，有近 1 万人了，他说公司薪酬怎么管。原来薪酬都是拿到老板那儿签字，各个部门自己报。规模大了以后到底怎么样管工资、管激励是个问题，另外一个问题是这个激励如何体现责任贡献导向。

田涛：出于这两个原因？

吕克：嗯。任总就说我们的整个薪酬管理体系要改革。那时候，我跟徐元君一起在人力资源部工作，他负责管组织考核，我任人力资源部主管同时兼任其中的薪酬管理部部长。因为我在印度深入了解过印度公司以及 IBM、摩托罗拉等业界公司在当地公司是怎么管理的，它们都是基于岗位职级来管理的。每个人都在承担一个岗位，确定了岗位职级以后，个人的级别就确定了，再据此确定薪酬。就是说，在组织里每个人都有一个其承担的岗位所对应的职级，这个职级其实体现了这个人在公司里的责任担当与相对价值，同时也对应了他可以获得的薪酬，实际上就是个人价值的价格化，就是一个人承担的责任和贡献决定了你在组织里的位置，而这个位置所对应的薪酬又是你贡献价值回报的价格化。

整个机制当时是由我、洪天峰、徐元君在摸索中一步步构建的，任总也从总体上给出了哲学思考指引。首先是从公司岗位职级开始，先把公司岗位职级体系建起来。通过引入合益集团“三维度、八要素”的方位分析方法，把岗位职级建起来。岗位职级建起来了以后，每一个岗位就能对应上某个职级，那么每个人在这个岗位上就能有一个对应的职级了。

这样从公司的角度看，首先建立了一个职位框架，把不同岗位对公司的价值和它的重量放在上面了，然后让一个人在岗位上担责，根据干得好不好，决定他拿到多少实际工资，体现出贡献导向。这就是我们后来形成的“以岗定级、以级定薪、人岗匹配、易岗易薪”的制度，以确保我们实现基于责任和贡献的薪酬回报。

以岗定级，就是这个岗位及责任到底对公司有多少贡献，相对重量是多少，是 21 级还是 18 级。以级定薪，是把这个岗位的薪酬回报标准跟业界对比一下，比如我们 18 级的岗位跟 IBM 同样 18 级岗位的薪酬水平对比一下，根据公司人才策略确定可能比它高 10% 或 20%，这样就把岗位责任的回报标准价格化了，实际上也就是把华为一个岗位的内部相对价值价格化了。人岗匹配是什么呢？就是把一个人放到岗位上去，意味着他承担责任了，我们要看他对这个岗位要求的满足度、他在岗位上做出的贡献是否符合预期，来评价他是否胜任岗位。易岗易薪，是一个员工在这个岗位上担责，就能拿到相应标准的薪酬，离开这个岗位，就拿不到这个薪酬。他做得好，能够拿到这个岗位所对应的薪酬区段的高段，做不好就是低段，这就是薪酬回报的贡献导向。

所以这 16 个字的前 8 个字讲的是责任付薪，以责任来给你一个薪酬待遇标准；后 8 个字讲的是贡献付薪，用一个人在岗位上担当责任做得好不好来确定他最终的薪酬回报。当时任总看到这个机制设计后非常认同，因为这样的机制真正地把他这么多年基于责任结果导向进行管理的哲学思想落地了，又系统化、结构化和专业化，可以实施落实。

接下来几年，我们干的事情就是把所有人的薪酬待遇根据岗位情况，放到这个结构里面去，我们叫人员上架。从2005年开始一直做到2008年，我记得是先把15级试着放进去，把15级人员全部做了一次人岗匹配，然后把他们的薪酬调一调，放在这个区段里。15级定下来以后就搞14级、16级，然后到13级、17级，再到18级、19级。这样用了近三年时间，稳步把所有的员工都“上了架”，形成了规范、体系化的薪酬管理结构。变革前公司员工薪酬管理的情况是，大概80%的员工都不在区段里，是很混乱的。我们通过两三年的工作，让90%的员工都在区段里，还有一些毛刺也没关系，慢慢就消掉了。在这个过程中，通过一轮一轮实施，让大家慢慢建立了对这16字方针的理解。所以，这个制度一直到现在还在用。

田 涛： 当年做这个事情之前老板有没有给一些原则性的指导？

吕 克： 当然，宏观上是他把的方向，给予的指导。当时我们想到思路或办法，就会去跟他讨论，他最后同意了而且觉得很好。他亲自组织公司EMT一起来讨论，大家都接受，这个机制才建立起来。

田 涛： 在推行的过程中有没有遇到比较大的阻力或者困难的时候？

吕 克： 那肯定有。在进行人岗匹配上架时，因为有不少人原来职级薪酬比较高，放进框架后，虽然我们不降他们当前的薪酬水准，但至少以后两三年，他们不可能涨薪了，对比有些主管和专家是有意见的。第二个问题是原来主管给员工涨薪没有既定标准，现在给了限制，所以也有些主管不理解，觉得人力资源部干了一件机械、教条和僵化的事情。那时候我跟徐元君还是顶着压力继续做，因为我们心里清楚，公司首先要解决正规化问题，否则根本无法支撑更大规模的发展。有时自己也感到委屈，就找陈珠芳老师沟通，她说，做人力资源的人，就是陷在利益旋涡中的人，要学会“无我”精神，只要你相信你是对的，你就得承受下来，敢于坚持下去。这些话给了我非常大的启发。

田涛：这个变革推行了差不多六七年完成，当时有没有总结一下到底产生了什么效果？

吕克：第一是规范了公司数万人的薪酬评价与激励管理。第二个，我认为是真正在公司建立起了牢固的责任结果管理导向，因为薪酬管理这个最核心的管理是基于公司的导向的。变革形成的 16 字方针，你看从 2007 年到现在多少年了，还在实施。2002 年我到人力资源部的时候，公司才 18000 多人，2009 年年初我离开人力资源部去人力资源委员会，这 7 年时间我们的人员从 19000 人涨到了 87000 人，那几年公司的人员规模急剧膨胀，平均每年以一万左右的净增量在增加，但这么多年发钱没有出现大的争议，以责任结果定薪酬的理念也得到了强化。要说我们设计的机制完全合理和公平也不一定，但是至少没有出现大的不公平，就是靠机制在管理。

那几年是公司薪酬回报与激励体系规范建设快速发展的几年。比如当时对于员工外派海外，每天 40 美元的补助措施带来了这样一个管理问题：每天 40 美元补助，说多也不多，到了发达国家 40 美元不够一天吃的，公司领导也老是说一些人员去了以后，每天喝白开水吃面包，苦兮兮的；但 40 美元在第三世界国家却显得特别富有。若为改善发达地区员工生活，将其补助涨到每天五六十美元，结果艰苦地区的员工不干了，说我这里这么艰苦为什么每天只有 40 美元？这就形成了一种矛盾。后来我们设计了一个“桥归桥、路归路”的策略，把整个海外补助分成了几部分。第一部分是离家补助，只要你离家，都有这个补助，全球各国都一样；第二部分是艰苦补助，在艰苦地区有艰苦补助，发达地区没有艰苦补助，这个政策就强化了公司鼓励员工到艰苦地区工作的导向；第三部分是伙食补助，根据当地的物价水平来定，反正就是让员工能吃饱、吃好。这样用三个基于不同管理目的的补助项代替过往一个大一统的补助项，让三类补助分开承载不同的管理理念，针对性解决，问题就得到了解决。

田 涛： 这个思路是怎么来的？也是在海外调研过？

吕 克： 也不是调研过的，其实就是碰到问题想怎么解决嘛。我觉得是要看问题产生的本质。这个问题的本质是，一个激励资源承载了过多的管理诉求，既是离家补助，又是艰苦补助，又是伙食补助。但是伙食补助和艰苦补助又是矛盾的，那这时候怎么办？所以最朴素的想法是把它拆开，桥归桥、路归路。其实我觉得很多问题碰到后，只要坐下来仔仔细细想一想，洞察问题的本质根因后，就容易找到方案了。

田 涛： 这是哪一年的事？

吕 克： 是 2006、2007 年的时候，后来这个问题就解决掉了。还有另外一个问题当时急需解决，就是保障问题，员工的商保、社保问题。当时公司人员增多了以后，出现意外伤害和工伤的情况就比较容易多了。任总希望给那些因公发生事故的人多些保障，要给奋斗者多一点保障。当时的问题是工伤保障，社保工伤保障的赔偿区段标准在低端都比不上社保标准的伤残补助。也就是说员工若因公受伤或者残疾了，所获得的补助从员工角度来说，反而比员工非因公意外后从社保中获得的补偿来得低。这就不合理了，因为华为鼓励奋斗者，要求因公受伤的人应该得到更多补偿。当时基于社保体系，我们做了很多方案，但每次都有两个问题点，领导们觉得不满意，做了三四个月，没有进展。直到有一个假日，我想跳出习惯思路，用商业保险的方式来解决这个问题。因为商业保险有一个好处就是，它完完全全根据缴费标准，来决定赔偿赔付标准，这样就很容易建立一个导向清晰的标准。比如公司定下来因公的、非因公的，非因公补偿 100 万的话因公的就补偿 200 万……这样予以倾斜，我们只要定下这样的一个标准和原则就可以了。另一个好处就是“以小博大”，因为保险是基于概率的，我们可以为每个员工提供一个固定的保费支付，但却能达到意外发生后获得较大补偿的目的，减轻企业负担。我们拿这个标准去跟很多保险公司谈，比如友邦、德意，还有 AIG 等，公司这么多人都给你做，请你给我们做一个精算和优惠方案。我记得当时最早是每年约 1500 万元的保费投入，提供给几万名员工每人几十万到上百万保障。用一点资源，撬动社会资源来提供保障。这个方案很快就通过了，我们就这样建立了一套商业保险机制，将员工的大病医疗险、重疾险，还有工伤保障等都做起来了。

那段时期，第三件重要的事情就是帮助公司规范建立“三权分立”机制。2005 年时公司已经从个体领导的方式转变为集体领导，但是要区分好各个组织在集体领导管理体系中的责任。当时请了 Mercer（美世咨询）公司来搞了“三权分立”机制，就是将人员管理的建议权、评议权和否决权分离。当时所有的部门都提出自己要权力，方案就有点乱了。后来公司就让殷志峰和我来找方法解决，那时候正好是 9 月底，我们面对大家的不同诉求，也一筹莫展。在假期里，我突然想到，权力分配管理的核心是分配的原则是什么，关键是要找一个都能说服大家的理由。我们想到，首先用人部门要有建议权。为什么呢？因为不深入实际，就没有发言权，所以用人部门要有发言权，就是给它建议权；其次，职能部门要有评议权，因为职能部门是要搞机制建设、能力建设的，给予它评议权来审视员工管理决策是否符合规则要求，所以就给予评议权；最后，对公司各类决策委员会、流程委员会等为公司的长远发展负责的组织，要给予否决权。这样建立起一个原则：用人部门要了解员工，有建议权；职能部门负责公司能力建设，要有评议权；负责公司更长远核心价值观传承和长治久安的部门，要有否决权。我们建立了这个原则，获得了大家的一致同意，很快把“三权分立”中复杂的权力分配问题解决掉了，促使了“三权分立”机制的最终出台。

田 涛：它最典型的使用场景是不是在干部选拔上？

吕 克：当然，包括薪酬激励管理也是这样的。所以，我觉得我到公司的人力资源部，2005 年到 2009 年期间，能有幸抓住时机，帮助公司建立了整个职级管理系统、薪酬管理系统、外派补助系统、商业保险系统，还有权力划分系统，帮助公司人力资源体系从不规范走向了系统化。

田 涛：后来老板说人力资源做了很大贡献，是不是也主要指的是这些方面？

吕 克：我觉得可能是这样，因为这些系统都做完了，公司的权力分配、薪酬激励、保障支持等主要发展支持问题都得到了基本的规范化、系统化解决。

田 涛：那 2009 年以后您主要负责哪些工作呢？

吕 克：2009 年以后，我到人力资源委员会协助胡总制定公司人力资源管理政策，并实施重大变革。2013、2014 年，为解决组织大了以后的效率问题，任总让胡总搞广办的组织变革试点。胡总采用以终为始的方法，问了一个问题，就是假设公司把广东这个市场交给你这个代表了，你会怎么样建组织？需要什么权力？鼓励广办自己拿出组织的方案。后续我们在胡总支持下，也给代表处授了很多权力。授完权 6 个月以后，发现广办确实业务发展很快，变革取得了进展。复盘时我们发现业务发展与效率提升的关键不在于组织的调整，而是权力下去了。比如，授权以前广办只能进行20%~30%的合同决策，而授权以后它能够解决百分之七八十的合同决策。效率明显高了，活力明显大了。

田涛：这说明了其实它效率提升跟组织变革的关系不大？

吕克：不能说完全没有用。但是它让我们洞察到让一线活力焕发和效率提升最核心的措施是加大授权。从广办的实践看，向一线授权成了大家的共识，才有后面一轮又一轮的授权，把广办的授权方案在全球各地区部推行。先是把中央的权力授给地区部，后来又从地区部往下授予。所以，现在的代表处权力，其实都是从那时候开始启动授权获得的。

田涛：但最近也是能听到代表处在喊权力还是没有授下来太多。

吕克：对。问题是这样的，很多权力是到了地区部，但有些地区部没有将权力及时往下授出。另外，一些权力到了代表处，但地区部感觉代表处行权不规范，就又把权限收回了。所以权力下沉应伴随着能力下沉，若能力不行，行权就会出问题。权力下沉要同能力下沉、信息沟通下沉这些配套措施并行才行。

田涛：上一次访谈您，您说过两次被公司降职，这其中的详细情况能具体说一下吗？

吕克：噢，第一次就是做GSM鉴定会，部门在准备文档时出了点差错，导致鉴定会过程中出现了困难，后来虽然有惊无险把它做好了，但公司还是觉得要警示一下，当时就把我和另一个同事都公开处理了，降了职。

田涛：那次是第一次，当时您是什么心情？

吕克：我肯定一开始是很郁闷。那时候研发领导找我谈，他们比较了解情况，虽然了解到这是业务部门在准备时出的问题，但是我们作为整体组织者确实也有检查不周的问题，所以也有责任的。只是公司很快就给了我新的机会，当年10月我就被派遣去印度建设研究所了。所以那段时间一开头，自己有点不太理解，但很快投入工作，就恢复过来了。

田涛：所以这一次并不是因为你的责任。

吕克：也不是完全没有责任，但是确实处理是重的。但正是因为那次处理，后续我通过努力很快就爬起来了。我在1998年第四季度初被处理，但1999年第二季度就被任命为印度所总监。这让我坚定了华为说的“烧不死的鸟是凤凰”的信念，坚信在华为跌倒了只要自己努力还是爬得起来的。这就让我对华为文化有了更深的理解和信任。

第二次是2008年到2009年，公司预测未来外部经济形势不好，非常忧虑人员总量增加过快的问题，同时也对一些人力资源政策的执行不满，因为这些政策执行现在看是比较机械、教条化的。所以结合当时的形势要求，问责了人力资源部的人员规模管理问题，将我调离并降职了。这样一处理，当然所有部门就不敢大肆进人了，人员扩展的规模一下子管住了。2009年我们公司整个人力资源规模是没有增长的，最后还是靠87000人扛过了那一年的经营，但2009年公司的业绩却好得不行，所以2010年公司又出现人员规模的爆发性反弹，一年进了2万人。

田涛：是的，所以那时候感觉公司人员是大进大出。

吕克：对，就是这样的。公司当时的经营预测能力还是比较弱的，造成公司在判断形势上的一种压力，为了遏制各个部门泡沫化规模增长，就通过问责人力资源部来加强管理。

田涛：说是人力资源部放的水。

吕克：是呀。不过第二次处理我根本没有不舒服，因为经过第一次以后，我自己很明白，能上能下是正常的。面对挫折，首先是兢兢业业干好自己的新工作，尽量发挥自己的主观能动性。我将挫折看成个人成长的机会。因为自己有机会静下心来总结一下，读点别的，看看新的思维，增强自己的能力。我总觉得世界上机会一定是为有心人准备的，何必浪费时间。另一方面，经历了上上下下，也看到部分人员的世态炎凉，看到了有些人是如何人前一套人后一套，这是一个非常好的观察人性的机会。这也让我在担任总干部部长后，非常强调干部任用要做好深入的干部考察，不仅要征求主管意见，更多的是要进行周边员工、同僚的访谈、了解，真正去了解和判断一个干部的核心价值观遵从、个人能力及真正的责任贡献。

田涛：其实也有一些人，因为受不了一时的降职降薪受挫，所以就走了。

吕克：那当然有啊。这和一个人怎么看待挫折有关。我感觉自己总体上是比较正向的，总是会把风险和困难变成一种成长和机会，看作是没有经历过的磨炼，而不把它简单地看成是一种惩罚。而且华为的平台是不错的，利用这个平台，你能够看到一个本土企业走向海外、一个中小企业成长为一个巨型企业、一个跟随者到领先者企业内部的变化，获得一种思考。这么千载难逢的机会，为啥要凭着自己一时的意气出走，那不就很孩子气吗？

田涛：那根据您的经验，您觉得华为这个能上能下的机制已经实现了吗？

吕克：我认为，虽然公司每年有 10% 的干部不合格调整，但是整个机制还没有完全成为各级主管自发、自觉、自愿的活动，往往是被上级压的。但我认为干部能上能下应该是公司对抗大企业病的至关重要的措施，一定要实现。从组织发展角度来看，不可能是一帆风顺的。以责任结果为导向，意味着一定会有不少干部要被调整和淘汰，若不合格干部不下台，那么责任结果导向如何落实？如何促使在岗干部拼命前行？若不合格干部一直在岗位上，那么组织如何实现自我改进？这或许就是很多企业无法对抗大企业病，无法摆脱企业由盛转衰规律的根因，因为要做到干部能上能下是非常不容易的，是很难的，有时是违反人性的，是逆人性的管理，不是有很多人敢于做这样的调整，很多组织也因缺乏自我改进而摆脱不了自我衰退的规律。而且我们要关注能下的干部要能再上，只有下的干部能上，那么上的干部才愿意下。我因为过去的经历，知道下岗干部的心态。其实对于那些下岗的干部，只要不是过去恶意弄虚作假的、特别恶劣的，给他一次奋斗机会，他往往会更玩命地干，甚至比在岗的干部干得还好，就是“带罪立功”，就是要证明自己。从公司角度来看，这难道不是资产吗？为啥要一下子就把人打“死”呢？把人家打“死”了，在岗的干部更加战战兢兢，不敢动，更保守了。这不是我们要的管理结果，对吧？所以从这些角度来看我的这些过程，我觉得是给了我现在所从事的干部管理岗位更多的经历、感悟和思想支撑。有一句话说，任何一次人生的经历都会成为你未来发展的一个财富。我是非常相信这句话的。

田涛：每段经历都是必不可少的。

吕克：对啊，每段经历，只要你度过了这种经历，你就会有感悟，对你下一步的发展一定是个资源。

田涛：谢谢您抽出宝贵时间接受我们的访谈。

（结束）